ZU FUSS ÜBER DIE ALPEN
DER TRAUMPFAD VON MÜNCHEN NACH VENEDIG

LUDWIG GRASSLER

ZU FUSS ÜBER DIE ALPEN

DER TRAUMPFAD VON MÜNCHEN NACH VENEDIG

BRUCKMANN

INHALT

VORWORT 15

ZUM GELEIT 17

»Nichs hindert uns, nichts hält uns zurück«

Wie kam es zu dieser Alpenüberquerung? 20
- Isartalverein kauft Weißleiten! 20
- Wanderweg Wolfratshausen-Bad Tölz-Lenggries 20
- Siebentägige Wanderung zur Isarquelle 21
- Ein Jahr Vorbereitungen 23
- Erste Alpenüberquerung – jedoch vor dem Ziel gescheitert 24
- Erneute Vorbereitungen 25
- Endlich am Ziel 25

Aufbruch in Münchens »Guter Stube« 26

VORALPENLAND 29

Von Isar und Loisach durchflossen

Hüter einer Wildflusslandschaft vor den Toren der Großstadt 30

Weiden-Tamarisken-Flur 31

BAYERISCHE VORALPEN 35

Glänzender Saum eines großen Gebirges

Rote Geranien auf dunklem Holz 36

Wasser ist Leben! 39

KARWENDEL 45

Urweltliches Gebirge – wo die Isar entspringt

Hermann von Barth, der Erschließer der Nördlichen Kalkalpen 46

Isar und Piave, Wildflüsse im Norden und im Süden 49

Josef Speckbacher, der Kampfgefährte Andreas Hofers 53

TUXER ALPEN 57

Uralte Zirbeln, leuchtende Blumen und Steine

Bäume in der Kampfregion 58

Leuchtende Bergblumen aus allen Jahreszeiten 64

ZILLERTALER ALPEN 69

Die gefürchteten »Gläsernen Berge« der Dolomitensagen

Marschieren ... Laufen ... Wandern 70

Das harte Los der Bergbauern 73

DOLOMITEN 77

»Bleiche Berge« – sagenhafter Lebensraum der Salwans und Ganas

Peitler-Tee 78

Im Reich der Sagen 84

»Fernab der Zeit«: Kämpfe in Fels und Eis 88

Durch oder über die Alpen? 93

Die Nacht von Furio Bianchet 95

VÈNETO 99

Region zwischen Dolomiten und Adriatischem Meer

Kunst am Wege 100

Weinstraßen im Vèneto 103

Die Weißweinstraße 103

Die Rotweinstraße 106

Menschliche Begegnungen 107

Wo Land und Wasser ineinander übergehen 109

Die Inseln der Lagune 111

Der schönste Salon der Welt 115

ANHANG 121

Wandertreff, Geologie und die Fußreise von Adolf Kolping

Alljährlich: Wandertreff am 8. 8. um 8 Uhr am Aufbruchsort des Traumpfades 122

Treffen in den Wintermonaten 123

Wandertriathlon von Meer zu Meer 123

Zur Symbolik der 6 Kreise des Termins 8. 8. 8 Uhr 124

Gesang, Klang und Tracht am Traumpfad 125

Der Wanderweg – geologisch gesehen 126

Adolf Kolping 132

Wanderung von München nach Venedig und zurück vom 26. August bis 8. Oktober 1841 132

Auf der Pfitsch, 6. September (1841) 140

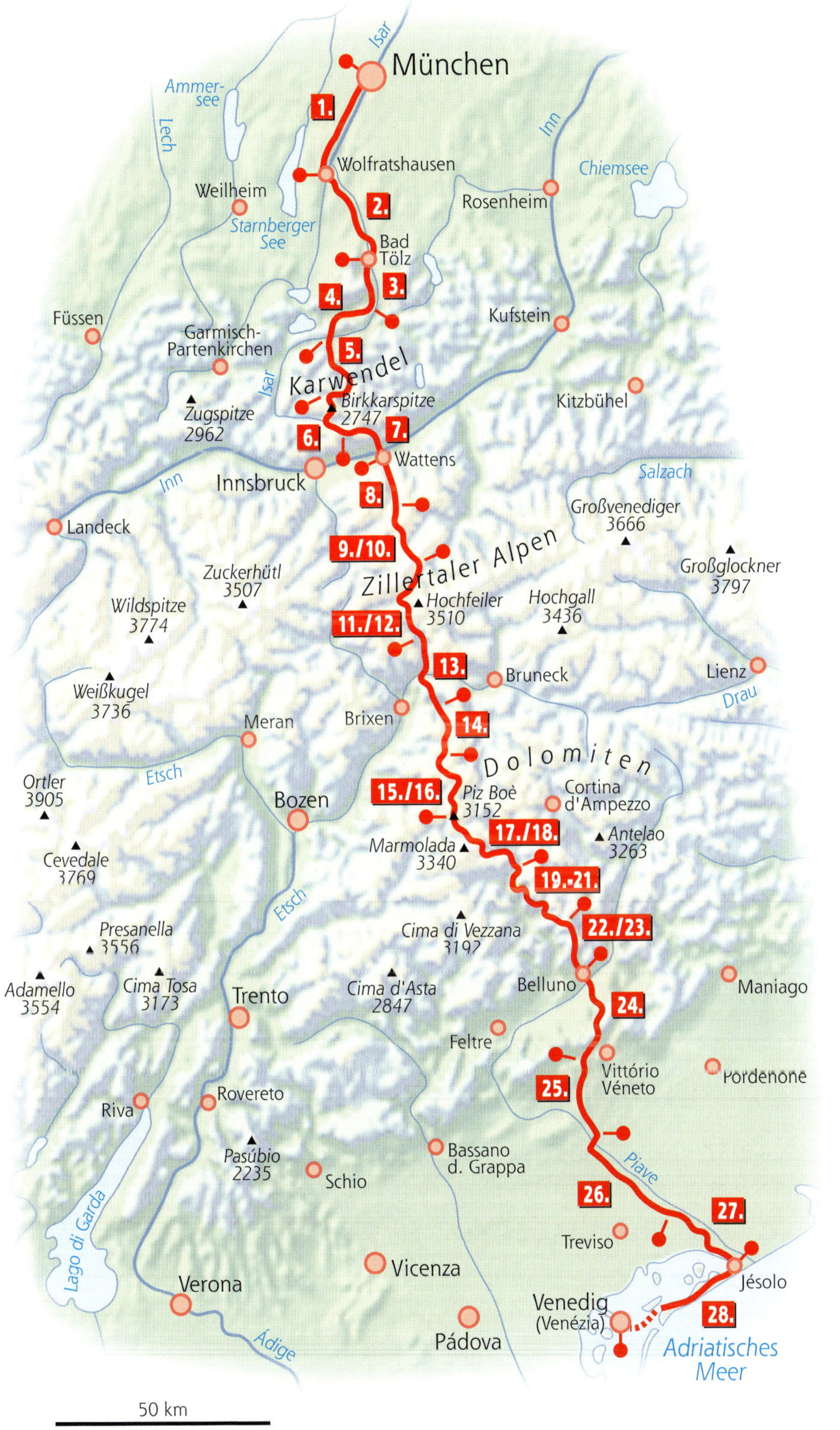

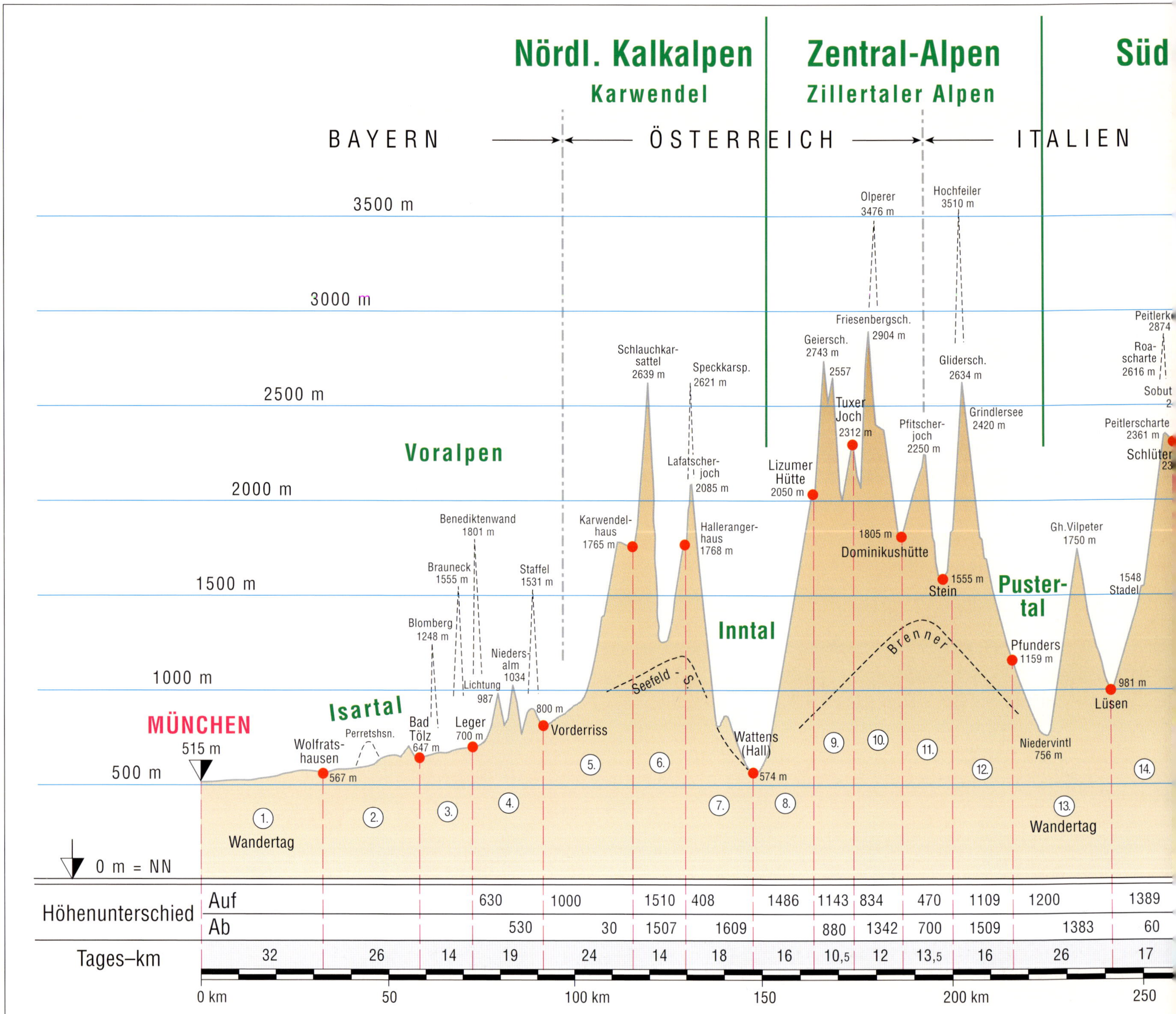

Längenschnitt der Wanderroute

50-fach überhöht ~ 520 km Wanderrout

1. Wandertag: München – Wolfratshausen
2. Wandertag: Wolfratshausen – Bad Tölz
3. Wandertag: Bad Tölz – Leger an der Jachen
4. Wandertag: Leger – Vorderriß
5. Wandertag: Vorderriß – Karwendelhaus
6. Wandertag: Karwendelhaus – Hallerangerhaus
7. Wandertag: Hallerangerhaus – Wattens (oder Hall)
8. Wandertag: Wattens (oder Hall) – Lizum
9. u. 10. Wandertag: Lizum – Tuxerjoch – Dominikushütte
11. u. 12. Wandertag: Schlegeisgrund – Stein – Pfunders
13. Wandertag: Pfunders – Lüsen
14. Wandertag: Lüsen – Schlüterhütte

Kalkalpen

Dolomiten

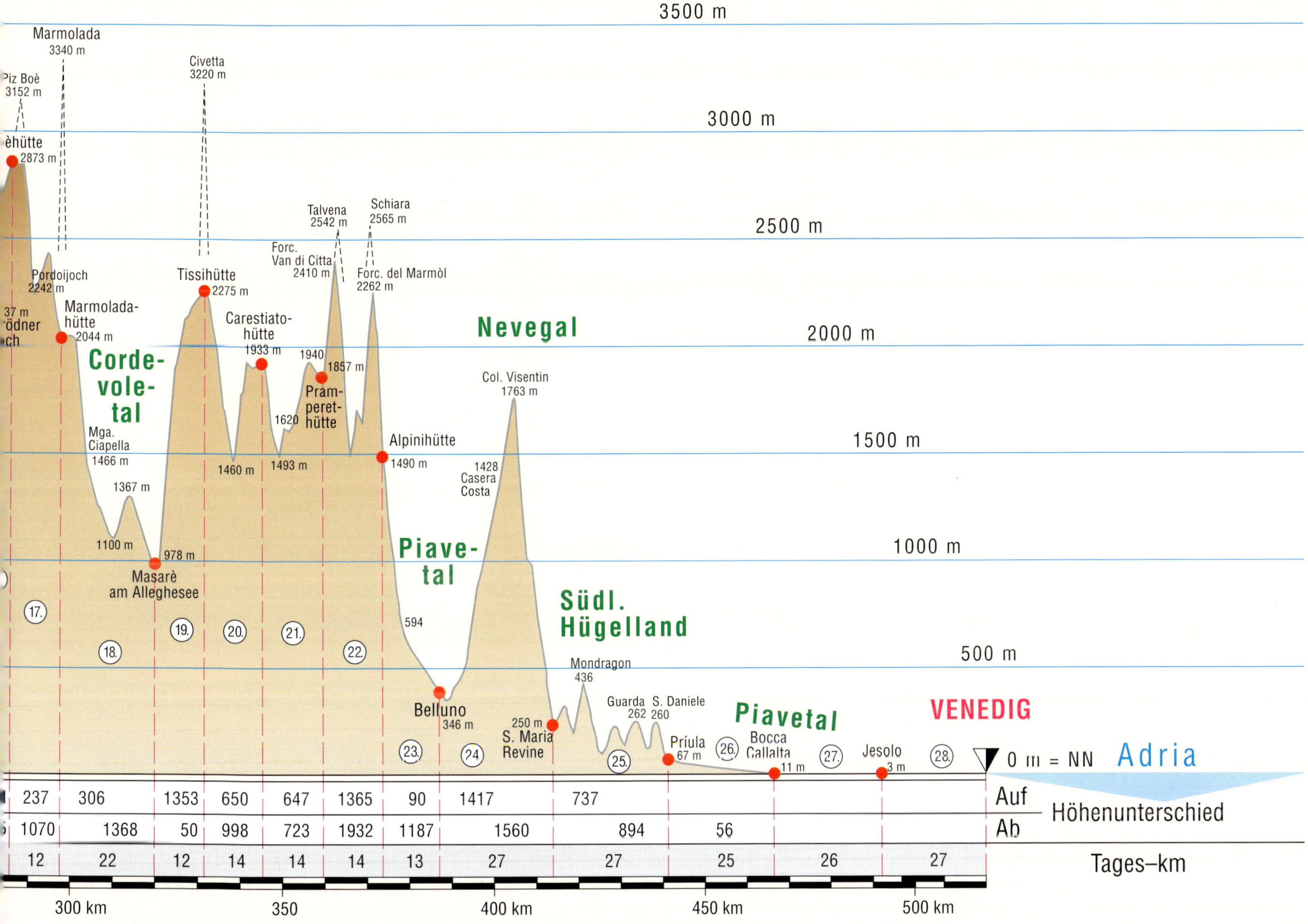

20.000 Höhenmeter im Auf- und Abstieg in 28 Tagen (4 Ruhetage)

15. u. 16. Wandertag:
Schlüterhütte – Grödnerjoch – Boèhütte
17. u. 18. Wandertag:
Boèhütte – Marmoladahütte – Masarè am Alleghesee
19. bis 20. Wandertag:
Masarè – Tissihütte – Carestiatohütte – Pramperet

22. u. 23. Wandertag: Pramperet – Rif. 7° Alpini – Belluno
24. Wandertag: Belluno – S. Maria di Revine Lago
25. Wandertag: S. Maria – Ponte Priula
26. Wandertag: Priula – Bocca Callalta
27. Wandertag: Bocca Callalta – Jesolo
28. Wandertag: Jesolo – Punta Sabbione – Markusplatz

VORWORT

Bild linke Seite:
Das Neue Rathaus in München, eines der Wahrzeichen der Stadt, wurde 1867 bis 1909 nach dem Vorbild von flandrischer Gotik erbaut. Die Mariensäule ist namengebend für den ehemaligen Marktplatz. Kurfürst Maximilian ließ sie 1638 als Dank für die Bewahrung der Residenzstädte München und Landshut vor der Brandschatzung im Dreißigjährigen Krieg errichten.

Nach dreimaliger Alpenüberquerung scheiterten im Jahr 1976 meine drei Versuche, über dieses Thema ein Buch herauszubrin gen. In einer Absage heißt es unter anderem: »... Erforderliche Verkaufszahlen einer Buchausgabe werden jedoch in Abrede, mindestens sehr in Frage gestellt. Keinesfalls darf von der Annahme ausgegangen werden, dass der vorgegebene Weg vom Münchner Marienplatz zum Markusplatz in Venedig allzu viele Interessenten finden wird. ...«. Und nachdem dann 1977 mit Hilfe des Isartalvereines und des Süddeutschen Verlages die Herausgabe doch Wirklichkeit wurde, meinte zwei Jahre später eine langjährige Buchhändlerin: »Das Buch ist gelaufen!« Inzwischen sind über 22 Jahre vergangen und dieses Buch läuft immer noch. Man kann demnach mit Recht von einem »Langläufer« sprechen.

Dank der Bemühungen des Münchner Universitätsprofessors Dr. P. Heinz Schulte SJ wurde inzwischen das alpine Weitwandern auch beim Alpenverein »hoffähig« und das Reise- und Trekking-Unternehmen des Deutschen Alpenvereins, der Summit Klub bietet zusammen mit Sport-Schuster »Zu Fuß über die Alpen« von München nach Venedig seit 1987 zweimal im Jahr in seinem jeweiligen Katalog an.

Nach wie vor erhalte ich voller Begeisterung geschriebene Briefe und Berichte. Dafür vielen Dank. Im Rahmen eines Fotowettbewerbes, der begrenzt war auf Bilder von Traumpfad-Begehungen aus den Jahren zwischen 1990 und 2000, gingen bei mir 136 Aufnahmen ein. Die ersten Plätze belegten: Elisabeth und Manfred Birkle, München, Erik Vos Voorschoten, Holland und Hans Fendl mit Tochter Karin aus Florida USA. Die schönsten Bilder aus dem Wettbewerb sind in dieser Neuausgabe enthalten. Herzlich danke ich allen Einsendern für ihre Bemühungen und vor allem für die überlassenen Abzüge.

Ich freue mich, dass der für seine prachtvollen Bildbände bekannte Bruckmann Verlag mein Buch neu herausgibt. Dafür, sowie für die gute Zusammenarbeit bedanke ich mich vielmals, besonders beim Lektor Horst Höfler und bei allen Mitwirkenden.

Bisher erfuhr ich von keinem ernsthaften Unfall auf dem Traumpfad über die Alpen. Dies freut mich, veranlasst mich aber erneut, auf folgendes hinzuweisen: Wer die Alpenüberquerung in der beschriebenen Weise unternehmen will, braucht Hochgebirgserfahrung, Ausdauer und an mehreren Stellen Trittsicherheit und Schwindelfreiheit. Bei normalen sommerlichen Verhältnissen allerdings kann die Route ohne Kletter- und Eisausrüstung begangen werden.

Da längere Wegstrecken nicht markiert sind, muss der Wanderer Karten lesen und sich gut orientieren können.

Durch die politische Wende im Jahr 1989 wurde es möglich, diesen viel begangenen Weitwanderweg München-Venedig nach Nordosten und Norden bis Prag und weiter durch die neuen Bundesländer bis zur Insel Rügen zu verlängern. Diese Route kann auch zur Verständigung mit den Nachbarn in Tschechien beitragen. Die Strecken nach Süden und Norden verbinden München und das Isartal mit dem Netz der europäischen Fernwanderwege in den Alpen, im Bayerischen Wald und im Elbsandsteingebirge.

Besonders kurzweilig ist ein »Wandertriathlon« von München nach Prag, das heißt: isarabwärts bis zur Donau radeln, zu Fuß über das Waldgebirge und auf der Moldau mit dem Schiff nach Prag. Das Buch »Von München nach Prag zu Fuß und mit dem Rad« ist derzeit nicht mehr auf dem Markt.

Allen Wanderern, mögen sie gen Süden oder nach Norden unterwegs sein, wünsche ich unvergesslich schöne Erlebnisse.

August 2001
Ludwig Graßler

ZUM GELEIT

»NICHTS
HINDERT UNS,
NICHTS HÄLT
UNS ZURÜCK«
VICTOR HUGO

Wandern, oder wie es früher hieß »Fußreisen«, ist nicht erst heute in Mode gekommen. Bereits der Schriftsteller Karl Philipp Moritz, ein Zeitgenosse Goethes, schrieb, dass in der zweiten Hälfte des 18. Jahrhunderts in Europa eine regelrechte »Fußtoursucht« ausgebrochen sei. Bekannte Deutsche wie Ludwig Richter, Friedrich Hebbel, Ernst Moritz Arndt und Johann Gottfried Seume wanderten quer durch Deutschland, ja durch ganz Europa. Erinnert sei nur an Seumes »Spaziergang nach Syrakus«, in dem er seine Wanderung von Dezember 1801 bis März 1802 von Leipzig nach Sizilien schildert.

Damals begann sich das Wandern langsam von seinem ursprünglichen Zweck, ein bestimmtes Reiseziel zu erreichen, ohne den Geldbeutel dabei allzu sehr zu belasten, zu lösen.

Die Bildungsreise kam in Mode. Neben der Begegnung mit anderen Sitten und Kulturen, wurde das Landschaftserlebnis und der Kontakt zur unverfälschten Natur immer wichtiger.

Viele Werke der Dichter und Denker des Postkutschenzeitalters zeugen von den Anregungen und der Kraft, die sie unmittelbar aus ihren »Fußreise«-Erlebnissen schöpfen konnten.

Vieles, was bereits jene Wanderer in ihren Reiseberichten ausgesprochen haben, kann auch für uns Fußreisende des zu Ende gehenden 20. Jahrhunderts nicht besser gesagt werden.

Die Wanderlust, die Freude am Unterwegssein, das Sichfinden in der Begegnung mit der Natur sind damals wie heute gleich geblieben.

Auch die Wandervogelbewegung der 1920er-Jahre suchte ihr Glück im Rückzug in die unversehrte Natur – ein Weg, der vielen als weltfern und romantisch galt. Doch kann das Erlebnis der Natur nicht auch den Blick für das Wesentliche öffnen, muss ihre Ruhe und Zeit nicht zwangsläufig das hektische und lautstark wichtigtuerische Tagesgeschehen relativieren?

Das Wandern kann uns helfen – nicht die Augen vor der Welt abzuwenden, sondern sie für das Wesentliche, die Ganzheit unseres blauen Planeten zu öffnen. Nicht nur deshalb ist Wandern mehr denn je zeitgemäß. Gerade für uns übergewichtige, bewegungsarme und stressgeplagte Stadtmenschen ist es ein therapeutisches Mittel, ein Quell der Gesundheit; allerdings nicht unbedingt für jene Zeitgenossen, die neben lärmenden und stinkenden Blechkolonnen entlang der großen Straßen von einer Stadt zur anderen marschieren. Genauso wenig hat der nur Auszeichnungen sammelnde Volkswanderer den Sinn des Wanderns wirklich erfasst.

Sie alle erfahren nichts von der Freiheit und dem Zauber des Wanderns in der Natur.

Erst wenn man sich von Rad und Wagen löst und den Rucksack schultert, kann man entlang munter dahinplätschernder Bäche schlendern und über Jöcher und Scharten steigen …

Für mehrere Tage, in unserem Fall für vier Wochen, muss man sich von zahlreichen zivilisatorischen Annehmlichkeiten und vom Alltagstrott losreißen. Aber zahllose stille und auch gewaltige Naturschönheiten entschädi-

Die Anbindung Münchens an das Europäische Netz der Fernwanderwege

Erklärungen
Europäische Fernwanderwege:
( ) = nicht aufgeführt

E 1	Nordsee – Bodensee – Gotthard, ca. 2500 km
(E 2)	Nordsee – Genfer See – Mittelmeer, ca. 2400 km
E 3	Atlantik – Pyrenäen – Ardennen – Böhmerwald – Karpaten – Schwarzes Meer, ca. 2600 km
E 4	Gibraltar – Pyrenäen – Jura – Bodensee – Neusiedler See – Balaton – Eisernes Tor – Peloponnes (mit Voralpen- und Kalkalpen-Varianten), ca. 2700 km
E 5	(Atlantik) – Bodensee – Adria, ca. 600 km
E 6	Ostsee – Wachau – Adria – Ägäis – Bosporus, ca. 2800 km
E 7	Atlantik – Mittelmeer – Gardasee – Eisernes Tor – Schwarzes Meer
E 8	Rhein – Main – Donau – Karpaten – Bosporus

Österreichische Weitwanderwege:

(01)	Bodensee – Dachstein – Neusiedler See bzw. Wien
02	Hainburger Pforte – Alpenhauptkamm – Vorarlberger Rheintal = »König der Weitwanderwege«
03	Südsteirisches Weinland – Karawanken – Karnische Alpen
04	Wienerwald – Salzkammergut – Berchtesgadener Land – Bregenzer Wald, siehe E 4
(05)	Böhmerwald – Wachau/Ötscherland – Weststeirische Hochalpen
(06)	Nebelstein – Mariazell, Wien – Mariazell – Graz – Klagenfurt
(07)	Thayatal – Wiener Lobau – Burgenländischer Seewinkel – Südoststeirisches Weinland
(08)	Waldviertel – Gesäuse – Seckauer und Seetaler Alpen – Östliche Karawanken
09	Mühlviertel – Totes Gebirge – Nockberge – Westliche Karawanken
10	Böhmerwald – Innviertel – Steinernes Meer – Gasteiner Tal – Karnische Alpen

Quellen:

Gesamtplan der Europäischen Fernwanderwege der Europäischen Wandervereinigung e.V.

Weitwanderkarte Österreich, Verlag Freytag&Berndt, Wien

Münchner Merkur

Bayerische Weitwanderwege:

M Mainwanderweg: Weißmainquelle – Aschaffenburg, ca. 524 km

(A) Ochsenkopf – Passau – Rosenheim

B=J Juraweg: Staffelstein – Regensburg, 237 km

(C) Eltmann – Ellingen – Eichstätt – Neuburg/Donau, ca. 222 km

(D) Wertheim – Feuchtwangen – Weißenburg in B/J, ca. 178 km

(E) Wertheim – Donauwörth, ca. 262 km

Tr = Traumpfad

Prag – Böhmerwald – Donau – Isartal – München – Ostalpen – Belluno – Piavetal – Adria – Venedig, ca. 1000 km

Die Route ist nur teilweise und nicht einheitlich markiert; nur zum Teil werden die Wegabschnitte betreut.

gen reichlich dafür. Die Länge der Zeit, das vielgestaltige Erleben zusammen mit dem körperlichen Gefordertwerden, verhelfen zu einem restlosen Abschalten. Dauerhaft verlagern sich die Gewichte. Jene Fußgängerfreiheiten allerdings, die der Schriftsteller Ernst Moritz Arndt im vergangenen Jahrhundert preist, wurden für uns sehr eingeschränkt. Die sich ausdehnenden Städte fressen die Landschaft, so wie der Ausbau der Straße die stillen Wege verschlingt. Auch auf dem Lande ist anstelle des besinnlichen Kirchgangs die schnelle Autofahrt getreten. Dadurch gehen leider immer mehr Kirchwege ein, die über Wiesen und an den Feldrainen entlang führten. Für einen Wanderer unserer Tage ist es deshalb gar nicht so leicht, durchgehende Pfade über weite Strecken zu finden. Am einfachsten ist dies noch entlang von Wildflüssen und im Gebirge möglich.

Unsere Route führt uns zuerst an der Isar entlang hinauf zu den Bergen. Jenseits der Alpen begleitet uns der Piave an die Adria. Beim Aufbruch entlässt uns die anheimelnde Gemütlichkeit der Münchner Stadt, am Ende steht die Kunst und der verblassende Glanz Venedigs, der einstigen Beherrscherin der Meere. Dazwischen liegen die weißen Kalkwände des Karwendels, die firnglänzenden Höhen der Zillertaler Berge und die lieblichen Matten mit ihren roten Felsburgen in den Dolomiten. Die Wanderung endet schließlich mit einem beschaulichen Spaziergang entlang des Adriatischen Meeres.

Fürwahr, ein echter Traumpfad, wie er schöner nicht sein kann!

Wie kam es zu dieser Alpenüberquerung?

Isartalverein kauft Weißleiten!

Im Jahr 1965 erwarb der renommierte Münchner Isartalverein (ITV) die 5 Hektar große Weißleiten, ein Isarsteilufer zwischen Wolfratshausen und Bad Tölz. Die hübschen Ausblicke, zogen vor dem Krieg Münchner Maler an. Deshalb heißt dieses Steilufer im Volksmund auch Malerwinkel. Der Vereinsvorstand bat mich, das Waldgelände mit einem Wanderweg zu erschließen.

Damals endeten die beliebten Spazier- und Waldwege dieses bereits 1902 von dem Münchner Architekten Gabriel von Seidel gegründeten Vereins zur Erhaltung landschaftlicher Schönheiten im Isartal in Wolfratshausen, 30 Kilometer südlich von München. Munitionsfabriken im weiten Wolfratshausener Forst aus der Ära des Dritten Reiches, mit vielen Bunkern und hohen Zäunen, hatten die Fußwegverbindung isaraufwärts unterbrochen. Die Stadt Bad Tölz, reizvoll am Alpenrand gelegen, ist Patenstadt von Wolfratshausen. Dazwischen liegt eine in Europa selten gewordene Wildflusslandschaft. Was lag da näher, als einen durchgehenden Fußweg bis an den Alpenrand zu suchen?

Wanderweg Wolfratshausen – Bad Tölz – Lenggries

Bei einem der zahlreichen Erkundungsgänge im Dickicht der Flussauen hörten meine Frau und ich plötzlich eine Stimme von oben: »Ja seid's denn Ihr ganz verruckt worn?« Sie kam von einem Hochsitz! In der Dämmerung waren wir einem Jäger und seinem prominenten Jagdgast vor die Flinte gelaufen. Nach einigen solchen kleineren und größeren Zwischenfällen konnte die geplante Route allmählich auf einer Karte festgehalten werden. Verschiedene Pfadfindergruppen und der Königsdorfer Burschenverein halfen bereitwillig beim Ausbau. Mein erstes Auto bewährte sich als Gelän-de- und Transportfahrzeug für die verschiedensten Werkzeuge und Gerätschaften. Die Trägerschaft der Baumaßnahmen übernahm der Isartalverein, finanziell unterstützt von verschiedenen Behörden, besonders von den Landkreisen Wolfratshausen und Bad Tölz. Entlang der Wanderroute schützen Naturfreunde die vielen seltenen Blumen und Pflanzen.

In Absprache mit der Stadt Bad Tölz, der Unteren Naturschutzbehörde und den angrenzenden Gemeinden, legte ich schließlich die Wanderroute isaraufwärts bis Lenggries fest. Für den Ausbau finanzierte der Landkreis im Jahre 1968 ein internationales Jugendlager. Junge Menschen aus verschiedenen europäischen Ländern rodeten Weidendickicht und planierten die Wegtrasse. Eine alljährliche Isarwanderung zum Alpenland während der Orchideenblüte wurde inzwischen zur Tradition.

Erster Wandertag; Blick auf den Zusammenfluss von Isar (links) und Loisach (rechts); am Horizont die Benediktenwand und rechts dahinter das Karwendel.

Siebentägige Wanderung zur Isarquelle

Die rauschende Isar lockte uns immer weiter in die Berge hinein. So brach ich im Herbst 1972 mit Freunden und Mitgliedern des ITV zu einer siebentägigen Wanderung von München-Großhesselohe zur Isarquelle im Karwendel auf. Als wir dann an einem schönen Herbsttag durch das wildromantische Vomperloch in das Inntal hinauswanderten, sagte eine Wandergefährtin: »Jetzt wäre es schön, noch in die Zillertaler Berge und hinein in die

Bild links:
Teil der Schiaragruppe (Östliche Dolomiten) von Süden. Sie ist die letzte hohe Felsbarriere vor dem Vèneto. Im Bild die Pale del Balcón sowie das Felstürmchen der Gusèla del Vescova.

Bild Seite 22:
Ausblick vom »Malerwinkel« (Weißleiten) auf das Isartal bei Bairawies; zweiter Wandertag.

Dolomiten zu gehen«! Eine andere, die schon etwas von den Dolomiten-Höhenwegen wusste, nannte die reizvolle, südlich gelegene Bergstadt Belluno als Ziel. Der Wildfluss Piave, ein südliches Gegenstück zur bayerischen Isar, führt von dort bis an den Golf von Venedig. Langsam reifte der Plan, München und Venedig durch eine Wanderroute entlang der beiden Bergflüsse nördlich und südlich der Alpen und den Dolomiten-Höhenwegen als Mittelstück zu verbinden. Der Anblick verstopfter Autostraßen und die immer mehr aufkommende Wanderlust gaben weiteren Auftrieb.

Ein Jahr Vorbereitungen

Für einige hundert Mark beschaffte ich mir Wanderkarten über die Gebiete von der Isarmündung bei Deggendorf bis zur Lagune von Venedig. Eine Teilstrecke in den Tuxer Alpen kannte ich aus meiner Gebirgsjägerzeit. Damals – 1942 und 1944 – sind wir noch über die ächzende Holzbrücke vom Bahnhof Fritzens nach Wattens hinübermarschiert. »Ohne Tritt!« lautete das Kommando, um nicht im Gleichschritt das alte Brückenbauwerk ins Schwingen oder gar zum Einstürzen zu bringen.

Wochenendwanderungen und ein Kurzurlaub im Frühsommer 1973 im nördlichen Südtirol halfen weitere Lücken schließen. Doch es blieben noch genug Ungewissheiten.

Zwischenzeitlich, als oben in den Bergen noch tiefer Schnee lag, begannen wir eine Fernwanderung an der Mündung der Isar in die Donau. Mit dem einziehenden Frühling wanderte ich mit einer kleinen Gruppe an Ostern und jeweils an Wochenenden isaraufwärts. Wir erlebten die vielbesungene Isar in ihrer ganzen Länge (283 km). Dies war ein gutes Vortraining für die Alpenüberquerung.

Erste Alpenüberquerung – jedoch vor dem Ziel gescheitert

Am 8. September 1973 war es dann endlich so weit. An einem der schönsten Plätze Oberbayerns, auf dem Tölzer Kalvarienberg, verabschiedeten die Wolfratshauser Jagdhornbläser mit besinnlichen Weisen zwei Dutzend Wanderer. Jenseits der Isarquellen, im Inntal, endete die offizielle Führung für den Isartalverein. Am 28. September erreichte ich mit einer kleinen Gruppe Belluno; von dort sind es noch 110 Straßenkilometer bis Venedig. Die Freunde verabschiedeten sich. Vom Nevegal (1763 m), dem letzten alpinen Höhenrücken, stiegen meine Frau und ich in den Verkehrskessel Vittorio Vèneto hinab. Nach tagelangem Regen und Schneefall in den Dolomiten hatten wir nun erneut schlechtes Wetter. Außerdem fanden wir nur noch belebte Autostraßen, aber keine Wanderwege mehr! Zu allem Übel schmerzte meiner Frau die dünne Haut an den wund gelaufenen Fersen, und bei mir machten sich erneut die Folgen eines leichten Muskelanrisses bemerkbar. Ich hatte ihn mir sechs Tage zuvor in der Civetta zugezogen. So mussten wir vier Wandertage vor dem Ziel aufgeben. Wir stiegen in den Bus nach Treviso und erreichten mit der Bahn am frühen Nachmittag des 1. Oktober 1973 die Lagunenstadt Venedig. Gescheitert! Der Gedanke aber, durch das Hügelland westlich von Vittorio Vèneto die Wildflusslandschaft am Piave mit ihren Dämmen bei Nervesa della Battaglia und schließlich das Meer bei Jesolo zu erreichen, ließ mich nicht los.

Bild links:
San Marco, die Markuskirche an der Ostseite des weltberühmten Markusplatzes. Der erste Bau aus dem 9. Jahrhundert barg die Gebeine des Evangelisten Markus. Der jetzige Bau mit dem Grundriss eines griechischen Kreuzes stammt aus dem 11. Jahrhundert.

Bild Seite 24:
Wilde Schiara; Ausblick von der Via ferrata del Marmòl, die absolute Trittsicherheit, Schwindelfreiheit und Klettersteig-Sicherheitsausrüstung verlangt, auf den Monte Pelf. Die Originalroute des »Traumpfads« führt im Abstieg über diesen Klettersteig. Im Begleitheft ist jedoch eine Ausweichroute beschrieben.

Erneute Vorbereitungen

Ostern 1974 erkundete ich den idealen Abstieg vom Nevegal zu einem Ausflugsgasthof nach Lago di Revine und die Fortsetzung zum Mondragon.

Der Schnee in der Schiara ließ wiederum die Begehung des Klettersteigs oberhalb der Siebten-Alpini-Hütte nicht zu. Diese letzte Felsbastion der Dolomiten mussten wir bereits bei der Wanderung 1973 wegen Neuschnee umgehen. Auch fehlte diesmal die Zeit, um die Flusslandschaft am Piave näher kennenzulernen. Also blieben auch für die Wanderung 1974 noch genügend Fragen offen. Um das Risiko von herbstlichen Schneefällen zu vermindern, und um die meist beständige Spätsommer-Schönwetterlage auszunutzen, begannen wir die Wanderung 14 Tage früher als im Jahr zuvor. Anfang August 1974 belieferte ich unsere Depots im Inntal und in den Dolomiten mit Wäsche, Karten u. ä. notwendigen Utensilien zum Auswechseln.

Endlich am Ziel

Bewusst wählte ich als Aufbruchsort den Marienplatz in München. Dieses mal musste ich den Markusplatz erreichen! Und die Wanderung 1974 wurde schließlich auch ein einmaliges Erlebnis, ein Höhepunkt, wie er kaum übertroffen werden kann. Von den 33 Tagen hatten wir nur drei ausgesprochene Schlechtwettertage. Bei herrlichstem Fotografierwetter konnten wir mehrere Gipfel besteigen. Zusammen mit meinen Wanderkameraden stand ich nach 27 Wandertagen und nach Überwindung von insgesamt 20 000 Höhenmetern endlich am Meer und wenige Stunden später auf dem Markusplatz in Venedig. Es ist nicht nur das sich selbst gesetzte und schließlich erreichte Ziel, das uns froh und glücklich macht, vielmehr sind es die Erinnerungen an die zahllosen Naturschönheiten dieses Traumpfades über die Alpen und an die Begegnungen mit den Menschen, die dort wandern oder leben. All dies weckt erneut den Wunsch, möglichst bald wieder vom Marienplatz zum Markusplatz unterwegs zu sein.

Aufbruch in Münchens »Guter Stube«

Als wir am Morgen des 24. August 1974 von Münchens Marienplatz zu unserer großen Wanderung über die Alpen aufbrechen, verabschiedet uns die Sängerzunft Wolfratshausen mit Wanderliedern. In der Ecke beim Donisl schlagen sich ein paar Übernächtigte die Köpfe wund. Die Polizei hat Mühe, die betrunkenen Hitzköpfe auseinander zu bringen. Ein Zuschauer meint: »Eure romantischen Lieder sind hier nicht angebracht. Sie sind nicht mehr zeitgemäß.« Von der anderen Seite des Platzes tritt ein junger Mann auf mich zu, drückt mir einen Geldschein in die Hand und sagt: »Endlich etwas Vernünftiges! Wenn ihr in Südtirol seid, so trinkt einen Tiroler Roten auf mein Wohl!« Soviel zu unserer Verabschiedung auf dem Platz, dessen Freihaltung Kaiser Ludwig der Bayer im Jahr 1325 mit folgenden Worten angeordnet hatte: »furbas sollte darauf nieman niht pauwen, weder mauren, noch zimmern dürfen.« Zum Wohl seiner Untertanen wünschte der Kaiser vielmehr: »daz der Margt dest lustsamer und dest schöner und dest gemachsamer sei.« Bis zur beschaulichen »Guten Stube« der Stadt war es jedoch noch ein weiter Weg.

Blick vom »Alten Peter« auf den Turm des Alten Rathauses. Es gilt neben dem Alten Hof und der Residenz als bedeutendster weltlicher Bau der frühen Stadtgeschichte und wurde 1310 erstmals erwähnt.

Der Platz hat im Laufe der Jahrhunderte die verschiedensten Ereignisse und Veränderungen erlebt. Im Mittelalter hat hier mancher Verbrecher bei einer öffentlichen Hinrichtung sein verwirktes Leben lassen müssen; eine der grauenvollsten war die Enthauptung des Raubrittes Dietz von Schaumburg im Jahr 1337. Er erbat sich als letzten Wunsch vom Kaiser, dass seine vier mitgefangenen Knechte am Leben bleiben dürfen, falls er selbst nach seiner Hinrichtung ohne Kopf an ihnen vorbeilaufen würde. Und tatsächlich: Der kopflose Dietz erhob sich vom Scharfrichterblock, lief an seinen Knechten vorüber und brach erst dann zusammen.

Zwischen 1370 und 1440 fanden fast jedes zweite Jahr Kampfspiele der Ritter statt. Besonders großartig waren sie in Verbindung mit Festlichkeiten des Hofes. Zur Fastnacht im Jahr 1500 kam sogar Kaiser Maximilian, der »Letzte Ritter«, zum Rennen und Stechen. Die Bayerischen Fürsten begrüßten auf dem Platz im Jahr 1434 den Kaiser Sigismund, 1491 Kaiser Maximilian I. und 1530 Karl V. Der Träger der deutschen und der spanischen Krone besuchte auf dem Weg zum Reichstag in Augsburg die Stadt. Zu seinen Ehren veranstaltete man am Abend auf dem Marktplatz ein Feuerwerk, bei dem ein hölzernes Schloss in Flammen aufgehen musste.

An eines der aufwendigsten Feste, das die Münchner je auf ihrem Marktplatz feierten, erinnert das Glockenspiel auf dem Rathausturm. Im Jahr 1568 feierten Hof und Stadt acht Tage lang die Vermählung des späteren Herzog Wilhelm V. mit Renate von Lothringen.

Während des Dreißigjährigen Krieges wurde auch München von den Schweden heimgesucht. Zum Dank, dass ihm die Stadt trotz aller schweren Bedrohungen erhalten blieb, errichtete Kurfürst Maximilian I. auf dem Marktplatz die Mariensäule. Am 7. November 1638 wurde sie feierlich eingeweiht. Aus dem Münchner Marktplatz, dem Schrannenplatz, wurde der Marienplatz.

Vom lebhaften Treiben am allwöchentlichen Marktplatz berichtet das »Vaterländische Magazin« im Jahre 1840: »Man trete in irgendeiner der Morgenstunden gegen den Schrannenplatz, in allen dahinführenden Straßen und Gassen steht oder fährt Wagen an Wagen, und auf dem Platze selbst herrscht ein Drängen, Stoßen, Rufen, ein Knäuel von unterschiedlichen Bewegungen, in welche die aufsichthaltenden Gendarmen und Soldaten kaum noch einige Ordnung zu bringen vermögen ... Bei Einbruch der Nacht schließt endlich das wüste Stück Leben ...«

Als im Jahr 1854 täglich mehr als 100 Menschen in der Stadt an Cholera starben, versammelten sich am 28. August 20 000 Menschen zu einem Bittamt vor der Mariensäule. Ein Blumengärtchen mit Eisengitter umgibt sie, schreibt Gsell Fels in seinem Stadtführer von 1908 und erwähnt weiter, dass vor der Säule oft andächtige Landleute knien.

Im Lauf der Zeit hat der Platz auch sein Aussehen gewandelt. Von 1867 bis 1909 wurde an der Stelle von 24 Altmünchner Häusern das Neue Rathaus um sechs Innenhöfe errichtet; gebaut von Hauberrisser in Anlehnung an die flandrische Gotik. Seine Frontseite ist fast 100 Meter lang und reich an figürlicher und ornamentaler Bauplastik. Im 80 Meter hohen Turm befindet sich das Glockenspiel mit 43 Glocken, welches der Münchner Kaufmann Konsul Rosipal im Jahr 1904 gestiftet hat. Es ist das größte Glockenspiel Deutschlands. Täglich um 11.00 Uhr kündet es von Szenen aus der Stadtgeschichte.

Am Ende des zweiten Weltkrieges fiel der Marienplatz in Schutt und Asche. In den Jahrzehnten nach dem Wiederaufbau wurde mit Verkehrslärm und Benzingestank das »Gemachsame« erneut verbannt. Erst mit der Schaffung der Fußgängerzone wurde der ehemalige Schrannenplatz (1853 Verlegung des Getreidemarktes) wieder »lustsamer«, schöner und gemächlicher. Er wurde dadurch wieder zu einer Stätte menschlicher Begegnungen, wo diskutiert, musiziert und gefeiert wird.

Das Sendlinger Tor in München um 1840.

Anlässlich der 800-Jahr-Feier Münchens war ein besonders festliches Ereignis der große, gemeinsame Gottesdienst zu Füßen der Mariensäule. Sie beherrscht als Weihemonument die Mitte dieses historischen Platzes und ist zugleich der geographische Mittelpunkt der Landeshauptstadt; außerdem gilt sie als Vermessungs-Kilometer-Nullpunkt Bayerns.

Was lag da näher, als von hier aus den Weg über die Alpen zu beginnen? Schließlich gilt München nicht nur der Schriftstellerin Richarda Huch (1864–1947) als Stadt der Bergluft und des südlichen Himmels sowie als Brückenpfeiler zwischen Deutschland und Italien.

VORALPENLAND

VON ISAR UND LOISACH DURCHFLOSSEN

Bild oben: *Alte Darstellung des Georgensteins, eines der Isar unterhalb von Baierbrunn entragenden Nagelfluhfelsens. Er wurde nach dem Namenspatron eines Lenggrieser Flößers, der hier einst in Not geriet, benannt.*

Bild oben rechts: *Deckengemälde von J. B. Zimmermann (geschaffen 1754–1756) in der barocken Klosterkirche von Schäftlarn. Es zeigt die Klostergründung 1140 durch Bischof Otto von Freising.*

Hüter einer Wildflusslandschaft vor den Toren der Großstadt

»An den Tyroler Bergen standen die Wolken in ungeheuren Massen fest… Der Weg geht auf die Höhen, wo man unten die Isar fließen sieht, über zusammengeschwemmte Kieshügel hin. Hier wird uns die Arbeit der Strömungen des uralten Meeres fasslich… Nun ging mir eine neue Welt auf!« So schreibt Goethe in der »Italienischen Reise« über die Landschaft, die wir zu Beginn unserer Fußreise durchwandern. Leider ist diese in Europa einmalige Wildflusslandschaft stark gefährdet. Der Kampf um sie dauert schon Jahrzehnte. Wasserentzug und Flussverbauungen waren die empfindlichen Eingriffe. Oft ist es nur Gedankenlosigkeit, die in der Summierung aber die Flora zerstört und die Ruhe beeinträchtigt. Da und dort sind es aber auch handfester Egoismus, wirtschaftliche Interessen, oder ein besonderes Geltungsbedürfnis, die direkt oder indirekt diesen selten gewordenen Landschaftscharakter verändern.

Man schrieb das Jahr 1902: Gabriel von Seidl, der große Münchner Architekt, Erbauer des Bayerischen Nationalmuseums und ein Freund des Malerfürsten Lenbach, spazierte mit seinen Kindern entlang des Höhenrandweges südlich von Baierbrunn. da standen sie plötzlich vor einem Zaun, der den beliebten und bislang freien Weg versperrte. Der Architekt schrieb daraufhin an das Bezirksamt in Wolfratshausen: »Der Weg ist nach dem Zeugnis des Vorbesitzers und vieler anderer Personen, auch durch die ganze Art der Anlage und durch viele jahrzehntelange Benützung, ein öffentlicher«. Seidl beließ es aber nicht allein bei diesem Schreiben. Er erkannte die große Gefahr für die wertvolle Erholungslandschaft und schloss sich deshalb mit Gleichgesinnten zu einem Verein zur Erhaltung der landschaftlichen Schönheiten des Isartals (ITV) zusammen. Damit war der Isartalverein gegründet. Das erste Mitglied war der damalige Innenminister Freiherr von Feilitzsch. Viele bedeutende Künstler, Gelehrte, Politiker und angesehene Bürger folgten dem Aufruf Seidls.

Seitenlange Verse widmeten beispielsweise Hermann und Eugen Roth diesem Verein. Letzterer schrieb: »Das Grün um München wird sehr schmal!

/ Fast bleibt nur noch das Isartal. / Soll das nicht auch verloren sein, / Steht treu zum Isartalverein!«

Von der ersten Stunde an im Jahre 1902 blieb es aber nicht allein bei Worten; bereits der erste Jahresbericht verzeichnet 30 000 Mark Stiftungsgelder. Und auch heute noch finden sich hochherzige Gönner, die dem Isartalverein ansehnliche Erbschaften vermachen. Gemäß der Devise: Der sicherste Naturschutz ist der Grundstückserwerb!, kaufte der ITV im Laufe seines 75-jährigen Bestehens rund 150 Hektar Grund. Meist handelte es sich um herrliche Aussichtsgrundstücke und wertvolle Biotope, die nun für alle Zeit gesichert sind. Neben dem Grundstückserwerb strebt der ITV den Ausbau sowie den Unterhalt von Wanderwegen an.

Zum 60. Vereinsjubiläum widmete Eugen Roth, der allseits bekannte und beliebte Münchner Dichter, dem Isartalverein folgendes Gedicht:

Der Münchner hat gar reiche Wahl
Im Grünen zu lustwandeln,
Am schönsten ist das Isartal
So lang sie's nicht verschandeln.

Das würde längst geschehen sein
Wollt's nicht davor bewahren
Der wackre Isartalverein
Seit nunmehr sechzig Jahren.

Lasst ihn, Ihr Münchner, nicht im Stich
Es könnt Euch sonst gereuen:
Noch Eure Enkel sollen sich
Der schönen Landschaft freuen!

Bild oben:
Die deutsche Tamariske (Myricária germánica), auch Rispelstrauch genannt, wird bis zu zwei Meter hoch. Sie kommt selten vor und wenn, dann in den Auen der Alpenflüsse.

Bild oben links:
Die Polster bildende Pionierpflanze Silberwurz ist ein Rosengewächs und kommt in Kalkalpengebieten sowie in Flussauen vor

Weiden-Tamarisken-Flur

Die Schneeschmelze im Frühjahr oder ausgiebige Regenfälle im Sommer lassen die ansonsten gezähmte Isar auch heute noch mächtig anschwellen. Nach Abklingen des Hochwassers leuchten die blankgeputzten oder neu aufgeschütteten Kiesflächen. Zum größten Teil bestehen sie aus den abgerundeten, bis faustgroßen Kieseln der Kalkalpen (Hauptdolomit und Wettersteinkalk). Dort wo die Fließgeschwindigkeit geringer ist, lagert sich Schluff und Sand ab. Er stammt zum Teil aus der Flinzregion der Vorberge. Bei näherem Hinsehen findet sich Feinmaterial auch zwischen dem groben Geröll.

Gleich interessant für den Naturliebhaber wie für den Fachmann ist es zu beobachten, wie sich auf dieser scheinbar sterilen Steinwüste erstes

Neben Kirche und Wirtshaus bestimmt der Maibaum den bayerischen Ortskern. Symbole, ein Spruch, Zunftzeichen und örtliche Besonderheiten schmücken den Maibaum. Im Bild der Brauchtumsbaum von Baierbrunn (erster Wandertag).

Pflanzenleben ansiedelt. Genügsame Pioniere sind es, die Hitzegrade über 35 Grad Celsius sowie gelegentliche Überflutungen, Überschiebungen und auch Trockenheit aushalten. Zwei Vertreter aus der etwa 300 Arten umfassenden Gattung der Weiden (Salix), nämlich die Purpur- und die Grauweide, zählen dazu. Ihr in Massen auftretender Same besitzt nur eine kurze Keimkraft. Die Blüten sind zweihäusig, d. h. männliche und weibliche Blüten wachsen auf verschiedenen Sträuchern. Zu diesem Gehölz gesellt sich gerne eine Staude, die Schnee-Pestwurz aus der Familie der Korbblüter. Bevor ihre großen Blätter, die zu den größten in der heimatlichen Pflanzenwelt zählen, sich entfalten, schieben sich die weißen oder weißroten Blütenschäfte aus dem steinigen Boden. Die Blüte ist sowohl zweihäusig als auch zwittrig. Ihr Same reift bereits im Hochsommer. Zusammen mit den Weiden bildet die Pestwurz ein weitverzweigtes Wurzelsystem. Es verankert sich immer mehr im Boden und schützt ihn so vor Erosion durch den reißenden Fluss. Als dritte im Bunde der Pionierpflanzen sei noch der zweijährige Natternkopf (Echium vulgare) genannt. Er hat etwas stachligdistelartiges an sich, mit seinen an Stengel und Blättern sitzenden Borsten. Die Blütenfarbe wechselt bei ihm mit dem Aufblühen von Rot zu Blau.

Die floristisch bemerkenswertesten Vertreter auf den offenen Kiesflächen sind die alpinen Schwemmlinge. Die Bergwasser verfrachten ihre Samen in das Alpenvorland. Als alte Bekannte werden wir sie einige Wandertage später hoch oben in den Bergen wieder antreffen. Sie steigen dort über 3000

Brücke für Fußgänger und Radfahrer über den Isarkanal bei Aumühle. Die Wanderroute (erster Wandertag) verläuft auf dem westlichen Damm.

Meter hinauf. Bei der Alpengemskresse (Hutchinsia alpina) verrät schon der Name ihre Herkunft. Gerne fressen die Gemsen dieses weißblühende und wohlschmeckende Kräutlein: Sein botanischer Name geht auf die irische Botanikerin Ellen Hutchins (1785–1815) zurück. Von bezaubernder Farbe und Form ist das violett-orangegelb blühende Alpen-Leinkraut (Linaria alpina). Den Blütenreigen auf den Flussschottern vervollständigen die Alpenkresse (Arabis alpina) und das kriechende Schleierkraut (Gypsophila alpina), beide weißblühend. In geschickter Raumaufteilung streckt letzteres seine unzähligen Blütenköpfchen dem Licht entgegen. Wenn die reizende blaue Zwergglockenblume (Campanula cochleariifolia) einmal Fuß gefasst hat, bildet sie mit ihren rosettentragenden Ausläufern bald dichte Polster. Am Rand der Dolomitenpässe wächst sie oft zu Tausenden. Hervorgehoben sei schließlich noch das Alpenleimkraut (Silene alpina), der Thymian und die Silberwurz (Dryas actopetala).

Zu dieser Ansammlung von Weidensträuchern, Stauden, ein- und zweijährigen Pflanzen gesellt sich vereinzelt ein Halbstrauch; deshalb so genannt, weil Teile der ansonsten verholzten Zweige alljährlich absterben. Gemeint ist die Deutsche Tamariske (Myricaria germanica). Sie hat schuppige Blätter und graugrüne Blüten in Scheinähren. Im oberbayerischen Voralpenland erreicht sie ihre nördlichste Verbreitung. Zu Hause ist sie in den Alpentälern und in Südeuropa. Können sich all diese Pionierpflanzen einige Jahre ungestört weiterentwickeln, so bildet sich eine typische Pflanzengemeinschaft. Nach ihren auffallenden Straucharten wird sie Weiden-Tamarisken-Flur genannt. Professor Paul Seibert zählt in seinem Buch »Die Pflanzengesellschaften im Naturschutzgebiet Pupplinger Au« an die einhundert verschiedene Pflanzenarten dazu.

Erst das Aufkommen der Kiefer (Pinus silvestris), der Zypressenwolfsmilch (Euphorbia cyparissias) und des Blaugrases (Sesleria coerulea) leiten schließlich den Übergang zur Pflanzengesellschaft des Schneeheide-Kiefernwaldes ein.

BAYERISCHE VORALPEN

GLÄNZENDER
SAUM
EINES GROSSEN
GEBIRGES

Bild oben:
Isartaler Einfirsthof in Lenggries-Wegscheid (dritter Wandertag). Er ist geschmückt mit stehenden und hängenden Geranien.

Bild oben rechts:
Die historische Tölzer Marktstraße wird auch »Festsaal des bayerischen Oberlandes« genannt. Ihr jetziges Aussehen verdankt sie dem Architekten Gabriel von Seidl.

Rote Geranien auf dunklem Holz

Bunte Blumen an Fenstern und Balkonen geben selbst den einförmigen Betonbauten im Grau der Großstädte eine freundlichere Note. Wie viel Harmonie aber strahlt ein blumengeschmücktes, stilvolles Bauernhaus im Gebirge aus! Ist es der Gegensatz zwischen altem Bauwerk und schnell vergänglichen Blumen, oder der Dreiklang von weißem Verputz und roten Geranien auf dunklem, verwitterten Holz, was den Betrachter in den Bann zieht? Dieses Bild gehört zur Urlaubslandschaft der Alpen wie die Viehherden zu den Almen. Sogar der Journalist und Schwiegersohn des früheren Kremlgewaltigen Chruschtschow, Alexej Adschubej, erwähnte im sachlichen Bericht über seinen Deutschlandbesuch die mit Blumen geschmückten oberbayerischen Häuser.

Die schönsten Höfe findet man nicht immer an Hauptstraßen und auf Dorfplätzen präsentiert; meist liegen sie als Einzelhöfe oder Weiler versteckt hinter Baumreihen und Moränenhügeln. Die sowieso schon mit Arbeiten im Haus und Stall überlastete Bäuerin hegt und pflegt dazu noch die vielen Blumen; vorwiegend aus Spaß an der eigenen Freud. Bringt die Blumenpracht auch noch anderen Freude, ist's umso besser! Die Pflege der Pflanzen beginnt schon im Winter. In vielen Fällen stehen die gefüllten Blumenkästen und Töpfe in einer frostfreien, lichten Kammer neben alten Bauernschränken. Die Pflanzen dürfen in ihrer Winterruhe nicht ganz austrocknen und müssen einige Male durchgeputzt werden. Mit dem wachsenden Tag bekommen sie eine frische, nahrhafte Erde. Die stehenden Geraniensorten – streng botanisch müssten sie eigentlich Pelargonien heißen – werden gestutzt, damit sie zu buschigen Stöcken heranwachsen; wohingegen die hängenden Arten (Pelargonium peltatum) möglichst lang belassen werden. Erst nach

Am Isarstausee unterhalb von Bad Tölz (zweiter Wandertag); im Hintergrund der Rechelkopf östlich oberhalb von Gaißach.

Bild rechts: Ausschnitt aus dem Wandgemälde im Foyer des Landratsamts Bad Tölz in der Bahnhofstraße (zweiter/dritter Wandertag).

Bild Seite 39: *Auf der alpinen Variante des vierten Wandertages kann man diesen Ausblick genießen: Wasserfall des Glasbachs oberhalb der Lainlalm.*

den Eisheiligen im Mai erhalten sie wieder ihre gewohnten Plätze an Fenstern und Balkonen. Damit nimmt auch die Arbeit wieder zu, denn sie müssen an heißen Tagen wenigstens einmal gegossen werden. Zu einer üppigen Blüte bedarf es einer erfahrenen und liebevollen Pflege. Keinesfalls dürfen bei der Jungpflanzengewinnung im August von kranken Pflanzen Stecklinge geschnitten werden. Junge, bis zum Herbst gekräftigte Pflanzen überwintern am besten. Sie blühen im nächsten Jahr wohl zeitiger, jedoch nicht so üppig wie die langen, alten Ranken. Werden sie weiter kultiviert, müssen sie vor den ersten Frösten im Herbst wieder in ihr Winterquartier gebracht werden. Als Südafrikanerinnen – 1710 wurden Pelargonien erstmals nach England eingeführt – würden sie unweigerlich bei uns im Freien erfrieren. In Kapland, ihrer ursprünglichen Heimat, blühen sie auf besonntem Gelände so zahlreich wie bei uns die Wiesenblumen.

An schattigen Stellen gedeihen auch Knollenbegonien und Glöckerlstöcke (Fuchsien) gut. Wegen der zierlichen Form und der geringeren Fernwirkung gehören letztere an besonders gut einsichtbare Stellen. Ungeeignet für ausgesetzte Stellen sind die einjährigen Petunien. Ihre verschiedenfarbigen und großen Blüten zerzaust leicht der Wind. Im Tirolerischen nimmt vereinzelt die Gebirgshängenelke den Platz der Geranie ein. Sie entwickelt sich dort besonders, wo die Luftfeuchtigkeit genügend hoch ist. Wie alle Nelken verlangen sie einen lehmhaltigen Boden. Auch sie werden im Spätsommer durch Stecklinge vermehrt und stellen in der Überwinterung ähnliche Anforderungen wie die Geranien.

Kletterrosen, blaue Waldreben, oder der im Sommer mit einem weißen Blütenschleier überzogene Knöterich (Polygonum aubertii) vervollkommnen in vielen Fällen das Bild. Weil er bis zu sechs Meter im Jahr emporklimmt, heißt letzterer auch Klettermaxe. Das ländliche Motiv unterstreichen ein ehrwürdiger Hofbaum und ein mit Stauden wie Rittersporn, Margeriten, Phlox und Herbstastern überquellender Bauerngarten. Trotz Rationalisierungsmaßnahmen und betriebswirtschaftlichen Überlegungen gehört nach wie vor auch der Obstanger zu einem richtigen Bauernhof. Heimatrecht im Isarwinkel genießt auch seit vielen Jahren der südländische Oleander. Als nicht winterharte Kübelpflanze flankiert er mit seinen weißen, rosa oder roten – seltener auch gelben – Blüten häufig die Hauseingänge. In warmen Sommern blüht er sehr reichlich vom Juni bis in den Herbst. Die Heimat des Oleander ist der Mittelmeerraum, das Ziel unserer Wanderung. Dort werden uns hohe, freiwachsende Blütenhecken an den Isarwinkeler Blumenschmuck erinnern.

Wasser ist Leben!

Noch Monate lang nach der Alpenüberquerung zu Fuß glaubt man das Rauschen der Gebirgsbäche zu hören. Diese Musik der uns entgegensprudelnden, uns begleitenden oder den Weg kreuzenden Bergwasser lassen zusammen mit dem Erlebnis der leuchtenden Bergblumen allein schon den Weg zu einem »Traumpfad« werden. Zahllos sind die Wasserfälle, die Ausrufe der Bewunderung auslösen. Auch der nüchternste Alltagsmensch kann sich dem Zauber des weltentlegenen Junssees oder der in Gumpen springenden Wasser hinten im Staffelgraben nicht entziehen. Über ein Dutzend Bergseen treffen wir an. Eis und Schnee, gefrorenem Wasser also begegnen wir trotz Spätsommerzeit im Zillertaler Hauptkamm und später nochmals auf der Marmolada.

Kommt die Verzauberung durch das Wasser davon, weil unser Sein zutiefst im Wasser wurzelt. Alles Leben entstammt dem Wasser; auch unser Körper besteht etwa zu 65 % aus Wasser. Zum Nachdenken regt an, dass die chemische Zusammensetzung unserer Blutflüssigkeit der des Meerwassers sehr ähnlich ist. In unserem Blut finden sich nämlich, wenn auch in anderer Zusammensetzung, all die Elemente wieder, die auch das Wasser des Meeres enthält. Sterne ohne Wasser sind ohne Leben. Stark verschmutztes Wasser andererseits tötet alles Leben. Luftverunreinigungen, Radioaktivität, Öl- und Benzinrückstände bewirken eine globale Verschmutzung. Stimmt

Ausblick vom Südfuß der Benediktenwand zum Wettersteingebirge. In Bildmitte die Zugspitze, links – markant – die Dreitorspitzgruppe; rechts der Zugspitze das Estergebirge, ganz rechts der Herzogstand und im Vordergrund der Staffel. Wie dieses Wolkenmeer haben einst die eiszeitlichen Gletscher die Täler ausgefüllt.

Bild rechts: *Dieses Fresko an einem Hof in der Jachenau stammt aus der klassischen (Barock)Zeit der »Lüftlmalerei«. Es ist eine Arbeit des Mittenwalders Franz Karner und zeigt die Heilige Maria als Schäferin.*

Bild Seite 43: *Die Pfarrkirche St. Nikolaus zu Jachenau stammt in ihrer heutigen Form aus dem frühen 18. Jahrhundert (der Turm wurde im 19. Jh. dazugesetzt) und ist dem Patron der Flößer geweiht. Den Deckenstuck im Innern schuf der Wessobrunner Franz Doll.*

die Tatsache nicht nachdenklich, dass es unmöglich geworden ist, irgendwo im großen Weltmeer einen Eimer Wasser zu schöpfen, der keine messbare, von Menschen erzeugte Verunreinigung enthält? Ein Liter Öl verseucht eine Million Liter Wasser. Der Weltumsegler Thor Heyerdahl berichtet: »Hunderte von Meilen von der Küste entfernt war das Wasser zu schmutzig, um es als Zahnputzwasser zu benützen.« Erschreckend hoch ist der Wasserbedarf der weltweit wachsenden Industrie, so werden z. B. für die Herstellung eines einzigen Autos etwa 57 000 Liter Wasser verbraucht.

Sofern die Niederschläge nicht gerade radioaktiv verseucht sind, bringt uns über die weise Einrichtung des Wasserkreislaufes der Regen wieder das belebende, klare Nass. Regentropfen zersetzen durch ihren Gehalt an Kohlensäure winzige Teile des Gesteins. Die starke Abkühlung im Gebirge verändert Wasser immer wieder zu Eis. Durch seine Ausdehnung sprengt und zersetzt es härtestes Gestein. Die reißenden Wasser transportieren Material von Felsbrockengröße, aber auch Sand und Schluff talwärts und bis hinaus in das Meer. Gebirge, aus dem Schoß von Weltmeeren geboren, streben so wieder in das Meer zurück. Die Berge mit ihren Gletschern und Wäldern geben Wasser langsam und stetig an das Unterland ab. Alle Öko-Systeme werden letztlich vom Wasser beherrscht und gesteuert. Besonders beglückend ist die Wanderung entlang der klaren Bergwasser für alle Menschen, die aus den großen Ballungszentren kommen und dort nur verseuchte Ströme und Meeresstrände kennen. Man gebe sich aber auch in den Bergen keiner Täuschung hin. Es genügen oft schon die Abwasser eines Bergdorfes, einer Besiedlung oder sogar nur einer Hütte, um einen Bach auf eine längere Strecke zu verunreinigen. Verendendes Wild zieht sich gerne an das Wasser zurück und kann so ebenfalls ein hochgelegenes Rinnsal verseuchen. Im ersten Fall kann die Karte Auskunft geben, im zweiten hilft: nur ausschließlich aus Quellen trinken! Schon vor über 300 Jahren schrieb der Arzt und Dichter Angelus Silesius (1625–1677) im »Cherubinischen Wandersmann«: »Nur in dem Ursprung ist Wasser rein und klar – trinkst du nicht aus dem Quell, so stehst du in Gefahr«.

Zur Geschmacksverbesserung meines heißen Tees aus der Thermosflasche oder auch eines Quellwassers habe ich immer ein Fläschchen mit einem Fruchtsirup im Rucksack. Das Mixgetränk erfrischt, und durch den schnell ins Blut übergehenden Fruchtzucker stärkt es noch dazu.

Wie sehr auch nach einer anstrengenden Rucksackwanderung ein Bad locken mag, man hüte sich vor einem Sprung in unbekannte Gewässer! Leicht kann ein unvorhergesehenes Hindernis zum Verhängnis werden. Bestens zu empfehlen ist dagegen jegliches Kneippen. Gute Gelegenheiten bieten die plätschernden Holzbrunnen am Weg, taufrische Wiesen und Wasserläufe und am letzten Wandertag das Meerwasser sowie der von ihm angefeuchtete feine Sand am Strand der Adria.

Ob es die munteren, klaren Bergbäche, die sagenumwobenen Bergseen oder das weite Meer auf unserer Wanderung waren, immer ging von ihnen eine Anziehungskraft aus, wie sie Goethe im »Gesang der Geister über den Wassern« anklingen lässt: »Seele des Menschen, / Wie gleichst Du dem Wasser! / Schicksal des Menschen / Wie gleichst Du dem Wind!«

KARWENDEL

URWELTLICHES GEBIRGE – WO DIE ISAR ENTSPRINGT

Bild rechts:
Auf dem Kleinen Ahornboden steht das von der D.u.Ö.A.V.-Sektion Augsburg 1882 errichtete Hermann-von-Barth-Denkmal.

Bild ganz rechts:
Freiherr Hermann von Barth, hier bereits während seines Aufenthalts in Afrika. »Wie ein Meteor in der Nacht urplötzlich aufleuchtet und alle mit Bewunderung erfüllt, so schoss er auf und erlosch, der »eisenharte Mann««. (W. Flaig)

Bild Seite 47:
Der Kleine Ahornboden gehört zu den landschaftlich schönsten Plätzen im Karwendel. Blick zum Falkenstock.

Hermann von Barth, der Erschließer der Nördlichen Kalkalpen

Während der ersten Woche unserer Fußreise durchwandern wir die Heimat des berühmten Gipfelstürmers Hermann Freiherr von Barth zu Harmating. Am Aufbruchsort München besuchte er in den sechziger Jahren des 19. Jahrhunderts das Gymnasium und studierte dort zuerst Rechtswissenschaft und später Naturwissenschaften. Wenige Kilometer oberhalb des ersten Tageszieles Wolfratshausen wurde er am 5. Juni 1845 im Schloss Eurasburg hoch über dem Loisachtal geboren. Seine Eltern waren der königlich bayerische Kämmerer Ignaz von Barth und seine Ehefrau Floriana, geb. Freiin von Krauß. Ihnen gehörte auch das Schloss Harmating, welches von einem Hügel östlich von Ascholding am 2. Wandertag zu uns herübergrüßt. Auf den Anhöhen um Loisach und Isar verbrachte der spätere Alpenerschließer seine Kindheit. An den letzten drei Tagen der ersten Wanderwoche schließlich durchqueren wir mit dem Karwendel seine engere Bergheimat. Verschiedene Routen und auch ein Gipfel tragen dort seinen Namen. Am 5. Wandertag erinnert uns ein schlichtes Denkmal auf dem Kleinen Ahornboden an ihn und seine große Erschließungsarbeit. Leider verstarb der verdienstvolle Alpenpionier in noch jungen Jahren auf tragische Weise als Landesgeologe in der portugiesischen Kolonie Angola in Afrika. Im Fieberwahn der heimtückischen Tropenkrankheit Malaria endete, erst 31 Jahre alt, am 7. Dezember 1876 sein tatenreiches Leben. Seine sterblichen Überreste ruhen im Kabinda-Dorf bei

Sâo Paolo de Loanda (im afrikanischen Boden), fern seiner geliebten Kalkalpen.

Dank Barths genauer und umfangreicher Aufzeichnungen – er schrieb einen Wegweiser durch die von ihm erschlossenen Gebirgsgruppen auf 2294 Manuskriptseiten – lässt sich sein bahnbrechendes Bergsteigerleben genau verfolgen. Im Jahr 1868 kommt Barth am 1. Mai als Rechtspraktikant an das königliche Landgericht nach Berchtesgaden. In diesem Jahr besteigt er rundum 69 Gipfel, davon 10 als Erster. Dies trägt ihm den Ruf verwegener Kühnheit und den Beinamen »Bergpraktikant« ein. Genau ein Jahr später wird er als Referendar nach Sonthofen versetzt. Die bergsteigerische Ernte des Sommers 1869 waren 44 Gipfel in den Allgäuer und Thannheimer Bergen; darunter sind 3 Erstbesteigungen.

Zum 1. Oktober 1869 führt der Beruf Barth an das königliche Bezirksamt rechts der Isar nach München. Das Jahr 1870 bringt mit der Erschließung des weiten Karwendels den Höhepunkt seines Bergsteigerlebens. Barth beginnt im Juni mit der Innsbrucker Nordkette, der Ersteigung und der Bezwingung des Bettelwurfes. Es folgen: am 14. 6. der Große Lafatscher, am 22. die erste touristische Ersteigung der Hochnißlspitze und der Lamsenspitze, am 29. des Gamsjoches und am 30. dieses Monats des Laliderer Falks. Im Juli 1870 bewältigt er folgende Erstersteigungen: am 1. den Risser Falk, am 4. die Östliche Karwendelspitze, am 6. den Wörner, die Ödkarspitzen und die Birkkarspitze, am 16. Hochglück und Eiskarlspitze, am 24. die Schafkar-

Bild rechts:
Das Karwendelhaus; Blick ins Karwendeltal und auf Wörner und Hochkarspitze (Nördliche Karwendelkette).

Bild rechts Mitte:
Nach dem Abstieg vom Schlauchkarsattel im Hinterautal.

Bild unten:
Der Turm von St. Peter und Paul in Mittenwald, davor das Denkmal für Matthias Klotz, der die Geigenbaukunst aus dem italienischen Padua in den malerischen Ort brachte.

spitze, am 30. Katzenkopf und Mittlere Jägerkarspitze und am letzten Julitag überschreitet Barth die Praxmarerkarspitzen. Von seinen Touren im August und September sind hervorzuheben: Am 3. 8. die Pleisenspitze, am 15. die Kaltwasserkarspitze über den Südgrat, am 17. die Roßloch-Umrahmung mit der Besteigung von Grubenkarspitze, Dreizinkenspitze, Lalidererwand und Lalidererspitze, am 2. September die Spritzkarspitze und am 25. September das Sonnjoch. In nur $3^{1}/_{2}$ Monaten hatte Barth, trotz 14 Tage schlechten Wetters, annähernd 90 Karwendelgipfel bestiegen, davon mehrere zum erstenmal. Seine Leistung ist umso höher zu bewerten, als es damals kaum Wege und Hütten, geschweige denn gute Karten oder Führer gab. 1871 durchstreift Barth das Wetterstein und erklimmt hier 22 Gipfel, darunter sind 6 Erstbesteigungen. Außerdem steigt er im Herbst dieses Jahres noch am Seil eines Führers auf die Ötztaler Wildspitze. Darüber schreibt er allerdings, dass es wenig reizvoll sei, wie ein Kalb an einem Stricke von einem Gipfel zum anderen geschleift zu werden.

Im Sommer 1873, vor der endgültigen Fertigstellung seines Lebenswerkes »Aus den Nördlichen Kalkalpen« (660 S., Verlag Eduard Amthor, 1874), bereist er nochmals den Grenzkamm zwischen Bayern und Österreich in seiner ganzen Länge. Der Weg führt ihn von den Allgäuer Alpen zur Mieminger Kette (Erstbesteigung des Hochplattig), zum Wetterstein, dem Karwendel und bis zu den Berchtesgadener Alpen. Dort beschließt er mit der Durchquerung des einsamen Ha-

Bild links:
Alter Stich vom noch kleinen Mittenwald, darüber ein Teil der Nördlichen Karwendelkette.

Bild unten:
Lüftlmalerei im Mittenwalder Ortsteil Gries mit einem Motiv aus dem Matthäus-Evangelium: Wahrung vor freventlichem Urteil. »Was siehst du aber den Splitter im Auge deines Bruders, und den Balken in deinem Auge bemerkst du nicht?«

gengebirges seine glanzvollen Unternehmungen in den Alpen.

Über Barths Bergsteigen im Karwendel schreibt sein Biograph: »Ihm erschloss sich das vielgliedrige Bild dieses Gebirges mit all seinen Ketten und Gipfeln, von denen viele bisher noch keinen Namen getragen, oder deren Bezeichnungen doch eine sich schwankende und wechselnde war ...

Oft suchte er sich dem Jagdpersonal zum Trotz seinen Weg, wanderte als Einsamer bei Sturm und Regen wie bei glühender Hitze in Riesenmärschen über weite Grate von Gipfel zu Gipfel, bezwang bei allen Mängeln seiner Ausrüstung mit Steigeisen weitab von geeigneten Stützpunkten Wände und Kämme, die auch für den modernen Bergsteiger noch schwierige Stellen bieten.«

Isar und Piave, Wildflüsse im Norden und im Süden

In der ersten Wanderwoche fließen uns die munteren Bergwasser der Isar entgegen. Am Abend des 6. Tages stehen wir in etwa 1800 Meter Höhe an ihren Quellen im Karwendel. Dieses Quellgebiet gehörte zeitweilig zum Besitztum des Hochstiftes Freising. Bis zum dortigen Domberg – an der Isar gelegen – wo jahrhundertelang der Bischof residierte, grüßen an Föhntagen die Zacken der Karwendelkette.

Ab dem Pordoijoch eilen uns dann die stürzenden Bäche nach Süden voraus. Ihr und unser Ziel ist der Wildfluss

Die gastliche Hallerangeralm mit dem mächtigen Massiv der Speckkarspitze in der Gleiersch-Halltal-Kette des Karwendels.

Piave. Der Ausblick vom Hotel in der Bischofsstadt Belluno auf den mäandernden Wildfluss mit seinen weißen Kiesinseln und den Bergen im Hintergrund erinnert an den Blick vom Tölzer Kalvarienberg in den Isarwinkel. Das nicht ganz zu zähmende Element der ungestümen Bergflüsse hat an der Isar wie auch am Piave Auenlandschaften erhalten. Sie kontrastieren mit den rechteckigen Feldern und schnurgeraden Straßen. Entlang beider Wildflüsse wandern wir durch Buschland oder auf aussichtsreichen Dämmen.

Rot färbte sich das Wasser des unteren Piave in den letzten Kriegsjahren 1917/18. In den Schlachten am Fluss zwischen Feltre und Jesolo ließen hunderttausende junger Menschen ihr Leben. Mit dem für Italien günstigen Ausgang des Ersten Weltkrieges wurde der Piave zum Heiligen Fluss der Italiener.

Ganz im Süden stoppt der Rückstau vom Meer den Wildfluss. Am Piave vecchio, wo das Land sich in der Lagune auflöst, ist das Wanderziel Venedig nicht mehr fern. An seiner Mündung hat der Piave 220 Kilometer Entfernung und 1850 Meter Höhenunterschied zurückgelegt. Wie die Isar am Fuß der höchsten Karwendelberge (Birkkarspitze 2749 m) in den Nördlichen Kalkalpen entspringt, so kommt auch der Piave aus den höchsten Bergen eines Kalkgebirges, nämlich aus dem Bergstock des Hochweißsteines (Monte Peralba, 2693 m) in den südwestlichen Karnischen Alpen.

Der Lauf der Isar vom Karwendel-Hochtal bis zur Mündung in die Donau unterhalb Deggendorf umfasst 283 Kilometer und 1500 Meter Höhenunterschied. Er durcheilt die Nördlichen Kalkalpen, das oberbayerische Voralpenland, die Landeshauptstadt München und das tertiäre Hügelland Niederbayerns. Genau wie am jungen Piave begrenzen die Ufer des Oberlaufes steile Kalkfelsen und von Kuhherden belebtes Weideland. Entlang des Isarunterlaufes erstrecken sich große Getreide- und Zuckerrübenfelder, am Piave Weingärten, Mais- und auch Getreidefelder. Hier wie dort hat der

Mit dem Kamerateam von »Bergauf – bergab«« im Juli 1999 vor der Hallerangeralm (Aufbruch zum siebenten Wandertag) im Rahmen der Dreharbeiten für die Fernseh-Dokumentation »Zu Fuß über die Alpen«. Im Hintergrund die berühmte »Lafatscher-Verschneidung« am Kleinen Lafatscher.

Mensch das ungestüme Wasser zu Seen aufgestaut und gewinnt damit elektrischen Strom; an der Isar oben am Sylvenstein, bei Bad Tölz und unterhalb von Oberföhring, Moosburg und Landshut. Am Oberlauf des Piave und seiner Zuflüsse sind zu nennen: die Seen Auronzo, Centro Cadore und Santa Croce. Einen traurigen Ruhm erlangte der Stausee von Erto. Sein Staudamm mit 280 Meter Höhe wird als der höchste der Welt gepriesen. Gunther Langes schrieb in dem im Frühjahr 1963 erschienen Autorama: »Man sollte es keinesfalls unterlassen, dieses technische Wunderwerk zu besuchen!« Wenige Monate später stürzten rund 60 Millionen Kubikmeter

Fels und Erde in den See. Die hundert Meter hohe Flutwelle schwappte in Sekundenschnelle über den Damm, vernichtete Longarone und tötete dabei 2000 Menschen.

Am stärksten wird die Isar durch ihre linken Nebenflüsse Loisach, Würm und Amper gekräftigt. Die Loisach bezieht ihr Wasser vom Fuß des seenreichen Fernpasses und aus dem Werdenfelser Land um Garmisch-Partenkirchen, also rund um die Zugspitze. Aus den Schottern beim Königsschloss Linderhof entspringt die Ammer. Aus ihr wird später, nachdem sie den Ammersee durchquert hat, die Amper. Die Würm schließlich verdankt ihren Namen dem gleichnamigen See, den die meisten Leute heutzutage Starnberger See nennen.

Der Piave erhält das meiste Wasser durch die Zuflüsse von rechts. Alle entstammen sie den Dolomiten. Als erster ist der Ansiei zu nennen. Geboren am Monte Cristallo, durchfließt er bald darauf den Misurinasee und mündet bei Cima Cogna (796 m). Nördlich vom Falzaregopass, an der Tofana entspringt der Boite. Er durcheilt Cortina d'Ampezzo und mündet bei Perola (532 m). Genannt sei noch der Mae, dessen Heimat am Götterthron Monte Pelmo liegt. Er speist das Zoldano und fließt dem Piave bei Longarone (441 m) in die Arme. Nicht vergessen werden darf schließlich der vom Pordoijoch durch das Agordino fließende Cordevole. Unterhalb von Belluno bei Pribano (299 m) vereinigt er sich mit dem Piave. In den einsamen Bergen zwischen den zwei letzten Zuflüssen verläuft unsere Wanderstrecke nach Belluno. Der Oberlauf des Piave mit seiner Landschaft Cadore grenzt die Dolomiten nach Osten von der Landschaft Carnia ab.

Der Isaroberlauf zusammen mit dem Nebenfluss Loisach ist zum Inbegriff Oberbayerns geworden. Auch die Quellgebiete des Piave und die seines Nebenflusses Boite lagen in frühester Zeit im bayerischen Einfluss- und Sprachbereich. So gehörten die Ampezzaner bis zum 11. Jahrhundert zum Pustertaler Besitz des Hochstiftes Freising. Und in der ersten Gemeinde oben am Piavelauf, in Bladen (Sappada), wird in einigen der bäuerlichen Familien noch heute bayerische Mundart gesprochen. Die Bewohner dieser deutschsprachigen Enklave am Fuße des Hochweißsteines an der Piavequelle emigrierten aus Villgraten (Sillian), um der unerträglichen Fron der Grafen von Heimfels zu entgehen. Bernhard Wurzer schreibt in seinem Buch »Die deutschen Sprachinseln in Oberitalien«: »In der Schule war der Unterricht bis 1866 deutsch. Siedlungsmäßig hat Bladen – abgesehen von den neuen Hotel- und Pensionsbauten – von allen deutschen Siedlungen außerhalb Südtirols in Italien seinen deutschen Charakter am besten bewahrt.«

Das Nationalgetränk an der Isar in München, Schäftlarn oder Bad Tölz ist süffiges bayerisches Bier; am Piave ist es Weiß- oder Rotwein. Die Weiß- und Rotwein-Straßen verlaufen teilweise parallel zu unserer Wanderstrecke und zweimal kreuzt unser Weg sogar die Weinstraßen.

Durch das Piavetal aufwärts führt die Strada d'Alemagna, ausgehend vom Golf von Venedig, dem Mündungsgebiet des Piave. Venedigs berühmter Maler Tizian ist oft auf ihr zu seinem Heimatort Pieve di Cadore an den oberen Piave gereist. Die venezianischen Kaufleute zogen auf ihr weiter durch das Pustertal, über den Brenner und hinüber nach Mittenwald, wo sie ihre Waren auf Floße verluden und isarabwärts transportieren. Bis ins 20. Jahrhundert herein spielte die Flößerei als Transportgewerbe auf Isar und Loisach eine große wirtschaftliche Rolle. Das Aufkommen der Eisenbahn und des Lastwagens, verbunden mit empfindlichen Eingriffen in den Wasserlauf, machten dem geachteten und traditionsreichen Gewerbe den Garaus. Einen matten Abglanz des einstigen Flößereiwesens geben noch die im Sommer von Wolfratshausen nach München stattfindenden Vergnügungsfloßfahrten. Die Munterkeit und Lebenslust des Wildflusses, der zwischen den Nagelfluhfelsen und in den Floßgassen weiß aufschäumt, springt dabei auf die fröhlichen Menschen auf den Flößen über.

D ,Visitnkartn von der Isar

I bin a frisch Tirolerkind
Karwendlherrn meine Patn sind
bin glasklar und kalt
Spiegl Wand und Wald
i murml und sing
schäum und spring
donner und braus
über d'Wehr im Saus …
Die »Reißende« hoaß i
i habs derfragt
»nomen est omen«
hat oaner gscheit gsagt.

Elisabeth Brizzi (1902–1999)

Josef Speckbacher, der Kampfgefährte Andreas Hofers

Tritt der Wanderer am Nachmittag des 6. Tages aus dem Bergwald hinaus auf die Wiesen der Lafatschalm, so sieht er zum ersten Mal die Alpenvereinshütte Hallerangerhaus oben im Zirbelwald vor sich liegen. Dahinter steckt die Speckkarspitze (2621 m), ein Vorberg des Bettelwurfs, ihren Gipfel in den Tiroler Himmel. Bei dem Namen und dem gesunden Appetit, der sich am Ende eines Wandertages einstellt, mögen Gedanken an einen kernigen Tiroler Speck aufkommen. Doch die naheliegende Namensableitung trügt hier; jedenfalls was die unmittelbare Abstammung betrifft.

Einen Tag später, bevor wir von der Hochterrasse ins Inntal hinab wandern, begegnet uns erneut dieser Name. Oben im Gnadenwald bei St. Martin liegt die stattliche Einkehr »Speckbacherhof« am Wege. Wie ich auf meine Fragen hin erfahre, leitet sich in beiden Fällen der Name von dem Hofnamen »Spöck« ab. Einen knappen Kilometer östlich stehen die Bauernhöfe zum »Unteren und Oberen Spöck«. Zwischen ihnen erinnert eine Gedächtniskapelle an den Tiroler Freiheitshelden Josef Speckbacher. Das Land Tirol errichtete sie zum 150. Jahrestag der Kämpfe von 1809 an derselben Stelle, wo das Geburtshaus Speckbachers, der kurz auch Spöck genannt wurde, stand; wegen seiner Baufälligkeit war es abgebrochen worden.

Am 13. Juli 1767 – im selben Jahr wie Andreas Hofer und Peter Mayr – wurde Speckbacher auf dem Unter-

Bild links:
Abendstimmung bei der Bergkapelle an der Hallerangeralm (sechster Wandertag).

Bilid oben rechts:
Der Speckbacher-Hof (siebenter Wandertag) auf der nördlichen Inntalterrasse. Aus den Baumkronen lugt der Kirchturm von St. Martin im Gnadenwald hervor.

spöckhof in Gnadenwald geboren. Früh verlor er seine Eltern. In schrankenloser Freiheit wuchs er in Wald und Gebirge auf und entwickelte sich zum kühnen Wilderer und gefürchteten Rangler. Die Liebe zu einer wohlhabenden Bauerstochter aus Rinn zähmte erstmals den Ungestümen. Bevor er seine Braut 1794 heimfahren konnte, galt es, ein Jahr den Dienst als braver Salinenarbeiter abzuleisten. Es folgten ein Dutzend Jahre als Schmiderer-Bauer in ungetrübtem Familienglück. Zwischendurch allerdings bestand Speckbacher am Siegestag von Springes, am 2. April 1797, die Feuertaufe.

Unter der Bayerisch-Napoleonischen Herrschaft hatte Tirol seit 1805 sehr zu leiden. Die Empörung in der Landbevölkerung stieg ständig und wurde geschürt von Österreich, welches hoffte, Tirol wieder zurückgewinnen zu können. Als Vertrauter des Sandwirts aus dem Passeiertal – er hatte ihn 1805 anlässlich eines Pferdemarktes in Sterzing kennengelernt – organisierte der Spöck zu Beginn des Jahres 1809 die Mannschaften des Unterinntales. Auf der Rückreise von Wien war Hofer beim Kronenwirt in Hall abgestiegen und hatte mit Straub und Speckbacher eine längere Besprechung. Anfang April hieß es dann: »Es ist Zeit!« Durch seinen Sieg bei Hall und an der Innbrücke von Volders entschied Speckbacher die erste Befreiung des Landes mit. Trotz kühnstem persönlichen Einsatz gelang es ihm in den darauffolgenden Wochen nicht, die Festung Kufstein einzunehmen. Als der Feind im Mai erneut das Land überflutete, entschied eine Botschaft Speckbachers an Andreas Hofer den richtigen Zeitpunkt zum Losschlagen. Bei den Berg-Isel-Schlachten am 25. und 29. Mai befehligte der Spöck jeweils den rechten Flügel vom Schloss Ambras bis hinüber zum Paschberg. Wenn auch der Feind durch das Unterinntal abzog, so war auch diese zweite Befreiung nicht von langer Dauer. Am 5. und 6. Juni fielen bei Wagram die Würfel endgültig zu Gunsten Napoleons. Österreich musste den Waffenstillstand von Znaim unterzeichnen und damit das Land Tirol aufgeben. Hofer und seine Getreuen aber, angefeuert vom Kapuzinerpater Haspinger, gaben das »Landl« selbst in dieser aussichtlosen Lage nicht auf. Zusammen mit dem Mahrwirt Peter Mayr, dem dritten großen Bauernführer von 1809, schleuderte Spöck furchtbare Steinlawinen auf den die Eissackschlucht heranrückenden Feind; sie erstritten am 13. August die dritte Befreiung Tirols. Während der Tiroler Bauer und Sandwirt Andreas Hofer einige Monate in der Innsbrucker Hofburg das Land regierte, sicherten der Kapuzinerpater Haspinger und Speckbacher die Grenzen im Osten. Nach mehreren glücklichen Gefechten wurde er am 17. Oktober bei Melleck vom Gegner überrascht und geschlagen. Trotz Kolbenschlägen und Stichwunden konnte er der Gefangenschaft entgehen. Sein elfjähriger Sohn Anderl, der dem Vater trotz dessen Verbot immer wieder gefolgt war, geriet an diesem Tag in die Hände der Bayern. Der König Max Josef in München nahm sich des Kindes an und ließ ihn 7 Jahre lang am Königlich-Bayerischen Seminar ausbilden. Der Vater aber eilte erneut zu Hofer und kämpfte in der letzten unglück-

lichen Berg-Isel-Schlacht am 1. November an seiner Seite. Für die Anführer, auf deren Köpfe hohe Preise ausgesetzt waren, folgten harte Wintermonate. Hofer und Mayr wurden verraten und von den Franzosen im Februar 1810 erschossen. Speckbacher konnte sich im Frühjahr desselben Jahres nach Wien retten, von wo er 1814, nach der friedlichen Wiedervereinigung Tirols mit Österreich, heimkeh-

Ausblick vom Großen Bettelwurf, in dessen Bereich man auf einer Variante der Route des siebenten Wandertags gelangt. Links der Verbindungsgrat zur Speckkarspitze, rechts – beherrschend – der teilweise mit Neuschnee »überzuckerte« Karwendel-Hauptkamm. Im linken Bildteil ganz hinten der Zugspitzstock.

ren konnte. Die Kraft des Feuerteufels, dessen abenteuerliches Leben Luis Trenker Stoff für ein Buch und den gleichnamigen Film abgab, war jedoch gebrochen. Am 28. März 1820 erlag der erst 53jährige einem schweren Nierenleiden in seinem Wohnort Hall.

Grabsteine erinnern in Hall an Josef Speckbacher und die Seinen. Seit 1858 ruht er neben Andreas Hofer und Pater Haspinger in der Hofkirche zu Innsbruck. Oben im Gnadenwald bewirtschaftet ein Ur-Ur-Enkel vom Mahrwirt Peter Mayr, dem Mitstreiter Spöcks und Hofers, den Speckbacherhof. Sein Wappen ziert die Eingangsfront des Gasthauses.

Sechs Tage nach unserer Einkehr im Speckbacherhof wandern wir im Pustertaler Vintl durch jene Gegend, wo Andreas Hofer seinem Freund Spöck im Sommer 1809 zugerufen hat: »Seppl, willst a du mi und's Land verlassen? Schau, sie führn di in d' Schand!« Bedenkt man das Gemeinsame im Charakter und Volkstum des Bayerischen Stammes vom Fichtelgebirge bis zur Salurner Klause und betrachtet seine reiche Geschichte seit der Besiedelung dieses Raumes vor 1300 Jahren, so blickt man auch auf tragische Schicksale, auf politische Irrungen und Wirrungen zurück.

TUXER ALPEN

URALTE ZIRBELN, LEUCHTENDE BLUMEN UND STEINE

Ruhe und Beschaulichkeit beim Rasten und Kneippen am Zirbelweg zur Lizumer Hütte (achter Wandertag).

Bäume in der Kampfregion

Egal ob wir am 8. Wandertag durch das Lizumertal hinauf wandern oder oben am Glungezer den Weg beginnen, an beiden Varianten begegnen uns markante Baumveteranen. Je höher wir hinaufsteigen, umso zerzauster und uriger schauen sie uns an. Diese Charakterbäume, gezeichnet von Stürmen, Schneedruck und Frost, sind uns noch von der Isarquelle hinterm Hallerangerhaus in Erinnerung, und wir werden sie auf unserem Weg über die Berge immer wieder antreffen, sobald wir den geschlossenen Wald unter uns lassen; in besonders ausdrucksstarken Gestalten finden wir sie z. B. im hintersten Pfitschertal, beim Aufstieg zur Peitlerscharte oder auf dem Pra della Vedova.

Eine Mindestzahl an Wachstumstagen ist erforderlich, damit der Neuzuwachs an den Bäumen verholzen und ausreifen kann. Die Lebensbedingungen für einen Wald sind gerade noch gegeben, wenn bei ausreichender Feuchtigkeit an mindestens 100 Tagen Temperaturen über plus 5 Grad Celsius herrschen. Dort, wo der Bergwald sich nach oben in einzelne Baumgruppen und Einzelbäume auflöst, verläuft die Waldgrenze. Am Alpen-Nordrand, wo die Fichte, die Lärche und Arve (Zirbel) herrscht, liegt sie etwa bei 1800 Meter, in den Zentralalpen unter dem Einfluss eines mehr kontinentalen Klimas ungefähr bei 2000 Meter. In den Südalpen bildet die Buche die Waldgrenze in einer Höhe von etwa 1800 bis 1900 Metern. Die gedachte Verbindungslinie zwischen den einzelnen Bäumen oben in der Strauch- und Mattenregion bildet die Baumgrenze. Zwischen ihr und der Waldgrenze erstreckt sich die »Kampfregion« der Bäume, die ungefähr 100 Höhenmeter umfasst. Wo durch menschlichen Eingriff die Waldgrenze nach unten verschoben wurde, fehlt sie. In den einzelnen Gebirgsketten verlaufen die Waldgrenze und die Baumgrenze nicht gleichmäßig in einer Höhe. Felswände, Schotterkare, Lawinen und Murgänge oder Kaltlufttäler unterhalb der Gletscherströme bedingen ein Auf- und Abspringen dieser Grenzen. In der Kampfregion nützen die Bäume günstige Bedingungen des bodennahen Klimas in Mulden, hinter Felsblöcken und in vermodernden Baumruinen aus, um ihren Kampf ums Überleben bestehen zu können.

Der Existenzkampf in dieser Höhenzone ist hart und unerbittlich. Zu zweit und in Gruppen stützen sich die Bäume oft gegenseitig. Das Strahlungsklima bewirkt große Temperaturgegensätze in Bodennähe. Durch Zucker- und Stärkeanreicherung in den Zellen schützen sich die Pflanzen gegen Kälte. Bei Frosthärteprüfungen vertrugen Zirbeln minus 40 Grad Celsius und darunter. Andererseits überlebten Jungzirbeln ohne nachfolgende Schädigung Temperaturen über plus 40 Grad Celsius. Blitz oder Schneedruck knicken oft die Wipfel. Seitenäste übernehmen dann die Führung und so entstehen die typischen Kandelaber-Bäume. An den ausgesetzten Stellen drückt der Sturm alle Äste und Zweige nach der Lee-Seite. Wir sprechen dann von einem »Fahnenwuchs«. Wie ein Windstrahlgebläse wirken die vom Sturm herangepeitschten Eiskristalle. Kritisch für die Gehölze kann es werden, wenn nach einem niederschlagsarmen Sommer und Herbst im Winter langandauernde, austrocknende Stürme blasen. Die Wasserverluste können dann so hoch werden, dass es zu Vertrocknungsschäden (»Frosttrocknis«) kommt. Im metertiefen, lockeren Schnee sind die Pflanzenteile vor Sturm und Kälte geschützt. Lange Schneebedeckung, der gewaltige

Bild oben: *Die Gamshütte berührt man auf einer Variante des zehnten Wandertages, wenn man sich den Übergang über die Friesenbergscharte nicht zutraut.*

Bild Seite 60: *Das Spannaglhaus.*

Bild Seite 61: *Abstieg von der Friesenbergscharte.*

Druck der Schneemassen zusammen mit langem Lichtentzug, schwächen die schneebedeckten Pflanzenteile. Der Nassschnee bewirkt einen übernatürlich hohen Wassergehalt in den Pflanzen und die geschwächten Nadeln werden dadurch anfällig für die Kiefernschütte. Diese Pilzkrankheit kann junge Pflanzen zum Absterben bringen. Der Schnee an den Hängen bewegt sich wie ein Gletscher unmerklich aber stetig talabwärts. Der Druck dieses Kriechschnees führt bei den Jungbäumen zu einem Säbelwuchs. Von den gewaltigen Naturkräften können sie auch ganz umgedrückt werden.

Die Humusbildung und der Nährstoffvorrat in der lebensfeindlichen, meist steilen Kampfregion ist sehr gering; demnach auch der Pflanzenzuwachs. Längenmessungen an Zirbeln in 2000 Meter Höhe erbrachten folgende Ergebnisse: Nach 5 Jahren Wachstumszeit wird im Durchschnitt eine Höhe von 5 Zentimeter erreicht, nach 10 Jahren 19 Zentimeter, nach 15 Jahren 28 Zentimeter und nach 50 Jahren etwa $5^1/_2$ Meter. Herbert Reisigl zählte bei einer spannenlangen, bleistiftdünnen Lärche mit dem Mikroskop 55 Jahresringe! Was nimmt es da Wunder, wenn die knorrigen und gar nicht so übermäßig hohen und dicken Baumveteranen ein für uns Menschen unwahrscheinliches Alter aufweisen. So schätzen Forstleute die betagten Zirbeln an der Isarquelle und unterm Überschalljoch auf ein Alter bis zu 2000 Jahren. Lange Zeit glaubte man, ein mächtiger Mammutbaum (Riesensequoia) im Westen Amerikas wäre mit 3125 Jahren der älteste lebende Baum der Welt; solange, bis man in der

Kampfregion der weißen Berge von Kalifornien in einer Höhe von 3500 Meter auf die ehrwürdig-knorrigen Borstenkiefern stieß. Behutsam holten Dendrochronologen (Wissenschaftler, die anhand von Jahresringen das Gehölzalter bestimmen) Bohrkerne von der Dicke einer Bleistiftmine aus den Bäumen. Nach sorgfältiger Analyse im Labor kamen sie auf ein Alter von fast 5000 Jahren. 1964 wurde die älteste Borstenkiefer für Studien- und Ausstellungszwecke gefällt. Sie stand unter dem Wheeler Peak im Osten von Nevada. Das Alter des derzeitigen Seniors zählt noch 4600 Jahre; und in Japan fand man neuerdings Baum-Methusalems, die gar über 7000 Jahre zählen. Es gibt zu denken, wenn man liest, dass diese ältesten Lebewesen dort anzutreffen sind, wo die Lebensumstände feindselig und hart sind. Es sind steile, felsige Plätze in mindestens 2900 Meter Höhe mit dünner Bodenschicht und wenig Niederschlag.

Zupf dir ein Wölcken aus dem Wolkenweiß,
Das durch den sonnigen Himmel schreitet,
Und schmück den Hut, der dich begleitet,
Mit einem grünen Reis.

Verstecke dich faul in der Fülle der Gräser,
Weil's wohltut, weil's frommt
Und bist du ein Mundharmonikabläser
Und hast eine bei dir, dann spiel, was dir kommt.

Und lass deine Melodien lenken
Von dem freigegebenen Wolkengezupf.
Vergiss dich. Es soll dein Denken
Nicht weiter reichen als ein Grashüpferhupf.

Joachim Ringelnatz

Im Friesenbergsee spiegeln sich die großen Berge des Zillertaler Hauptkamms: Hoher Weißzint (links daneben der Breitnock), Hochfeiler und Hochfernerspitze (von links).

Bild oben links: *Frühlingsenzian (Gentiana verna) mit seinem besonders schönen Blau. Blütezeit: April bis Juni.*

Bild oben rechts: *Die Silberwurz ist eine ausdauernde Pflanze und wächst auf Schotter und auf Grashängen. Blütezeit: Juni bis Juli (siehe auch Seiten 31 sowie 78 bis 84).*

Leuchtende Bergblumen aus allen Jahreszeiten

Eine Bergwanderung bietet außer gesunder Bewegung in reiner Luft, einem oft atemberaubenden Panorama, munter dahinplätschernden Bächen und gigantischen Wasserfällen auch noch die Freude an der vielseitigen Flora.

Nicht allein die vielbesungenen Enziane und Edelweiße sind es, die uns auf unserer Fußreise immer wieder erfreuen, nein, es gibt noch viele andere mehr. Die Pracht beginnt bereits in der Pupplinger Au. Hier finden wir auf unserem Weg zwischen Isarstrand und Schirmföhrenwald je nach Jahreszeit Enziane, Akelei, mehrästige Silberwurz und verschiedene Schwemmlinge wie z. B. das Leinkraut (Linaria alpina) und die Alpenkresse (Hutchinsia alpina). Man kann sie gar nicht alle aufzählen, denn viele kleine und unscheinbare Pflanzen nimmt unser Auge überhaupt nicht bewusst wahr. Auffallend leuchten die Blütenpolster von Thymian und Gipskraut aus den Schotterfluren der Au. Der Thymian ist ein stark aromatisches Gewürz und sollte viel mehr Verwendung finden bei Fleischgerichten und Gemüsesuppen. Gewürze machen die Speisen nämlich nicht nur schmackhafter, sondern auch leichter verdaulich.

Wenn wir oberhalb Geretsried in die sogenannte Wacholderschneise einbiegen, blüht unmittelbar rechts und links zu unseren Füßen das Sumpfherzblatt und das blaue fleischfressende Fettkraut. Seine klebrige Blattoberseite ist mit Fanghaaren ausgestattet, durch die kleine Insekten festgehalten werden. Mit ihren Bemühungen, wieder loszukommen, lösen sie einen Reiz auf das Blatt aus, das sich daraufhin zusammenrollt und damit ist die Falle zugeschnappt. Wir sehen auch – ohne einen Schritt vom Weg abweichen zu müssen – Prachtexemplare von Frauenschuh. Sie zählen zu den schönsten Freilandorchideen und sind mit Recht streng

geschützt, sind doch zehn Jahre und mehr notwendig, bis sich aus einem Samen eine blühfähige Pflanze entwickelt. Auch der Frauenschuh ist eine Fliegenfalle, jedoch kann das Insekt zwischen zwei engen Spalten beiderseits der Narbe einen Ausgang finden und trägt so zugleich zur Bestäubung der Pflanze bei. Schön ist auch die zarte Golddistel, die verstreut unter Weiden und Tamarisken steht. Im lichten Wald des Malerwinkels fühlt sich der echte Türkenbund zu Hause. Besonders am Abend entströmt seiner Blüte ein betörender Duft mit dem er das Taubenschwänzchen anlockt. Es ist ein Schwärmer (Schmetterling), der am Körperende vogelschwanzähnliche Haare hat. Freischwebend vor der Blüte senkt es seinen langen Rüssel zur Nektarquelle hinab. Auch auf den Seidelbast stoßen wir hier. Er ist zusammen mit den Palmkätzchen eine der allerersten Nahrungsquellen für die Bienen. Seine leuchtend roten Scheinbeeren sind giftig!

Aus den Rimslreiner Moorwiesen nicken uns vorwiegend Trollblumen, Wollgras und Mehlprimeln zu. Mehlprimeln werden sie deshalb genannt, weil ihre Blätter auf der Unterseite dicht weiß-mehlig bestäubt sind. In den Blüten der Trollblumen finden kleinste Insekten Schutz vor Regen und Unwetter und zugleich Nahrung. Zwischen Bad Tölz und Lenggries kann ein aufmerksames Auge da und dort auch einen Büschel Alpenleinkraut finden. Es ist eine der vielen Schwemmlingsarten, ein Rachenblütler mit orangegelben Gaumen und violetten Lippen und Sporen.

Ab dem Kohlerboden Richtung Hallerangerhaus finden wir dann zum erstenmal die typischen Almwiesen vor. Um die Fronleichnamszeit ist ihr herrlicher Blütenteppich wohl am üppigsten. Die kleinen Zuflussbächlein der jungen Isar sind dicht gesäumt von Dotterblumen. Auf dem Weg bergauf entzückt uns immer wieder an den Waldrändern die schöne, weißblau blühende Alpenrebe. Sie windet sich gerne um kleinere Bäume und ihre Samenstände bilden sich häufig zu haarigen Perücken aus. Im Höhenwind der Lafatscheralm zittert der weiße Alpenmohn – (Papaver sendtneri) – benannt

Bild oben links: *Fruchtstand des Wiesenbocksbartes (Tragopogon pratensis). Er blüht von Mai bis Juli zwei- und mehrjährig; der Name stammt von den Haaren des Früchtchens.*

Bild oben rechts: *Rundblättrige Glockenblume (Campanula rotundi folia). Sie blüht von Juni bis September und ist eine ausdauernde Pflanze, die auch auf mageren Standorten vorkommt.*

Bild oben links: *Der Frauenschuh (Cypripedium calceolus) ist die größte unserer heimischen Orchideen. Er blüht von Mai bis Juni, kommt in Wäldern bis 1600 Meter vor und liebt Kalkböden.*

Bild oben rechts: *Wunderwelt der Flechten, einer Symbiose von Pilzen und Algen. Nur zusammen können sie extremste Standorte wie z. B. Berggipfel über 6000 Meter Höhe besiedeln.*

nach dem Münchner Botaniker Otto Sendtner, der sich große Verdienste um die Erforschung der bayerischen Alpenflora erworben hat. Beim Abstieg durch das Isstal fällt uns an feuchten Stellen der besonders reichliche Wuchs des echten Frauenmantels auf. Er wird auch Taumantel genannt, weil er seine überflüssige Feuchtigkeit über die Blattränder als Tautröpfchen ausscheidet. Auf den Tuxer Bergen wächst das weißrosa blühende zierliche Katzenpfötchen. Es ist ähnlich wie die Strohblumen lange haltbar. In seiner Nähe auf den buckeligen Matten blüht ein Meer von vielen roten Primeln. Dort sehen wir auch zum erstenmal das rote Läusekraut. Warum diese schöne, alpine Wiesenpflanze einen so unschönen Namen hat, kann ich mir nicht erklären. Sie hat farnähnliche Blätter, leuchtendrote Blüten und ist ein Halbschmarotzer, da sich die Saugorgane seiner Wurzeln an anderen Pflanzen festsaugen.

Unvergesslich ist die Frühlingswiese im Unterbergtal. Richtung Gliederschartl: Hunderte von blauen, stattlichen Eisenhüten, schwefelgelben Anemonen, Alpenvergissmeinnicht – die fast dem Himmelsherold gleichen – und Taubenkröpfchen stehen in Gesellschaft mit Augentrost, Küchenschellen, Trollblumen und anderen mehr. Interessant sind auch immer wieder die Stellen, an denen wir auf Krokus und Soldanellen stoßen. Da sie – wie noch einige andere Pflanzen – ihre Knospen bereits im Herbst ausbilden, scheinen sie förmlich aus dem Schnee geboren zu werden. Überhaupt müssen sich die Alpenpflanzen besonders harten Klimabedingungen anpassen. Die Immergrünen sind oft von Frosttrocknis bedroht, nämlich dann, wenn der Boden noch gefroren ist, die Blätter aber bereits in Wind und Sonne viel Feuchtigkeit verdunsten. Sie schützen sich gegenseitig durch Zusammenwachsen zu Polstern. Ein natürlicher Schutz ist auch das lederartige Blatt von Enzian und Alpenrose, die filzige Behaarung beim Edelweiß oder das nadelartige Blatt der Erika-Arten. Die Sedumfamilien wiederum besitzen wasserspeichernde Blätter. Zur Vermehrung der Alpenpflanzen tragen die Vögel bei und der Wind, der die leichten Samen verbreitet; zum Teil bestäuben sich die Pflanzen auch selbst oder bilden Brutknospen und Ausläufer. Gegen die extremen Witterungsverhältnisse schützen sie sich, indem sie meist nicht sehr hoch wachsen, sich in Felsnischen ansiedeln oder die günstige Lage an wärmespeichernden Steinen ausnutzen. Am »Tage der neun Jöcher und Scharten« – dem ersten Wandertag in den Dolomiten – treffen wir auf typische Dolomitenblumen. Sie tragen diese Herkunftsbezeichnungen sogar in ihren Namen. Es ist das Dolomitenfingerkraut (Potentilla nitida), ein Zwergstrauch, der sich gerne den Felsen anschmiegt und große Flächen überzieht. Von weitem schon ist es durch seinen rosaroten Blütenteppich zu erkennen. Die zweite, nicht minder schöne Pflanze, ist die Dolomitenglockenblume (Campanula morettiana). Sie wurde 1818 im Fassatal entdeckt und nach dem Botanikprofessor Moretti benannt. Wir können ihre Schönheit nur stumm und staunend betrachten. Den Weg zum Villpederhof und seiner Kapelle – mit dem landauf-landab bekannten Mariahilfbild – säumt das schmalblättrige Weidenröschen. Auf den Schutthalden des naheliegenden Peitlerkofels grüßt wieder der zarte Alpenmohn, diesmal aber der gelbe, der eine angenehme farbige Abwechslung in das Grau des Gerölls bringt.

Und immer wieder stoßen wir auf die bunten Flechtenarten, die wie Tapeten oft ganze Felsplatten überziehen. Die Flechten bestehen aus Algen und Pilzen, die eine vorbildliche und notwendige Gemeinschaftsarbeit leisten, um überhaupt bestehen zu können. Während die Pilze an der Oberfläche wirken, indem sie einen Hitzeschutz bilden und für Stickstoffverbindungen sorgen, produzieren die Algen Stärke und Zucker. Durch eine bestimmte Flechtensäure lösen sie ihre lebensnotwendigen Mineralien aus dem Gestein. Sie wachsen sehr langsam. Eine Ausdehnung von der Größe eines 5-Mark-Stücks kann an die 50 Jahre alt sein.

Unter den vielen Teufelskrallenarten gefällt uns die schopfige wohl am besten. Ihr Name bezieht sich auf die krallenähnliche Blütenform. Wir treffen sie nur einmal an und zwar hoch oben an den Hängen der Cima di Cità.

Der Blütenreigen erstreckt sich weiter, bergauf und bergab, immer abwechselnd mit den Höhenlagen. Mit den vielen Steinbrech-, Hahnenfuß- und Primelpolstern bildet er fürwahr einen Steingarten, wie er von Menschenhand nicht schöner angelegt werden kann. Beim Abstieg von der Schiara und vom Nevegal sehen wir noch mal zwei Köstlichkeiten unter den Alpenblumen. Es sind das wilde Alpenveilchen und die grüne Nieswurz (Christrose). Sie blühen versteckt im Halbschatten von Sträuchern. Das Alpenveilchen macht Wanderer durch seinen veilchenartigen Duft auf sich aufmerksam, obwohl es mit dem Veilchen nicht verwandt ist. Seine Samen werden gerne von Ameisen verschleppt, die somit zu seiner Vermehrung beitragen.

Am allerletzten Berg, dem Nevegal, fällt uns ein Hinweisschild zu einem alpinen botanischen Garten auf. Leider ist uns aus Zeitgründen ein Besuch nicht möglich. Aus dem Prospekt können wir entnehmen, dass er 1500 Meter hoch liegt und von der Bergstation in 10 Minuten erreichbar ist. Er hat eine Fläche von 6,5 Hektar und beinhaltet rund 500 Arten. So begleiten uns also Blumen vom Anfang bis zum Ende unserer einmaligen Bergwanderung. Im Stadtpark von Belluno ist gar von geschickten Gärtnerhänden das Datum mit Echeverien eingepflanzt; es wird täglich »nachgestellt«. Pflücken aber wollen wir keine der herrlichen Pflanzen an unserem Weg – nicht einmal das verlockende Edelweiß, das sich mancher gerne als Erinnerung an den Hut stecken würde! Denn wenn jeder Wanderer auch nur eine Blume mitnähme, was bliebe da für die nach uns Kommenden?!

Netz einer Kreuz- oder Radnetzspinne. Muskelringe an 600 Spinndüsen regeln Austritt und Stärke der etwa 4/10000stel Millimeter »dicken« Spinnfäden. Die Verbindung der Einzelfäden ergibt eine Fadenstärke von 1/5000stel Millimeter. Das Stärkenverhältnis dieses Spinnenfadens zu einen Kopfhaar entspricht dem eines Zwirnfadens zu einem Schiffstau.

LUDWIG GRASSLER

ZU FUSS ÜBER DIE ALPEN

DER TRAUMPFAD VON MÜNCHEN NACH VENEDIG

Tourenbegleiter

BRUCKMANN

Tourenbegleiter zum Bildband
»Zu Fuß über die Alpen« aktualisierte Auflage

Gesamtherstellung Bruckmann, München
Layout und DTP: Gramma GmbH, München
Printed in Italy by Printer Trento

ISBN 3-7654-3757-3

Inhalt

Vorwort 7

Ratschläge und Hinweise für die
Durchführung der Wanderung München-Venedig . . . 10

Quartiere 17

1. Wandertag:
München-Wolfratshausen 31

2. Wandertag:
Wolfratshausen-Bad Tölz 35

3. Wandertag:
Bad Tölz-Leger an der Jachen 41

4. Wandertag:
Leger-Vorderriß 47

5. Wandertag:
Vorderriß-Karwendelhaus 53

6. Wandertag:
Karwendelhaus-Halleranger 59

7. Wandertag:
Halleranger-Wattens (oder Hall) 66

8. Wandertag:
Wattens (oder Hall)-Lizum 71

9. und 10. Wandertag:
Lizum-Tuxerjoch-Dominikushütte 75

11. und 12. Wandertag:
Schlegeisgrund-Stein-Pfunders 81

13. Wandertag:
Pfunders-Lüsen 89

14. Wandertag:
Lüsen-Schlüter-Hütte 93

15. und 16. Wandertag:
Schlüter-Hütte-Grödner Joch-Boèhütte 97

17. und 18. Wandertag:
Boèhütte-Fedaia-Alleghesee 102

19. bis 21. Wandertag:
Alleghesee-Tissihütte-Carestiatohütte-Pramperet 107

22. und 23. Wandertag:
Pramperet-7° Alpinihütte-Belluno 111

24. Wandertag:
Belluno-S. Maria di Revine Lago 117

25. Wandertag:
S. Maria-Ponte Priula 121

26. Wandertag:
Priula-Fagarè 126

27. Wandertag:
Fagarè-Jesolo 131

28. Wandertag:
Jesolo-Punta Sabbione-Markusplatz 138

Hinweis zu den Literaturangaben: Die mit einem Stern (*) versehene Quellenliteratur ist möglicherweise beim Verlag vergriffen und auch im Buchhandel nicht mehr erhältlich. Diese Literatur kann aber in vielen Bibliotheken eingesehen werden.

Vorwort zur aktualisierten Auflage des Tourenbegleiters

Liebe Berg- und Wanderfreunde!

Vor nunmehr 24 Jahren erschien erstmals meine Beschreibung dieser Wanderroute quer über die Alpen von München nach Venedig. Aufgrund nachfolgend aufgeführter Fakten bezeichne ich sie als Traumpfad. Die unterschiedlichen geologischen Formationen der Alpen wurden durch Druck von Süden aufgefaltet. Deshalb wechseln bei einer Wanderung von Nord nach Süd relativ häufig die Landschaftsformen und Klimazonen. Von Bayern über Tirol, Ladinien, das Agordino bis hin nach Venezien durchquert der Wanderer auf einer verhältnismäßig kurzen Strecke verschiedene Volkstums- und Kulturräume. Der Marienplatz als Ort des Aufbruchs und der Markusplatz als Zielpunkt sind weltweit bekannt und geschätzt. Mit dem malerischen Isartal beginnt die Wanderung. Nach den Alpen folgt eine liebliche Hügellandschaft. Sie leitet über zum Weinland am Piave und weiter zur Lagune, wo Land und Wasser ineinander übergehen. Ehe die Alpenüberquerer, von der Meerseite her kommend, den »schönsten Salon der Welt« betreten, wandern sie am offenen Meer entlang. Die gesamte Route verläuft weitgehend auf Naturpfaden.

Wie zahlreiche, voll Begeisterung geschriebene Briefe und umfangreiche Berichte aufzeigen, schenkte dieser Traumpfad vielen Menschen unvergesslich schöne Erlebnisse. Gerade in den letzten zwei Jahren habe ich mehrmals detaillierte Angaben zur Route und zu den Quartieren erhalten. Zusammen mit meinen Erkundungs-Ergebnissen wurden sie in die Neuausgabe des Tourenführers eingebracht.

Herzlich danke ich allen Absendern für die wertvollen Hinweise und Verbesserungsvorschläge, vor allem den Ehepaaren Heike und Jörn Walter aus Hamburg (gewandert im Jahr 2000), Elisabeth und Manfred Birkle, München (1999), Frau Monika Kositzki vom Niederrhein (1998–2000) und Herrn Heimo Stündl aus der Steiermark (1988, 1989 und 1999; dreimal!).

Zu danken habe ich auch allen Teilnehmern am Fotowettbewerb. Leider konnten nur wenige Aufnahmen in die Neuausgabe des Bild- und Textbandes aufgenommen werden. Jedoch ist beabsichtigt, die sehenswerte Zusammenstellung jeweils am Wandertreff »8. 8. 8 Uhr« zu präsentieren.

Erneut weise ich auf Folgendes hin: Der Traumpfad von München nach Venedig ist weder ein offizieller europäischer Fernwanderweg noch ein Weitwanderweg österreichischer Prägung. Das heißt, die Route ist weder durchgehend markiert noch beschildert. Auch sind die Wegabschnitte zum überwiegenden Teil nur grob beschrieben. Es ist also neben alpiner Erfahrung, Ausdauer, Trittsicherheit und Schwindelfreiheit auch eine Portion Orientierungsvermögen mitzubringen. Für eine sichere Begehung der Via ferrata Marmòl in der Schiara (vor Belluno) benötigt man eine Selbstsicherung. Die Ausrüstung hierfür kann an das Rifugio San Sebastino auf dem Duranpass vorausgeschickt werden (siehe Quartierliste). Eine Ausweichroute ist vorhanden.

Möge der vorliegende Tourenbegleiter Ihnen eine wertvolle Hilfe bei der Alpenüberquerung sein! Ein unfallfreies und frohes Wandern wünscht Ihnen

Ludwig Graßler *Wolfratshausen, im August 2001*

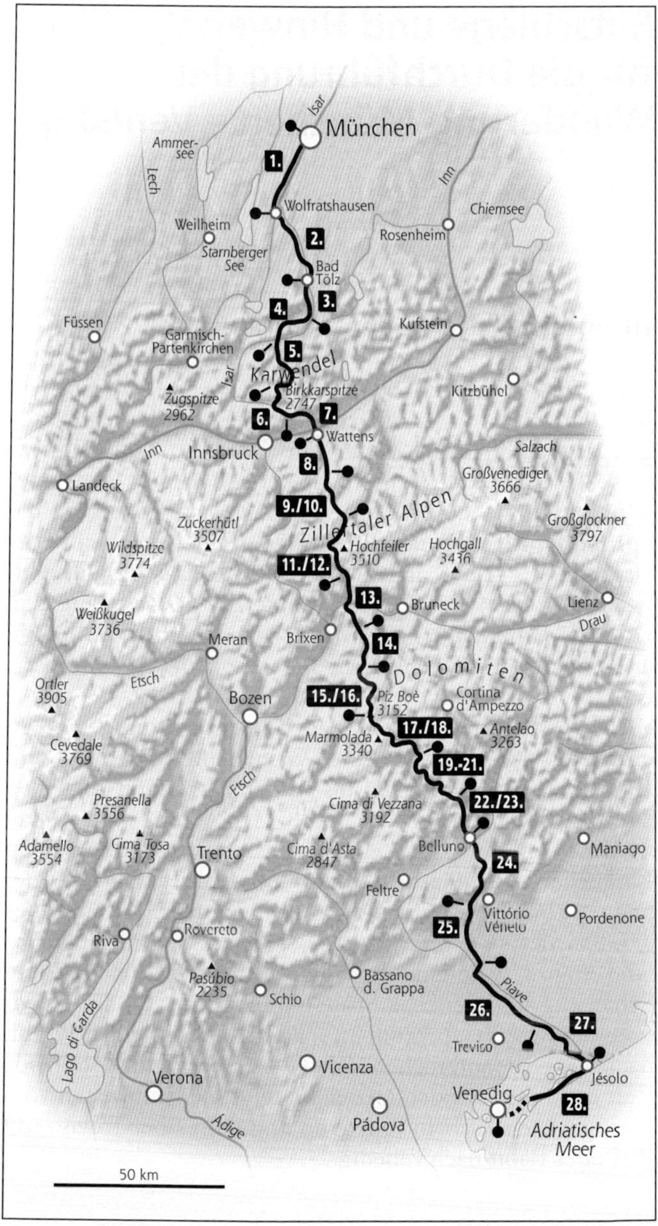
München
Isar
Ammersee
Lech
Wolfratshausen
Weilheim
Starnberger See
Chiemsee
Rosenheim
Inn
Bad Tölz
Füssen
Garmisch-Partenkirchen
Kufstein
Karwendel
Birkkarspitze 2747
Zugspitze 2962
Kitzbühel
Wattens
Innsbruck
Landeck
Salzach
Großvenediger 3666
Zillertaler Alpen
Zuckerhütl 3507
Wildspitze 3774
Hochfeiler 3510
Hochgall 3436
Großglockner 3797
Bruneck
Lienz
Drau
Weißkugel 3736
Meran
Brixen
Dolomiten
Ortler 3905
Etsch
Bozen
Piz Boè 3152
Cortina d'Ampezzo
Marmolada 3340
Antelao 3263
Cevedale 3769
Presanella 3556
Cima di Vezzana 3192
Adamello 3554
Cima Tosa 3173
Trento
Cima d'Asta 2847
Belluno
Maniago
Feltre
Vittório Véneto
Pordenone
Riva
Rovereto
Pasúbio 2235
Bassano d. Grappa
Schio
Piave
Lago di Garda
Treviso
Jésolo
Vicenza
Verona
Venedig
Ádige
Pádova
Adriatisches Meer
50 km
1.
2.
3.
4.
5.
6.
7.
8.
9./10.
11./12.
13.
14.
15./16.
17./18.
19.-21.
22./23.
24.
25.
26.
27.
28.

Ratschläge und Hinweise für die Durchführung der Wanderung München – Venedig

In einem Stück oder in Etappen?

Die Länge der Wanderstrecke und die vielseitigen Verpflichtungen, in die heutzutage die meisten Menschen eingespannt sind, lassen leicht den Gedanken aufkommen, diese Fernwanderung in Etappen zu machen. Bei einer Wanderung in Abschnitten bringt man sich jedoch um die Spannung, die ein Aufbruch zu einer durchgehenden Fernwanderung erzeugt und um das Hochgefühl, das entsteht, wenn man nach vier Wochen Wanderzeit das gesteckte Ziel erreicht. Außerdem sind das Abschalten und die Erholung erst vollkommen, wenn man mehrere Wochen unterwegs ist.

Sind Unterbrechungen jedoch nicht zu umgehen, so empfiehlt sich als erstes eine Wochenendwanderung zum »Einlaufen« von München bis an den Alpenrand nach Bad Tölz. Am schönsten ist sie Ende Mai/Anfang Juni. Daran anschließen könnte sich eine fünftägige Wanderung zu den Isarquellen. Der günstigste Zeitpunkt richtet sich nach der Schneeschmelze, meistens wird er nicht vor Ende Juni liegen. Wiederum einige Wochen später, also Ende Juli/Anfang August, wäre eine dreitägige Tour vom Inntal bis zum Schlegeisgrund denkbar. Spätestens aber hier an der Nordseite des Alpenhauptkammes, sollte man dann endgültig bis nach Venedig aufbrechen. Ist die zur Verfügung stehende Zeit dann immer noch knapp, so steigt man am besten vom Nevegal nach Vittorio Veneto ab und fährt über Treviso mit Bus oder Bahn nach Venedig.

Vorschlag für eine Unterteilung der Wanderung in 2 oder 3 Etappen:

1) Teilnahme am alljährlichen Wandertreff mit Erfahrungsaustausch am 8. 8. um 8 Uhr in München (siehe Bildband S. 122); in Verbindung damit Fortsetzung der Wanderung bis an den Alpenrand nach Bad Tölz oder Lenggries (2 bis 3 Tage, Rückfahrt mit der Bahn nach München).
2) Alpenüberquerung von Bad Tölz bzw. Lenggries bis Venedig in einem Stück. Günstigste Zeit: Ende August bis Ende September.
3) Reicht die Zeit zwar für die Alpenüberquerung, jedoch nicht für eine Wanderung bis Venedig, so wird geraten, das südlichste und damit wärmste Wegstück im Spätherbst oder im zeitigen Frühjahr zu begehen (Belluno–Venedig etwa 5 Tage).

Nachfolgend noch ein Unterteilungsvorschlag der Wanderung in 8 Etappen:

1) 2 Tage: München – Bad Tölz am Alpenrand
2) 5 Tage: Bad Tölz – Inntal
3) 3 Tage: Inntal – Schlegeisgrund
4) 2 Tage: Schlegeis – Pustertal
5) 4 Tage: Lüsen (oder Brixen-Plose) – Pordoijoch (Dolomitenhöhenweg Nr. 2)
6) 2 Tage: Pordoijoch – Alleghesee
7) 5 Tage: Alleghesee – Belluno (Dolomiten-Höhenweg Nr. 1)
8) 5 Tage: Belluno – Venedig

Gefahren und Hilfen

Die alpinen Vereine bieten Kurse in Theorie und Praxis für richtiges Bergsteigen an. Auch erfahrene Freunde und Bekannte können wertvolle Hilfestellung geben. Gelegenheit zu einem Erfahrungsaustausch mit Venedigwanderern besteht beim alljährlichen Treff – 8. 8., 8 Uhr – in München, Marienplatz.

Unterwegs versäume man nicht, den Rat der Hüttenwirte einzuholen und vor dem Aufbruch im Hüttenbuch das Tagesziel einzutragen. Bis zum Mittag sollten zwei Drittel der geplanten Tagesetappe bewältigt sein.

An südlich ausgesetzten Hängen, vor allem nach dem Duranpass, sollte man auf Giftschlangen achten! Wenn sich die Tiere nicht unmittelbar bedroht fühlen, flüchten sie bei Erschütterungen. Vorsicht auch bei der Auswahl der Rastplätze! Bei Bissverletzungen: Wundstelle abbinden, aber Körperteil nicht absterben lassen; Verletzung aufschneiden; beim Aussaugen Vorsicht wegen Schleimhautverletzungen im Mund! Patienten ruhig stellen. Die beste Hilfe erfolgt durch fachgerechtes Einspritzen eines Schlangenserums.

Anlaufstellen für den alpinen Rettungsdienst sind in der Regel die Berghütten (siehe Quartierliste). In Notfällen kann ein Handy im Rucksack unschätzbare Dienste leisten.

Alpines Notsignal

Es ist ein optisches oder akustisches Zeichen, das sechsmal in der Minute (alle 10 Sekunden) abgegeben wird. Nach einer Pause von jeweils einer Minute wird dieses wiederholt, bis eine Antwort erfolgt. Sie besteht aus drei Signalen in der Minute (alle 20 Sekunden).

Für einen Hubschraubereinsatz gilt: Beide Arme schräg nach oben (wie ein »Y«) bedeutet: Hilfe wird benötigt; ein Arm schräg nach oben und der andere schräg nach unten (wie ein »N«) heißt: Hilfe wird nicht benötigt. Für die Rettung: Landeplatz kennzeichnen; mit »Windfahne« (Hemd oder Schal) Windrichtung anzeigen!

Überörtliche alpine Rettungsdienste: Bergwacht München, Tel. 0 89/92 41-0; Bergwacht Innsbruck, Tel. 05 12/34 76 77; Alpenverein Südtirol, Sektion Bozen im Landesverkehrsamt Südtirol, besetzt Mo.–Fr. 9–12.30 Uhr und 15–17.30Uhr, Tel. 04 71/97 81 41.

Kosten

Sie fallen je nach den Ansprüchen sehr unterschiedlich aus. Wanderern, die mit Zelt und Verpflegung ausgerüstet sind, kostet das Unternehmen nur einen Bruchteil von dem, was jene benötigen, die nur in Betten schlafen und nach der Speisekarte essen. Für die Hüttenübernachtung gibt die Gebührenregelung für Hütten des Deutschen Alpenvereins, gültig ab 1. 12. 1996, eine Richtlinie:

Übernachtung von Mitgliedern des DAV, OeAV, AVS in Hütten der Kategorie 1
(Schutzhütten, Stützpunkte für Bergsteiger und Bergwanderer)

Gebühren-Obergrenze	Deutschland/Österreich
Zimmerlager	€ 10,00
Matratzenlager	€ 7,50
Notlager	€ 3,50

Nichtmitglieder: mindestens doppelte Nächtigungsgebühr!

Bergsteigerverpflegung für Mitglieder des DAV, OeAV, AVS

Höchstsätze	Deutschland/Österreich
Bergsteigeressen (ein Gericht)	€ 6,50
Teewasser 1 Liter	€ 1,80
Bergsteigergetränk 1/2 Liter	€ 1,80
Geschirrbereitstellung	€ 0,50

Von den 28 Übernachtungen sind etwa die Hälfte auf Hütten möglich; die anderen fallen auf Gasthöfe, Pensionen oder Hotels. Der derzeitige (2002) Preis für eine Bahnfahrt von Venedig nach München beträgt ca. € 60,–. Seit 1987 veranstaltet der Summit Club des DAV zweimal im Jahr Führungstouren von München nach Venedig. Die vier Wochen dauernde Wanderung kostet derzeit (2002) € 2260,– (Sonderpreis bei Buchung aller 4 Wochen am Stück; Preise pro Woche siehe DAV Summit Club Katalog.) Inbegriffen sind die Übernachtungen, Halbpension, Führung,

Gepäcktransport, Versicherungen und teilweise (laut Programm) Personentransfer. Leihaustrüstung: Klettersteigausrüstung für die 4. Woche. Nicht im Preis enthalten ist die Rückreise. Buchungen sind auch wochenweise für Teilstrecken möglich. Teilnehmerzahl pro Bergführer: 8 bis 14 Personen.

Beste Zeit für die Fernwanderung

Da die Route auf längeren Strecken in Höhen über 2000 Meter verläuft und zweimal fast auf 3000 Meter ansteigt, ist die beste Jahreszeit der Spätsommer (letztes Augustdrittel und der Monat September; allerdings schließen ab 20. 9. einige Hütten). Normalerweise liegt um diese Zeit der wenigste Schnee und das Wetter ist am beständigsten. Allerdings kann es in der Ferienzeit – besonders an den Wochenenden – Schwierigkeiten mit der Unterkunft geben. Telefonische Voranmeldungen für die Übernachtungen an schönen Wochenenden sind notwendig. Für die Wanderung in Italien meide man auf jeden Fall die Hauptferienzeit (ferragosto, Zeit um den 15. 8.). Das Gebiet um die Lizumer Hütte ist Truppenübungsplatz. Wenn auch der Zugang meist frei ist – die Hütte ist ganzjährig bewirtschaftet –, so versichert man sich besser vorher durch einen Telefonanruf beim Hüttenwirt. Ab Mitte September schließen bereits einige Berghütten und ab Oktober wird der direkte Linienflug Venedig–München eingestellt. Einen Flug kann man schon im Verkehrsbüro in Belluno buchen. Es befindet sich im Gebäude des Hotels Astor auf der Piazza dei Martiri.

Ausrüstung

Auf die einschlägigen Karten und Führer wird bei den Beschreibungen der Tagesetappen hingewiesen. Aufgrund der Höhenlage der Wanderstrecke zwischen dem Isartal und dem Nevegal ist hier unbedingt die übliche Bergwander-Ausrüstung notwendig (also feste Bergschuhe und Wetterschutz). Die genaue Kenntnis hierüber wird vorausgesetzt;

auch das alpine Notsignal sollte bekannt sein. Die Wanderung selbst – mit Ausnahme der Gipfelbesteigung wie z. B. auf den Olperer oder die Civetta – übersteigt nicht den Schwierigkeitsgrad I. Trittsicherheit, Schwindelfreiheit und Bergerfahrung sind an mehreren Stellen erforderlich. Für die Via ferrata in der Schiara zum Abschluss des Dolomitenhöhenweges Nr. 1 ist die Ausrüstung für die Selbstsicherung (Anseilgurt, Seilstück, Seilbremse, 2 Klettersteig-Karabiner und Schutzhelm) mitzunehmen. Am besten schickt man diese zusätzliche Ausrüstung rechtzeitig an folgende Anschrift voraus: Rifugio San Sebastiano di Modesto Cordella, I-32010 Passo Duran (Tel.: 04 37/6 23 60). Der kleine Gletscher an der Friesenbergscharte kann normalerweise ohne Steigeisen und Pickel mühelos begangen werden. Anders wäre es bei einem Gletscheraufstieg zur Marmolada. Praktisch ist ein Minirucksack, den man mit Wetterschutz und Tagesproviant füllen kann, wenn sich eine Gelegenheit bietet, den schweren Rucksack vorauszuschicken (Freunde mit Auto, Taxi für Fußkranke, Materialseilbahn). Sofern man nicht im Freien oder auf Almen nächtigt, braucht durchwegs nicht mehr als ein Tagesproviant mitgetragen zu werden. Fast täglich trifft man unterwegs auf gut bewirtschaftete Berghütten oder Dorfgasthäuser.

Naturschutz

Auf den häufig begangenen Wanderrouten nimmt leider auch in den Bergen der Unrat immer mehr zu. Es sollte selbstverständlich sein, nichts wegzuwerfen und auch jede Blume an ihrem Standort blühen und sich vermehren zu lassen.

Weitere wichtige Punkte für das Verhalten in der Natur:

1) Auf den Wegen bleiben und keine Abkürzer benützen!
2) Lärm vermeiden!
3) Nicht in Schutzgebieten und auf floristisch wertvollen Flächen zelten, am besten auf Campingplätzen oder nach

Rückfrage beim Grundstücksbesitzer in Hof-, Haus- oder Hüttennähe!

4) Alm- und Weidegatter nach dem Passieren wieder schließen!
5) Kein offenes Feuer im oder in der Nähe von Wald oder trockenem Gras- und Buschland! Schon eine achtlos weggeworfene Zigarette kann unermesslichen Schaden verursachen.
6) Weidevieh und Wild nicht unnütz beunruhigen!

Wie in anderen Ländern, so existieren auch in der autonomen Provinz Bozen Naturschutzgesetze. Erläuternde Broschüren hierüber erschienen im Athesia Verlag Bozen. Bei den meisten Behörden sind interessante Naturschutz-Broschüren kostenfrei erhältlich.

Unser »Traumpfad« München – Venedig in Stichworten

Länge: etwa 520 Kilometer; zu überwindende Höhenmeter: rund 20000, dabei über 33 Jöcher, Scharten, Pässe, durch drei Volkstumskreise, Sprachgebiete und Staaten; Übernachtung auf 13 Berghütten, ansonsten in Gasthäusern; erforderliche Zeit bei beschaulichem Wandern: 28 Wandertage und fünf Ruhetage; weitere Unterteilungen (Kurzstrecken) sind möglich. Rückflug mit Linienmaschine (direkt nach München nur bis Ende September) in 45 Minuten.

Lohnende Gipfel am Weg:

Birkkarspitze	2749 m
Speckkarspitze	2621 m
Bettelwurf	2725 m
Geierspitze	2854 m
Olperer	3476 m
Piz Boè	3152 m
Marmolada	3340 m
Civetta	3220 m

Monte Talvena	2542 m
Schiara	2565 m
Col Visentin	1763 m

Für die Gipfelbesteigungen ist entsprechend mehr Zeit vorzusehen. Bergerfahrung ist in jedem Fall notwendig; im Zweifelsfall nehme man einen Bergführer.

Weitere Hinweise siehe unter den Tagesbeschreibungen.

Quartiere

Vorschläge für Übernachtungsmöglichkeiten werden auch bei den jeweiligen Wandertagen unter der Rubrik »Touristische Hinweise« oder bei den Hinweisen zu den Wanderskizzen gegeben.

Mit den Angaben über Quartiere an den jeweiligen Tagesstrecken hat der Wanderer in einem gewissen Rahmen die Möglichkeit, die Länge seiner Tagesetappe selbst zu bestimmen. Einen allerdings nur bedingten Hinweis auf Preiskategorien geben die Bezeichnungen Hütte, Gasthof und Hotel. Zur Sicherheit und zur Auswahl werden auch von einem Ort mehrere Übernachtungsmöglichkeiten genannt.

Eine Vorausbestellung der Unterkünfte empfiehlt sich vor allem für Übernachtungen an den Wochenenden und besonders für größere Wandergruppen.

Alle Angaben zu den Quartieren erfolgen ohne Gewähr. Für Verbesserungs- oder Ergänzungsvorschläge ist der Verfasser dankbar.

Bei Telefongesprächen von Deutschland nach Österreich 00 43 wählen und dann die 0 der Ortskennzahl weglassen.

Bei Telefongesprächen nach Italien 00 39 wählen und 0 der Ortskennzahl mitwählen; aus Italien nach Deutschland 00 49 wählen und 0 der Ortskennzahl weglassen. Bei Gesprächen von Österreich nach Deutschland 00 49 wählen und 0 der Ortskennzahl weglassen. Vorwahl von Österreich nach Italien: 0 39 und Ortsnull mitwählen.

A = Aufbruchsort
U = Unterkunft unterwegs
Z = Quartier am Zielort

A Fremdenverkehrsamt München
Info-Center, Marienplatz, im Rathaus (Aufbruchsort)
Tourist-Information,
Sendlinger Straße 1, 80331 München
☎ 0 89/2 33-03 00; Telefax 0 89/2 33-3 02 33
Deutscher Alpenverein e.V., Hauptverwaltung
☎ 0 89/1 40 03-0; Telefax 1 40 03-11
Alpine Auskunft
☎ 0 89/29 49 40
☎ 0 89/6 42 40-0; Telefax 6 42 40-1 00
Wetterdienst
☎ 0 89/25 50 70
DAV Summit Club, Beratungs- und Buchungsstelle bei Sport Schuster
☎ 0 89/23 70 72 99; Telefax 23 70 72 92

A Die nachfolgend angegebenen 4 Pensionen liegen unweit des Hauptbahnhofes und des Marienplatzes
Pension Daniel, Sonnenstraße 5, Am Stachus
☎ 0 89/54 82 40; Telefax 55 34 20
Hotel Stachus, Bayerstr. 7, D-80335 München
☎ 0 89/59 28 81; Telefax 5 50 38 33
Alpen-Hotel, Adolf-Kolping-Str. 14, D-80336 München
☎ 0 89/55 45 85; Telefax 5 50 36 58
Schillerhof, Schillerstr. 21, D-80336 München
☎ 0 89/59 42 70; Telefax 5 50 18 35

A Camping Thalkirchen,
Zentralländstr. 49, D-81379 München
☎ 0 89/7 23 17 07; Telefax 7 24 31 77
DJH Jugendgästehaus München,
Miesingstr. 4, D-81379 München
☎ 0 89/7 23 65/60; Telefax 7 24 25 67

1 **U** Lage unweit der S-Bahn Nr. 7 (München –Wolfratshausen). Sie verkehrt alle 20 Minuten.

Jugendherberge Burg Schwaneck,
Burgweg 4 –6, **82049 Pullach/Isartal**
☎ 0 89/74 48 66-70 oder -72; Telefax 74 48 66 80
Gasthof Rabenwirt, Kirchplatz 1, 82049 Pullach/Isartal
☎ 0 89/7 93 01 85
Waldgasthof Buchenhain, 82065 Baierbrunn/Isartal
☎ 0 89/7 93 01 24 und 7 93 19 24;
Telefax 7 93 87 01
Klosterbräustüberl Schäftlarn, 82069 Kloster Schäftlarn
☎ 0 81 78/36 94
Gasthof zur Post, 82067 Ebenhausen
☎ 0 81 78/36 03
Gasthof Alpenblick, 82057 Icking/Isartal
☎ 0 81 78/52 63

1 **Z** Gasthof Humplbräu,
Obermarkt 2, **82515 Wolfratshausen**
☎ 0 81 71/71 15
Hotel garni Thalhammer,
Sauerlacher Str. 47 d, 82515 Wolfratshausen
☎ 0 81 71/42 19-0
Hotel Märchenwald garni,
Kräuterstr. 39, 82515 Wolfratshausen
☎ 0 81 71/2 90 96; Telefax 2 22 36
Pension Rosengarten, Badstraße 27, 82515 Wolfratshausen
☎ 0 81 71/7 60 34
Gasthof Grüner Baum,
Äußere Münchner Straße 6, 82515 Wolfratshausen
☎ 0 81 71/1 86 70
Lage östlich der Isarbrücke bei Wolfratshausen:
Gasthof Aujäger, Puppling, Isartal, 82544 Egling
☎ 0 81 71/7 85 56

Landgasthof-Hotel Neuwirt, 82515 Gelting
☎ 0 81 71/42 52-0; Telefax 0 81 71/4 25 21-52
2 **U** Gasthof Isarwinkel,
Richard-Wagner-Str. 14, 82538 Geretsried
☎ 0 81 71/3 13 07
Gasthof Lauchs, Altvaterstr. 41, 82538 Geretsried
☎ 0 81 71/3 11 59

2 **Z 83646 Bad Tölz**,
Zimmernachweis Städt. Kurverwaltung
☎ 0 80 41/78 67-0; Telefax 78 67-56
Gasthof Zantl, Salzstraße 31
☎ 0 80 41/97 94
Lage: östlich (oberhalb) der Marktstraße bei der Mühlfeldkirche
Hotel-Gasthof Kolberbräu, Marktstr. 29 (Fußgängerzone)
☎ 0 80 41/76 88-0; Telefax 76 88-2 00
Hotel Jodquellenhof, Ludwigstr. 13, 83646 Bad Tölz
☎ 0 80 41/5 09-0
Lage: unmittelbar an der Bade- und Freizeitanlage Alpamare

3 **U** Café und Pension Schusterpeter,
Kalkofenstr. 31, 83646 Arzbach
☎ 0 80 42/9 14 99-0, Do + Fr Ruhetag
Zimmervermittlung für den Bereich **83661 Lenggries**:
Verkehrsamt
☎ 0 80 42/50 08-20
Jugendherberge, Jugendherbergstr. 11, 83661 Lenggries
☎ 0 80 42/24 24; Telefax 45 32
Berghütten im Brauneck-Gebiet: Brauneck-Haus (Alpenvereinshütte)
☎ 0 80 42/87 86
Bayern-Hütte
☎ 0 80 42/89 73

3 **Z** Gasthaus Langeneck, Lage: **nach Lenggries-Wegscheid**
☎ 0 80 42/84 06
Café und Pension Landerer Mühle,
83661 Lenggries-Leger
☎ 0 80 42/24 85
Tutzinger Hütte (AV-Hütte), nördlich an der Benediktenwand gelegen
☎ 0 88 57/2 10
4 **U 83676 Jachenau**,
Verkehrsbüro in der Gemeindeverwaltung
☎ 0 80 43/3 68

83676 Jachenau, Ortsteil Bäck, Gasthaus Josef Bauer
☎ 0 80 43/2 11 oder 2 12
83676 Jachenau, Gasthaus Zur Post, Dorfplatz 7 1/3
☎ 0 80 43/3 63
83676 Jachenau, Gasthaus Zur Jachenau,
Jachenau Dorf 8
☎ 0 80 43/9 10-0; Telefax 9 10-10

4 **Z 83661 Vorderriß**, Alpengasthof Post
(auch mit Touristenlager)
☎ 0 80 45/2 77; Telefax 10 13
83661 Vorderriß, Haus der Arbeiterwohlfahrt,
Sitz in Bad Tölz
☎ 0 80 41/84 56; in Vorderriß: 0 80 45/2 20

5 **U** Oswaldhütte, Lage: zwischen Vorder- und Hinterriß
☎ 0 80 45/2 72
Österreichischer Alpenverein in Innsbruck
☎ 05 12/5 95 47-0
Österreichischer Alpenverein Alpine Auskunft
☎ 05 12/5 95 47
Wetterdienst Innsbruck
☎ 05 12/29 16 00
(Auskünfte auch für den Dolomiten-Bereich)
A-6221 Hinterriß Café-Pension Klösterle
☎ 0 52 45/2 09

5 **U** A-6221 Hinterriß, Gasthof Alpenhof, Ernst Derfeser
☎ 0 52 45/2 07; Telefax 0 52 45/20 78
A-6215 Hinterriß, Gasthof zur Post
☎ und Telefax 0 52 45/2 06

5 **Z** Alpenvereinshütte Karwendelhaus
☎ 0 52 13/56 23; im Tal: 0 52 64/54 92
A-6108 Scharnitz, Verkehrsverein (Tourismusverband)
☎ 0 52 13/52 70; Fax 0 52 13/55 57
A-6108 Scharnitz, Gästehaus Helga, Innrain 99
☎ 0 52 13/53 44, im Sommer: 06 63/9 75 93 11
Unter gleicher Führung:
Larchetalm im Karwendeltal, 1174 m, 20 Schlafplätze

A-6108 Scharnitz, Gasthof zum Goldenen Adler, Innsbruckerstr. 123
☎ 0 52 13/52 39; Di Ruhetag
Gasthof Risserhof, im Ortszentrum
☎ 0 52 13/52 40; Telefax 52 92 40

6 **Z** A-6108 Scharnitz, Alpenvereinshütte Hallerangerhaus, geöffnet von Pfingsten bis Anfang Oktober
☎ 0 52 13/53 26
A-6108 Scharnitz Nr. 97, Hallerangeralm, Almgasthof, geöffnet vom 1. Juni bis 15. Oktober
☎ auf der Alm: 0 52 13/52 77, im Tal 0 52 13/51 19

7 **U Bettelwurfhütte** ☎ 0 52 23/5 33 53
im Tal: A-6380 St. Johann/Tirol, Prantlstr. 22
☎ 0 52 23/49 26 74
Herrenhaus, 1500 m, ganzjährig geöffnet, Lager und Zimmer
☎ 0 52 23/4 25 17
Gasthaus St. Magdalena, Halltal 23, 6060 Absam
☎ 06 63/85 58 66

7 **Z** Hotel Hlg. Kreuz, Reinmichlstr. 18, **A-6060 Hall in Tirol**
☎ 0 52 23/5 71 14
Parkhotel R. Hoskowetz, Thurnfeldgasse 1a, A-6060 Hall in Tirol
☎ 0 52 23/5 65 66-0
Fremdenverkehrsverband Hall in Tirol, Wallpachgasse 5
☎ 0 52 23/5 62 69; Telefax 5 62 69 20
Fremdenverkehrsverband **6112 Wattens**, Dr.-Felix-Bunzl-Str. 6
☎ 0 52 24/5 29 04; Telefax 5 29 04
Gasthof Goldener Adler, 6112 Wattens, Innsbrucker Str. 1
☎ 0 52 24/5 22 55; Telefax 5 44 71
preiswerte Privatzimmer: Pension nach der Innbrücke (gegenüber der Shell-Tankstelle) und südlich der Innsbrucker Straße.

8 **Z** Lizumer Hütte, AV-Sektion Hall,
Mitte Juni bis Ende Okt.
☎ 0 52 24/5 21 11

9 **Z** Gamshütte, Lage: oberhalb Finkenberg (Variante)
☎ 06 64/2 40 31 34, Tal: 0 52 85/38 70

9 **Z** Tuxerjochhaus, Hütte des österr. Touristenklubs, geöffnet Ostern und 1. Juli bis 30. September
☎ 0 52 87/8 72 16
Tourismusverband Tux, Lanersbach
☎ 0 52 87/85 06-0
Tourismusverband Finkenberg
☎ 0 52 85/26 73/20 61
Tuxer Bergbahnen
☎ 0 52 87/8 72 46
10 **U** Spannaglhaus
☎ 0 52 87/7 07
10 **U** Olpererhütte
☎ 06 64/3 70 67 09

10 **Z** Alpengasthaus Dominikushütte,
geöffnet von Mai bis Oktober
☎ 0 52 86/2 16 oder 2 60

11 **Z** Pfitscherjochhaus über Hotel Knappenhof, St. Jakob in Pfitsch
☎ 04 72/63 01 19 oder 6 01 19

11 **Z** Verkehrsverein Pfitsch, Stadtplatz 3, I-39049 Sterzing
☎ 04 72/76 53 25; Wiesen-Pfitsch ☎ 04 72/76 57 30

11 **Z** I-39040 Stein im Pfitschertal, Gasthaus Stein, Fam. Holzer
☎ 04 72/63 01 30
I-39040 Stein im Pfitschertal, Bartlhof, Stefan Messner
☎ 04 72/63 01 28

12 **Z** I-39030 Pfunders, Gasthof Brugger, Lärchstr. 12
☎ 04 72/54 91 55, Geldautomat am Haus!

I-39030 Pfunders, Gasthof Weißsteiner
☎ 04 72/54 91 67
Variante Valser Bachtal–Mühlbach:
Brixnerhütte, 2309 m
☎ 04 72/54 71 31

13 **Z** I-39040 Lüsen, Verkehrsverein
☎ 04 72/41 37 50
I-39040 Lüsen, Pardellerhof, Serafin Mitterutzner, Rungerstr. 1
☎ 04 72/41 37 13
I-39040 Lüsen, Hotel Rosental, Fam. Alois Hinteregger
☎ 04 72/41 37 85; Telefax 41 33 91
I-39040 Lüsen, Hotel Bergschlössl,
Fam. Ulrike und Erich Hinteregger
☎ und Telefax 04 72/41 39 33
Variante Lüsener Alpe:
Starkenfeldhütte, Lüsener Alpe
☎ 04 72/45 41 47
Kreuzwiesenhütte, Lüsener Alpe
☎ 04 72/41 37 14
Turnaretscher Hütte, Lüsener Alpe
☎ 04 72/50 14 26 od. 50 12 36
Variante Brixen–Plose:
13 **Z** I-39042 Brixen, Verkehrsamt, Bahnhofstr. 9
☎ 04 72/83 64 01
I-39042 Brixen, Plose-Hütte C.A.I.
☎ 04 72/52 13 33
I-39040 St. Andrä, Haus Schönblick, Fam. Josef Goller
☎ 04 72/85 00 58

14 **U** Halslhütte (nur Lager unterm Scheunendach), 1866 m

14 **Z** Franz-Schlüter-Hütte, St. Magdalena 22, Villnöß, Fam. A. Messner, geöffnet vom 1. Juni bis 1. Oktober
☎ 04 72/84 01 32

15 **U** Puezhütte C.A.I., Sektion Bozen
☎ 04 71/7 53 65

15 **Z** I-39033 Corvara, Kolfuschg 40,
Schutzhaus Frara
☎ und Telefax 04 71/79 52 25
Schutzhaus Grödner Joch (Hospiz)
☎ 04 71/79 51 33
Hotel Cir, Grödner Joch
☎ 04 71/79 51 27

16 **U** Pisciadù-Hütte C.A.I., Sektion Bologna
☎ 04 71/84 73 41

16 **Z** Boèhütte (Rifugio Boè)
☎ 04 71/84 73 03

17 **U** Pordoijoch, Albergo Col di Lana
☎ 04 62/6 12 77
Albergo Casa Alpina, Pordoijoch
☎ 04 62/6 12 79
Albergo Pordoi
☎ 04 62/6 11 15

17 **U** Rifugio Fredarola,
Lage: am Beginn des Bindelweges, 2370 m
☎ 04 62/6 12 21

17 **Z** Rifugio Dolomia,
Giuseppe Soraruf, südlich am Fedaia-See
☎ 04 62/60 11 21; Telefax 60 17 55

18 **U** I-32020 Sottoguda-Marmolada,
Pension La Montanara
☎ 04 37/72 20 17; Telefax 72 22 42

18 **Z** I-32022 Masarè di Alleghe (Bl), Hotel Savoia
☎ 04 37/72 33 23 + 72 33 66
I-32022 Masarè di Alleghe (Bl), Hotel Adriana
☎ 04 37/72 33 55 + 72 35 89
I-32022 Masarè di Alleghe (Bl),
Fremdenverkehrsamt (pro Locco)
☎ 04 37/72 33 33

I-32022 Masarè Camping-Masarè, Estivo-Invernale
☎ 04 73/72 37 37 + 72 33 71
I-32022 Alleghe (Bl), Fremdenverkehrsamt (Ortsmitte)
☎ 04 37/52 33 33; Telefax 72 38 81
I-32022 Alleghe (Bl), Hotel Garni »Alleghe«,
Corso Italia 21
☎ 04 37/52 33 97 – 52 35 27
I-32022 Alleghe (Bl), Hotel Dolomiti, Corso Italia, 86
☎ und Telefax 04 37/52 33 36
I-32022 Alleghe (Bl), Albergo Alpenrose,
Via Coldai, 85
☎ und Telefax 04 37/72 36 47

19 **U** Coldaihütte C.A.I., Sektion Venedig
☎ 04 37/78 91 60

19 **Z** Tissi-Hütte C.A.I.,
Sektion Belluno, Col Rean (Civetta)
☎ 04 37/77 08 22

20 **U** Vazzoler-Hütte (Rif. Mario Vazzoler) C.A.I.,
Sektion Conegliano
☎ 04 37/66 00 08

20 **Z** Carestiato-Hütte (Rif. Bruto Carestiato) C.A.I.,
Sektion Agordino
☎ 04 37/6 29 49

20 **Z** I-32010 Passo Duran, Rifugio San Sebastiano di M. Modesto Cordella
☎ 04 37/6 23 60
I-32010 Passo Duran, Rif. Cesare Tomè, C.A.I., Agordo
☎ 04 73/6 20 06

21 **Z** oder 22 **U** Rif. Pramperet (oder Somariva), 1857 m, C.A.I., Oderzo
☎ 03 37/52 84 03
Rif. Pian de Fontana (früher Quellenalm), 1623 m,
C.A.I., Longarone
☎ 03 30/40 64 49

22 **Z** Rif. 7° Alpini, 1502 m, C.A.I., Belluno
☎ 04 37/9 41 6 31

22 **Z** Rif. Furio Bianchet, 1245 m, Localitá Pian dei Gat, C.A.I., Belluno
☎ 04 37/66 92 26

23 **Z** I-32100 Belluno, Hotel Astor, garni, Piazza dei Martiri 26 E
☎ 04 37/94 20 94, Telefax 94 24 93
I-32100 Belluno, Gasthof Taverna, Via Cipro 7
☎ 04 37/2 51 92
I-32100 Belluno, Albergo Dolomiti, Centro Storico
☎ 04 37/94 16 60; Telefax 94 14 36
Albergo-Hotel Centrale, beide Nähe Bahnhof
☎ 04 37/94 33 49
I-32100 Belluno, Informationsbüro Turismo Piazza dei Martiri 8
☎ 04 37/94 00 83 od. 94 00 84
I-32100 Belluno, C.A.I.-Belluno, Geschäftsstelle, geöffnet: Januar bis Juni jeweils Montag und Donnerstag 18.30 bis 20.00 Uhr; ab Juli um 21.00 Uhr am Freitag
☎ 04 37/2 77 22

24 **U** Rif. La Casera am Endpunkt der Fahrstr., unterhalb des botanischen Gartens
☎ 04 37/29 81 80

24 **U** Rif. Brigata Alpina, C.A.I., Cadore (an der Bergstation des Sesselliftes), 1610 m

24 **U** Rif. A. Bristol (am Col Torront, 1675 m), 1612 m, privat
☎ 04 37/29 81 74

24 **U** Col Visentin, Rif. 5° Art. Alpina
☎ 04 37/2 71 10

24 **Z** Pizzeria Mira Lago, Via S. Maria 12, I-31020 Revine (Lago)
☎ 04 38/56 20 09

I-31020 Revine Lago (TR) Hotel Giulia, via sole 3
☎ 04 38/52 30 10; Telefax 52 40 00
I-31020 Revine Lago (TV), Via Marconi 40,
Locanda Annalisa SAS
☎ 04 38/92 90 96
I-31020 Tarzo/Treviso Albergo Al Pini,
Vicolo dei Pini 6
☎ 04 38/58 62 06
I-31020 Tarzo/Treviso, Via Reseretta 34,
Alois Zandonella

25 **U** Mire di Refrontolo, Trattoria Tripolitania di Silvia Piol in Collodel
☎ 04 38/89 41 12

25 **Z** I-31010 Ponte della Priula (TV), Gasthof S. Carlo, an der Durchgangsstraße gelegen, Via 4 Novembre, 105
☎ 04 38/2 70 22, kein Restaurant mehr! Supermarkt 100 m weiter
I-31015 Conegliano Verkehrsverein, Via XX Settembre, 61
☎ 04 38/2 12 30
I-31015 Conegliano, Hotel Canon D'Oro,
Via XX Settembre 129
☎ und Telefax 04 38/3 42 46
Entfernungen vom Bahnhof: jeweils 5 Minuten

26 **Z** I-31048 Fagarè (TV) Albergo-Pizzeria Melody,
Via Postumia Est, 160
☎ 04 22/79 00 01
Zenson di Piave, Trattoria All Cacciatore da Adele,
Via G. Badini, 26 (Ortsmitte)
☎ 04 21/34 41 78 (Mittwoch geschlossen)

26 **Z** I-31047 Ponte di Piave (TV), Gasthof Belvedere (nördlich des Flusses)
☎ 04 22/85 71 59; Telefax 75 91 06

27 **Z** I-30016 Jesolo, Hotel Udinese da Aldo
(3 km vor Lido di Jesolo), Via C. Battisti
☎ 04 21/95 14 09-7; Telefax 95 17 11

I-30016 Jesolo-Lido, Kurverwaltung Piazza Brescia 30017
☎ 04 21/37 06 87-8
I-30016 Jesolo-Lido, Piazza Brescia 15, Hotel Dei Dogi
☎ 04 21/9 24 23

28 **U** Ca di Valle, Pension Fortuna; Lage: zwischen den Campingplätzen Europa und Union, Via Fausta 313
☎ und Telefax 0 41/96 80 35
Campingplatz Union Lido mit Hotel und Bungalows am Strand von **I-30013 Cavallino**, Via Fausta 258
☎ 0 41/96 80 80/2 57 51 11

28 **Z** I-30123 Venezia, Hotel Antigo Trovatore, calle delle Rasse 4534 (Nähe Markusplatz)
☎ 0 41/5 22 46 11; Telefax 0 41/5 26 56 15
I-30135 Venezia, F. ta Minotto, 160,
Locanda Salieri s.r.l. (nähe Bahnhof)
☎ 0 41/ 71 00 35; Telefax 0 41/72 12 46
I-30123 Venezia, Pension Agli Alboretti, Dorsoduro 884, Rio Terrà S. Agnese
☎ 0 41/5 23 00 58; Telefax 0 41/5 21 01 58
I-30123 Venezia, Hotel Wildner, Riva degli Schiavoni, 4161
☎ 0 41/5 22 74 63; Telefax 0 41/5 26 56 15
I-30123 Venezia, AAST (Azienda Autonoma di Soggiorno e Turismo), S. Marco
I-30172 Mestre (VE), Hotel Vidale, Via G. Parini, 2
☎ 0 41/5 31 45 86

Informationen über Unterkünfte in der Region Vèneto (Provinzen Venezia, Treviso, Belluno u. a.) bei:
Giunta Regionale del Vèneto – Direzione Regionale Turimso – Lista di Spagna, 168-Venezia.
Sito WEB: http://turismo.regione.veneto.it
E-Mail: sirt@mail.regione.veneto.it

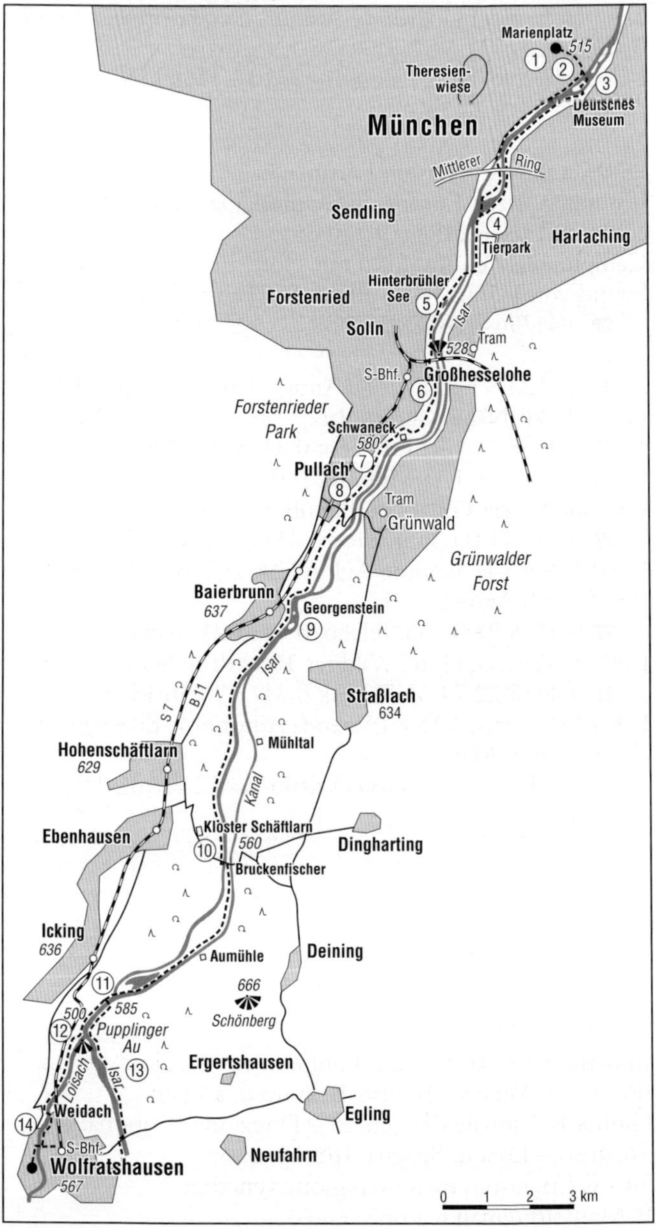
Marienplatz
515
Theresien-
wiese
Deutsches
Museum
München
Mittlerer Ring
Sendling
Harlaching
Tierpark
Hinterbrühler
See
Forstenried
Solln
Isar
Tram
528
S-Bhf.
Großhesselohe
Forstenrieder
Park
Schwaneck
580
Pullach
Tram
Grünwald
Grünwalder
Forst
Baierbrunn
637
Georgenstein
Isar
S7
B11
Straßlach
634
Mühltal
Hohenschäftlarn
629
Kanal
Ebenhausen
Kloster Schäftlarn
560
Dingharting
Bruckenfischer
Icking
636
Deining
Aumühle
666
Schönberg
500
585
Pupplinger
Au
Loisach
Isar
Ergertshausen
Weidach
Egling
S-Bhf.
Wolfratshausen
567
Neufahrn
0 1 2 3 km

1. Wandertag: München – Wolfratshausen

Auf den klassischen Wanderwegen der Münchner

Der Wanderführer des Isartalvereins (ITV) weist von München bis Wolfratshausen zahlreiche Wanderwege an beiden Uferseiten aus. Ein Schulausflug nach Grünwald, Kloster Schäftlarn oder in die Pupplinger Au zählt fast zu den Pflichtaufgaben der Schulen von München bis Wolfratshausen. Diese allseits bekannten und beliebten Wanderwege benützen wir an unserem ersten Wandertag.

Beim Aufbruch am Marienplatz wenden wir uns ostwärts, dies heißt in Richtung Altes Rathaus und Heilig-Geist-Kirche. Wir gehen auf der Südseite entlang des »Tals«, passieren nach wenigen Minuten das Isartor und erreichen mit der Ludwigsbrücke die Stelle, wo Heinrich der Löwe 1158 seinen historischen Brückenschlag vollzog. Die erste Brücke wird überquert, und dann geht es nach

TOURISTISCHE ANGABEN: 1. Tag, ca. 32 km, Talwanderung, nur teilweise markiert mit gelben Rauten oder gelben Dreiecken, zahlreiche Einkehrmöglichkeiten am Weg.

KARTEN UND FÜHRER: Topographische Karten 1:50 000, Blätter L 7934 München und L 8134 Wolfratshausen vom Bayer. Landesvermessungsamt München; Wanderführer durch das Isartal von München bis Wolfratshausen mit Wegekarte 1:50 000 des ITV, Uhlandstraße 5, 80336 München.

LITERATUR: Jahresberichte des ITV; Biller/Rasp, Kunst- und Kulturlexikon München, Süddeutscher Verlag München; *Ernst Wittner, 800 Jahre Zeuge Bayerischer Geschichte, Carl Hurth, München.

rechts zwischen Isar und der Westfront des Deutschen Museums südwärts. Wir durchqueren den Eingangshof des berühmten Gebäudes und halten uns anschließend bis zur Marienklause (nach dem Tierpark) an das Ostufer der Isar. Die Cornelius-Brücke (1903 durch ein Hochwasser eingestürzt), die Reichenbach- und die Wittelsbacherbrücke bleiben rechts liegen. Letztere ist mit einer vier Meter hohen Reiterfigur geschmückt, die Otto von Wittelsbach, den Begründer der Bayerischen Herrscherdynastie, darstellt. Nach Unterquerung der Braunauer Eisenbahnbrücke und des Mittleren Rings schlendern wir vorbei am Flauchersteg zum Tierpark Hellabrunn. An seinem südwestlichen Ende liegt die Marienklause. Hier queren wir den Fluss und einen weiteren Wasserarm nach Westen, halten uns zuerst kurz nach links und im weiteren Verlauf weiter halb rechts. So erreichen wir den Floßkanal und an ihm aufwärts wandernd den Hinterbrühler See sowie nach einem weiteren Kilometer die Großhesseloher Talbrücke. Die vorgeschlagene Route verläuft nun auf einem steilen Teersträßchen hinauf zur Westrampe der Brücke. Nach Süden einbiegend führt uns der Hochuferweg nach Pullach und Höllriegelskreuth. Bei der Gaststätte Buchenhain steigen wir hinab zum Georgenstein. Etwa 7 Kilometer lang halten wir uns an die westliche Flussseite, zuerst entlang eines Naturpfades, dann benützen wir Forstwege. Bei den ersten zwei Wegegabeln links gehen! (Markierungen! Ruhebank – Graben!) Einkehrmöglichkeiten: am Hinterbrühler See, Waldgaststätte Großhesselohe, in Pullach und Buchenhain, Klosterbräustüberl Schäftlarn, Bruckenfischer und Aumühle.

Auch nachmittags stehen mehrere Wegvarianten zur Auswahl. Achtung!: Am Westufer der Isar versperren Uferanbrüche das Weiterkommen. Kurzweiliger als die Schotter- und Teerwege ist der westseitige Damm-Pfad entlang des Isarwerk-Kanals, besonders wenn am Ende der mit Wasservögeln belebte Stausee zum Baden einlädt. Das überdachte Ickinger Wehr ermöglicht den Flussübergang zur Westseite und damit den Weiterweg zur Loisachmündung. Den grandiosen Tagesabschluss schließlich bildet der berühmte Ausblick vom Riemerschmidpark auf die Wildflusslandschaft.

Gelbe Markierungen leiten uns das letzte Stück Weg über Weidach hinunter an das Ziel nach Wolfratshausen.

Variante vor dem Isarwehr (Nr. 11): Überqueren des Kanals auf die Ostseite, gelb markierter Uferweg entlang der Isar durch die Pupplinger Au bis vor die Isarbrücke (Naturschutzgebiet, Wegegebot!); östlich davon die 2 Gasthöfe mit Übernachtungsmöglichkeiten Aujäger und Pupplinger; auch das gerade Teersträßchen (Dammstraße) führt dorthin.

Hinweise zur Wanderskizze des 1. Tages:

1 München: 520 m, 1,33 Mill. Einwohner, Hauptstadt des Freistaates Bayern, Regierungssitz, größte Hochschul- und drittgrößte Industriestadt der BRD, Zentrum der Kunst und Kultur. 1158 Stadtrecht mit Markt- und Münzrecht von Kaiser Friedrich Barbarossa. Marienplatz: Ehem. Korn- und Salzmarkt (Schrannenplatz) mit Neuem und Altem Rathaus sowie Mariensäule und Fischbrunnen.
2 Isartor: 14. Jahrh., erbaut durch Kaiser Ludwig IV., 1833 von F. Gärtner restauriert, 1835 Fresko v. Neher (Siegeseinzug Kaiser Ludwigs IV. Anno 1322). Einziges weitgehend in ursprünglicher Gestalt erhaltenes Stadttor.
3 Deutsches Museum: Von Oskar von Miller 1903 gegründet, Planung Gebrüder Seidl, 1925 eröffnet, bedeutendstes technisch-naturwissenschaftliches Museum der Welt.
4 Tierpark Hellabrunn: 1910/11 von Emanuel von Seidl angelegt, nach geographischen Gesichtspunkten aufgegliedert, mit den hauptsächlichsten Tierarten; 3860 Tiere in 564 Arten.
5 Hinterbrühler See und Flößer-Denkmal: Ausflugsgegend mit Einkehrmöglichkeit und Floßkanal.
6 Großhesselohe: Eisenbahnbrücke erbaut 1851–57, bahnbrechendes technisches Bauwerk, 1985 erneuert; beliebte Ausflugsgaststätte (Waldwirtschaft); Dreifaltigkeitskapelle von 1755 mit Rokokostuck und Ansicht der Stadt.
7 Pullach: 7700 Einwohner, Pfarrkirche zum Hl. Geist, frühes 16. Jahrh., Turm noch älter, Kreuzigungs-Gruppe an der Außenmauer um 1500.

8 Denkmal für Professor Gabriel von Seidl: Begründer des Isartalvereins (1902), bekannter Münchner Architekt; im Wald dahinter prähistorische Grabhügel.
9 Georgenstein: Nagelfluhfelsen, der einst vom östl. Steilufer in das Flussbett stürzte, Gefahrenstelle für die Flöße.
10 Kloster Schäftlarn: Gegründet 760 als Benediktinerkloster, jetzige Bauten von 1707, Planung G. A. Viscardi; Gymnasium mit Internat; Klosterkirche 18. Jahrh., Spitzenleistung des bayerischen Barocks.
11 Ickinger Wehr: Einlauf für das Kraftwerk Mühltal mit Stausee und Betriebsgebäuden der Isar-Amper-Werke AG.
12 Riemerschmidpark: Dem Isartalverein (ITV) gestiftet von Professor Dr. Richard Riemerschmid, Gedenkstein für seine im Krieg gefallenen Söhne.
13 Pupplinger Au: Teilstück des Naturschutzgebietes an der Isar, ca. 700 ha groß, Bedeutung als Standort seltener Pflanzen, Wildflusscharakter und Brutplatz selten gewordener Vögel, gefährdet durch Erholungsverkehr, Flusseintiefung, Bestrebungen um Grundwasserentnahme und Straßenbau.
14 Weidach: 575 m, Ortsteil von Wolfratshausen; Abfahrtsstelle der Vergnügungsflöße nach München.

2. Wandertag: Wolfratshausen – Bad Tölz

Den Bergen entgegen!

Ein Erlebnis besonderer Art ist das Hinwandern zum Alpenrand. Vor allem wenn der Föhn die Bergkonturen scharf hervortreten lässt und im südlich blauen Himmel weiße Wolkenfahnen hängen. Auch heute ist die Isar wieder weitgehend unsere Richtschnur. Allerdings können wir nachmittags auf die aussichtsreiche und mit Dörfern und Einödhöfen durchsetzte Weidelandschaft ausweichen. Vom Ortskern Wolfratshausen aus gilt es als erstes den Bahnübergang der Sauerlacher Straße zu erreichen. Er liegt südlich der S-Bahnstation. An seiner Südostseite beginnt ein Fuß- und Radweg, der uns nach ca. 1½ Kilometer über den Loisach-Isarkanal führt. Sein Wasser begleiten wir bis zum dritten Übergang. Südlich dieses Eisensteges biegt die Route nach Südosten ein und verläuft damit parallel zur Isar. Wanderer, welche östlich der Isarbrücke übernachtet haben, wechseln zuerst auf die Westseite. Dort führt ein Fahrweg flussaufwärts zur Kanalmündung und weiter zu

Touristische Angaben: 2. Tag, ca. 26 km, Talwanderung, gelb markiert , Einkehrmöglichkeiten erst am Tagesziel.

Karten und Führer: Topographische Karte 1:50 000, L 8334 Bad Tölz; Karte »Erholungslandschaft Isar-Loisach« mit Vegetationsgliederung nach landschaftsökologischen Gesichtspunkten, M 1:50000, Bayer. Landesvermessungsamt München, 1971; Wanderführer durch das Isartal von Wolfratshausen bis zum Sylvenstein mit Wegekarte 1:50000 des ITV.

Literatur: *Paul Seibert, Die Pflanzengesellschaften im Naturschutzgebiet Pupplinger Au, Bayer. Landesstelle für Gewässerkunde, München; *Aigner, Der Landkreis Wolfratshausen, Heimatbuchverlag München, 1965.

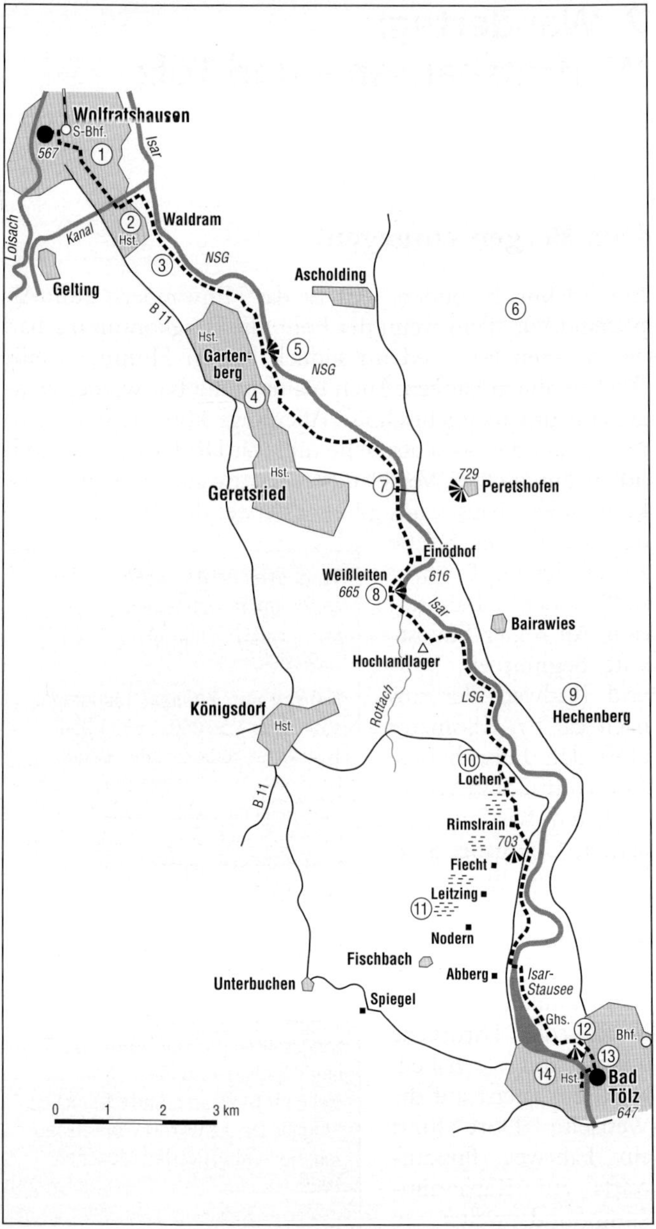
Wolfratshausen
S-Bhf.
567
1
Isar
Loisach
Kanal
2
Hst.
Waldram
3
NSG
Gelting
Ascholding
6
B 11
Hst.
Garten-
berg
5
NSG
4
Hst.
729
7
Peretshofen
Geretsried
Einödhof
616
Weißleiten
665
8
Isar
Bairawies
Hochlandlager
Rottach
LSG
9
Hechenberg
Königsdorf
Hst.
10
Lochen
B 11
Rimslrain
703
Fiecht
Leitzing
11
Nodern
Fischbach
Abberg
Isar-
Stausee
Unterbuchen
Spiegel
Ghs.
12
Bhf.
13
14
Hst.
Bad
Tölz
647
0
1
2
3 km

dem erwähnten Eisensteg. Südlich davon treffen beide Routen wieder zusammen. Der Fuß- und Radweg leitet nach Geretsried-Gartenberg. Dort treffen wir auf die Isardammstraße, die wir aber bald (Markierungen an Föhren!) nach links in die Isarauen wieder verlassen.

Wir durchwandern den Bereich des ehemaligen Wolfratshauser Sees. Am Ende der Eiszeit füllte er das große Wolfratshauser-Deininger Becken, bis er bei Schäftlarn und durch das Gleißental abfloss. Da und dort, wo sich die Isar stark eintieft, erscheinen die toniggrauen Seeablagerungen. Darüber schütteten in späterer Zeit die Gletscherwasser weite Schotterfelder. In unserem Betonzeitalter wurden sie zu einem begehrten Baumaterial. Gerade auf diesem ärmlichen Boden, der nur wenige Zentimeter Humus trägt, ist der Pflanzenwuchs sehr artenreich. Die Bäume wachsen allerdings langsam, und so sind bizarr geformte Schirmföhren oft über 300 Jahre alt.

Mit Gras und Bäumen eingewachsene Bunkerruinen erinnern an das »Tausendjährige Reich«. Nachdem 1999 die Isar bis an den Hangfuß östlich der südlichen Dammstraße vorgedrungen ist und das aussichtsreiche und schmale Hochufer leider mit einem Haus verbaut und weitläufig eingezäunt ist, muss der Wanderer nun fast einen Kilometer lang die Straße benützen. Ein kleines Hinweisschild und Markierungen auf der linken Straßenseite zeigen an, wo man wieder in den Schneeheide-Kiefernwald und die Weidenaue eintauchen kann. Von da ab sind es noch fast 4 km bis zur Tattenkofener Brücke. Sie wurde 1964 mit 2,2 Mill. DM wieder erbaut, nachdem die alte Holzbrücke am 30. April 1945 gesprengt worden war. Der Flussgott aus Nagelfluhstein stammt vom Münchner Bildhauer Erich Hoffmann.

Über einen Forstweg und westlich vorbei am Einödhof gelangen wir zum Malerwinkel. Die schönen Ausblicke zum Fluss und auf die nahe Bergkette lockten vor dem Zweiten Weltkrieg Maler an. So hat dieser entlegene Winkel von den Einheimischen den an den Königsee erinnernden Namen erhalten. Die im Kataster eingetragene Bezeichnung Weißleiten ist bodenständiger; um so mehr, als weiter oben am Fluss Unterleiten liegt. Nach der 4. Bank, sie gewährt einen weiten Ausblick, folgt nach wenigen Schritten der Abstieg über Stufen zum Rothbach. Über einen Steg geht's an das andere Ufer. Nach einer Rechtskurve trifft der Pfad wieder das moorige Bachwasser und anschließend ein freies Wiesengelände. Achtung! Nicht geradeaus den Fahrspuren folgen, sondern auf der linken Seite entlang der Pfadspuren am Gehölzrand gehen! So erreicht man nach den Wiesen erneut einen Bachübergang. Er leitet zu Wegen, die für längere Zeit am Flussufer entlang führen. Nach dem Flusskilometer 193 zweigt die Route über die Dörfer ab. Ihr folgend öffnet sich nach ca. 300 Metern der Weg zu einer Waldweide. Eingesäumt von hohen Bäumen erstreckt sich an derem Ende die Mittagswiese. Mehrere Bänke, eine Sitzgruppe und auch die weichen Wiesenmatten sind ein idealer Rastplatz. Nach einer Erfrischungspause brechen wir wieder auf, überqueren die »Alte Tölzer Straße«, lassen den Einödhof Lochen mit seinem Obstanger links liegen und sehen dann hinab zu den Rothenrainer Mooren. Hier wächst eine ganz andere Flora als auf den Kiesbänken der Isar. So bayerisch die Namen Rimslrain und Leitzing klingen, so unverfälscht ist auch die bäuerliche Landschaft auf dem Moränenrücken. Über Moore, Wiesen und Wälder streift der Blick zur Zugspitze, den Oberammergauer Bergen, den Lechtaler und Allgäuer Alpen. Die aussichtsreiche, gut 3 km lange Teerstraße führt hinunter zum Ort Thal und steigt erneut hinauf nach Pröstełn. Dort verlassen wir sie in Richtung Süden (rechts) und gelangen nach einer Kapelle zu einem Wiesenpfad, der uns nach Abberg bringt. Ein Stück Hohlweg beendet den Abstieg und wir stehen am Tölzer Stausee mit seinen Anschlusswegen zum Tagesziel Bad Tölz.

Neuerdings gibt es für den südlichen Teil der Strecke Wolfratshausen-Bad Tölz auch einen schattigen Naturpfad. Er zweigt zu Beginn des Dorfes Rimslrain vor einem Stadel rechtwinklig nach Osten (links) in einen Feldweg ab. Nach Erreichen des Waldes wendet sich der Weg nach Südosten (rechts), durchquert leicht fallend den Hangwald, kreuzt die Kreisstraße und strebt dem Isar-Hochufer zu. Einige Male erfreuen uns reizvolle Blicke hinunter zum Fluss und hinüber zu den nahen Waldbergen am Alpenrand. Nach einem Abstieg zum Wasser führt unser Weg zuerst durch den Auwald, dann westseitig entlang der großen Waldlichtung Ochsenwöhr und schließlich wieder durch Mischwald hinauf an das Hochufer und an die Flussbiegung unterhalb des Staudammes. Unmittelbar nach einem Waldeck quert ein Steiglein wieder den Hang hinunter zur Isar. Der Uferpfad endet dann nach einigen hundert Metern am Damm des Isar-Stausees. – Geruhsam kann der Wanderer den Fußweg zum neuen Badeteil benützen. Schöner jedoch ist der Tagesabschluss, wenn man nach dem Überqueren der Isar am Kraftwerk der ersten Einkehr zusteuert, um dann gestärkt zum berühmten Ausblick auf den Tölzer Kalvarienberg hinaufzusteigen. Auch für einen Besuch der schönen und interessanten Doppelkirche und der danebenstehenden Leonhardikapelle bleibt meist noch Zeit.

Hinweise zur Wanderskizze des 2. Tages:

1 Wolfratshausen: 577 m, ca. 16 700 Einwohner, 1003 erstmals genannt, um das Jahr 1100 Errichtung der Burg der Grafen von Dießen und Andechs, 1734 Zerstörung derselben; für die Entwicklung des Ortes war die Lage an Isar und Loisach (Flößerei) entscheidend. 1961 Stadtrecht; Lage mit hohem Freizeitwert.
2 Waldram: Südöstlicher Ortsteil von Wolfratshausen mit eigener Pfarrei und Spätberufenen-Seminar; Friedhof mit gut gestalteten Grabfeldern.
3 Rotkreuz: Wegkreuz, nach einer Sage errichtet von der schönen Weidacher Müllerstochter Philomena zum Gedenken an ihren Geliebten, einen armen Floßknecht aus der Jachenau.
4 Geretsried: 600 m, ca. 23 100 Einwohner, bereits 1087 als Geroldsried erstmals genannt; bis 1938 wenige Bauernhöfe mit Kapelle (1722). 1938 Bau von zwei Rüstungswerken, rund 6000 Beschäftigte, durch die Amerikaner zerstört, 1946 Ansiedlung der ersten Heimatvertriebenen; zahlreiche Gewerbe- und Industriebetriebe; 1970 Stadtrecht.
5 Wanderweg des ITV: 1965–67 Planung und teilweiser Ausbau der Wanderroute von Wolfratshausen nach Bad Tölz durch verschiedene Jugendgruppen.

6 Schloss Harmating: 702 m, zur Gemeinde Egling gehörend, Heimat des Erschließers der Nördlichen Kalkalpen, Hermann Freiherr von Barth (1845–76).

7 Tattenkofener Brücke: Pkw-Parkplatz, Abzweigung der Wanderroute zur Peretshofer Höhe (734 m) und zur Bushaltestelle nach Geretsried.

8 Weißleiten: 5 ha großer und ca. 60 m hoher Steilhang an der Isar bei der Einmündung der Rottach; seit 1965 im Besitz des ITV.

9 Hechenberg: 711 m, bereits 776 erstmals genannt, Ausflugsgaststätte.

10 Huppenberg: Älteste Freisinger Besitzung im Isarwinkel (793).

11 Fischbach: Bäuerlich geprägte Landschaft im welligen, mit Mooren durchsetzten Alpenvorland; besiedelt von zahlreichen Einzelhöfen und Weilern; lohnendes Wandergebiet, das noch nicht durch Baumaßnahmen verunstaltet wurde.

12 Kalvarienberg: Oberhalb von Bad Tölz, von hohem landschaftlichen Reiz durch die Lage am Alpenrand mit Blick über die Stadt und in den Isarwinkel; Rokoko-Doppelkirche (1726) mit Nachbildung der Hl. Stiege. Daneben Leonhardskapelle (1718–22), alljährliche Leonhardifahrt am 6. November.

13 Bad Tölz: 670 m, ca. 16 800 Einwohner, Kreisstadt mit typischem oberbayerischen Städtebild; Winzerer-Denkmal; bedeutender Kurort; 1906 Stadterhebung.

14 Badeteil: westlich der Isar gelegener Ortsteil; ursprünglicher Name »Krankenheil« hat sich nicht eingeführt. Die Entwicklung zum bedeutenden Kurort geht auf das Jahr 1846 zurück. Damals wurden die Jodquellen westlich der Stadt am Sauersberg gefunden.

3. Wandertag:
Bad Tölz – Leger an der Jachen

Im Isarwinkel

Als mich 1962 mein Beruf nach Bad Tölz führte, riet mir ein alter Bekannter zum Abschied: »Wenn Du auf den Tölzer Kalvarienberg steigst, darfst Du Dich erst umdrehen, wenn Du ganz oben bist!« Der sich oben dann schlagartig darbietende Ausblick in den vielgerühmten Isarwinkel rechtfertigt seinen Rat. Ein reich gegliedertes Landschaftsbild breitet sich vor dem Besucher aus: Stadt und Fluss als Vordergrund, dahinter eine weite Wiesen- und Waldlandschaft, begrenzt von himmelstürmenden Graten und Gipfeln. Wie aus dem Schoß der Berge kommend, durchzieht der Fluss die Bildmitte. Begleitet wird er von graugrünem Buschwerk. Dies ist die Landschaft unseres dritten Wandertages.

Ein knapper halber Tag reicht für die heutige Wegstrecke. Folglich bleibt genug Zeit, um gegen Mittag mit der Bergbahn auf das Brauneck zu fahren und sich am Morgen in Ruhe Bad Tölz anzusehen. Ein Gang in das Tölzer Heimatmuseum in der Marktstraße und ein

TOURISTISCHE ANGABEN: 3. Tag. ca. 14 km, Talwanderung (ohne Brauneckfahrt), wenig Markierungen, mehrere Einkehrmöglichkeiten.

Route 1: Von Leger nach Jachenau: weitere 14 km Talwanderung.

KARTEN UND FÜHRER: Topographische Karte und ITV-Führer wie an den Vortagen.

LITERATUR: *W. Voigtländer, Erdgeschichtliche Wanderungen im Isarwinkel; *G. Westermayer, Chronik von Tölz, beide Verlag G. Aehlig, Tölz; *Vereinigung Tölzer Schriftsteller »Die Barke«, »Lebendige Heimat«, Verlag J. Dewitz, Bad Tölz.

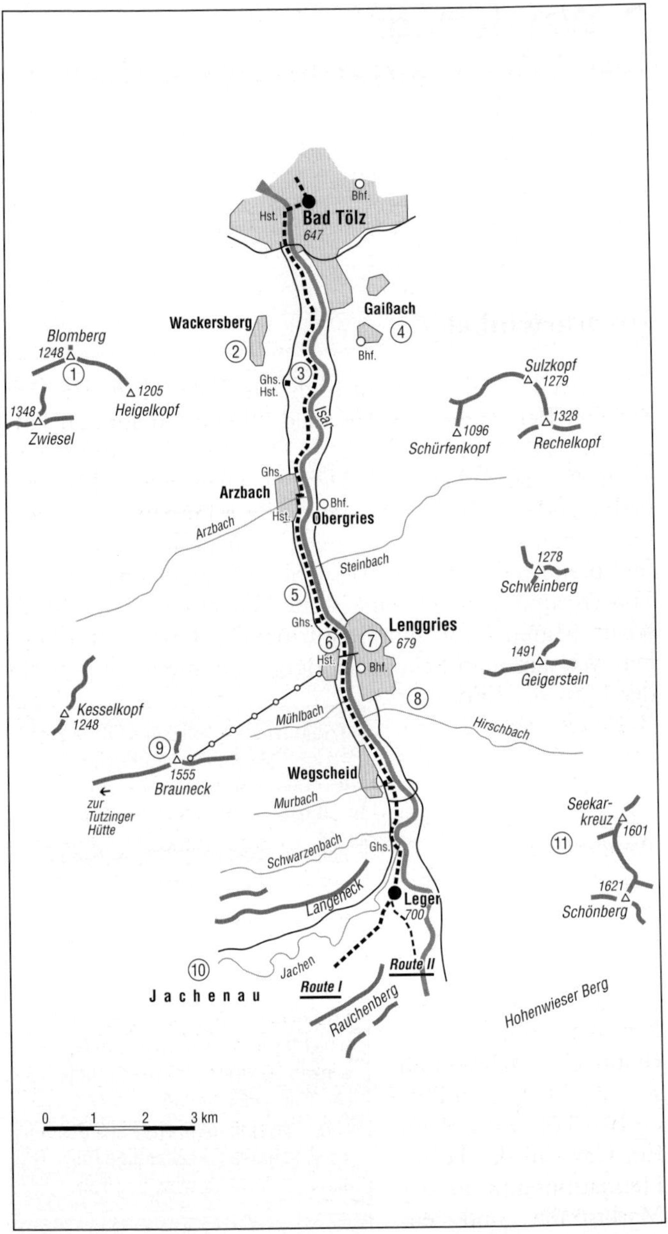
Bad Tölz
647
Hst.
Bhf.
Gaißbach
Bhf.
Wackersberg
Blomberg
1248
1205
Heigelkopf
1348
Zwiesel
Ghs.
Hst.
Isar
Sulzkopf
1279
1328
1096
Schürfenkopf
Rechelkopf
Ghs.
Arzbach
Bhf.
Hst.
Obergries
Arzbach
Steinbach
1278
Schweinberg
Ghs.
Lenggries
679
Hst.
Bhf.
1491
Geigerstein
Kesselkopf
1248
Mühlbach
Hirschbach
1555
Brauneck
zur Tutzinger Hütte
Wegscheid
Murbach
Seekar-
kreuz
1601
Schwarzenbach
Ghs.
Langeneck
Leger
700
1621
Schönberg
Jachen
Route II
Route I
Jachenau
Rauchenberg
Hohenwieser Berg
0
1
2
3 km

zweiter durch den Ortskern bringen uns die Isarwinkler Wesensart näher.

An der Westseite der Isarbrücke setzen wir flussaufwärts unseren Weg fort. Nach dem städtischen Hallenbad rückt das Hochufer nahe an den Fluss. Gerade noch verbleibt etwas Platz für ein Altwasser und den Dammweg. Er geleitet uns in die dschungelartige Wildnis der Flussaue. Mit etwas Fantasie glaubt man im Buschland Australiens zu sein. Der gut angelegte Weg führt im weiteren Verlauf im steten Wechsel auf die Prallufer des Flusses und über Geröllfelder. Zwei überdachte Bänke am Weg bieten Schutz bei Regenwetter. Abwechselnd erleben wir die artenreiche Flora, dann wieder das Spiel des Flusses, der uns mächtig entgegenrauscht. Der Steinbach wird auf schmalem Steg überschritten. Jenseits einer Flussschleife spitzt der weiße Kirchturm von Arzbach himmelwärts. Zusammen mit dem Latschenkopf und der Probstenwand ist es ein bezauberndes Bild. Bald ist Arzbach erreicht, wo preiswerte Gasthäuser zur Einkehr laden. Nach Überqueren des gleichnamigen Baches in der Nähe des Isarsteges betreten wir Lenggrieser Flur. Schattiger Auenwald empfängt uns. Später führt der Weg an Wiesenrändern entlang. In den Gärten jenseits der Straße und oben auf der Hochterrasse liegen breit hingelagert die in Blockbauweise errichteten Bauernhöfe. Der Flur in der Mitte des Hauses erschließt alle Räume. Unter dem typischen Flachdach sind das Wohnhaus, die Stallung und der Stadl vereinigt. Reicher Blumenschmuck grüßt von Fenstern und Balkonen herüber. Nach 2½ bis 3 Stunden Gehzeit taucht der Zwiebelturm von Lenggries auf.

Bevor wir uns in einem der zahlreichen Gasthöfe stärken, sollten wir dem am Wanderweg kurz vor der Isarbrücke im Buschwerk dahinträumenden Kalkofen einen Besuch abstatten. Die Chronik berichtet: Zum Bau der Frauenkirche in München hat Lenggries neben 1300 Flößen Bauholz 200 Floßladungen gebrannten Kalk geliefert. Im Jahr 1860 wurden gar 16000 Zentner Kalk von Bad Tölz isarabwärts geflößt. Als Rohmaterial zum Brennen dienten handgelesene Kieselsteine aus Wettersteinkalk. Bei einer Temperatur von 1100 Grad, die man durch Holzfeuer erzielte, wurden sie gebrannt. Das Ergebnis war ein blendend weißer Kalk, der von Freskenmalern aus ganz Europa begehrt wurde.

Im weiteren Verlauf der Wanderung nach Wegscheid können wir erneut den westlichen Uferweg benützen. Erlebnisreicher aber ist eine luftige Fahrt mit einer der Gondeln auf das Brauneck. Wie ein großer Garten liegt von dieser hohen Warte aus das Isartal mit seiner Heckenlandschaft unter uns. Von den runden, bewaldeten Flyschbergen bei Tölz bis in das hinterste Karwendel und hinüber zur Zugspitze reicht der Blick. Deutlich ist die vom Isargletscher vor etwa 20 000 Jahren ausgehobelte U-Form des Tales zu erkennen. Abgelagertes Moränenmaterial an den Hängen beweist: Das Eis auf der Höhe von Lenggries war etwa 450 Meter stark, und am Alpenausgang bei Bad Tölz hatte es immer noch eine Mächtigkeit von der Höhe des Eiffelturms. Dort, wo das kalkalpine Gestein oberhalb von Lenggries dem Eisstrom mehr Widerstand entgegensetzte, ist das Tal schmäler als im weicheren Flysch.

Wo im Winter Skifahrer zu Tal schwingen, steigen wir nach Wegscheid hinunter und stehen dann hinter Langeneck an der Jachen. Durch den Wasserentzug in den Walchensee ist der Fluss geschwächt. Über einen Fußgängersteg gelangen wir zum Südufer, um dann auf ruhigem, abseits der Autostraße gelegenem Pfad den einladenden Häusern des Tageszieles Leger zuzustreben.

Eine alpine Variante führt vom Brauneck auf gut markierten Steigen bergauf und bergab über den Latschenkopf, die Achselköpfe zur Benediktenwand (1801 m, sehr aussichtsreich) und schließlich zum Übernachten hinunter auf die Tutzinger Hütte (AV-Hütte). Anderntags wird dann über Glaswandscharte, Jachenau und Rißsattel wieder in die Hauptroute eingefädelt.

Hinweise zur Wanderskizze des 3. Tages

1 Blomberg: 1237 m, aus Flysch (tonig-sandige Ablagerungen aus der Zeit der Alpenauffaltung), Tölzer Hausberg mit Lift u. Rodelbahn.

2 Wackersberg: 745 m, ca. 3400 Einwohner, auf der Anhöhe südwestlich von Bad Tölz gelegen, alljährlich farbenprächtige Fronleichnamsprozession; unten im Tal, an der Wanderroute, liegt die zu Wackersberg gehörende Ortschaft Arzbach, deren Kirchturm sich gut der Berglandschaft anpasst.
3 Wanderweg durch die Isarauen: Vom Städt. Hallenbad Bad Tölz bis zum Feuerwehrhaus in Lenggries-Schlegldorf (ca. 8 km) wurde er 1968/69 auf Initiative des Verfassers (wie 1965–67 die Route Wolfratshausen–Tölz) ausgebaut. Finanzielle Unterstützung durch die Behörden und den ITV; Stege: Wasserwirtschafts-Amt Weilheim; Kosten insgesamt etwa 80 000 DM).
4 Gaißach: 740 m, ca. 3000 Einwohner, Gemeinde mit 26 Ortschaften; Kinderheilstätte der LVA. Alljährlich zur Faschingszeit originelles Schnablerrennen.
5 Rieschenhöfe und Draxlbauer in Wegscheid: Isarwinkler Bauernhäuser mit üppigem Balkonblumenschmuck; bei Wettbewerben »Das schönere Haus« mehrmals erste Preisträger.
6 Kalkofen: Reste eines alten Kalkofens am Kalkofenweg in Lenggries. Früher war die Herstellung von hochwertigem Kalk durch Brennen von Kalksteinen weit verbreitet. In Ried bei Kochel ist ein letzter Kalkofen noch in Betrieb (s. auch Wandertag Lüsen – Schlüterhütte).
7 Lenggries: 679 m, ca. 9300 Einwohner, größte Gemeindeflur Bayerns, 37 Ortschaften. Name leitet sich ab vom langen Gries (Geröll). Die Ortsentwicklung geht auf die Isarflößerei zurück; erstmals genannt um 1220, Filialkirche (1315) der Pfarrei Königsdorf; historische Gebirgsschützenkompanie, ihre Geschichte reicht bis in den Dreißigjährigen Krieg zurück. Pfarrkirche St. Jakob (1722); Museum der heimatlichen Tierwelt.
8 Hohenburg: Östlich der Isar am Beginn des Hirschbachtales gelegenes Schloss (Anfang 18. Jahrh., Vorläufer 12. Jahrhundert); früherer Besitz des Großherzogs v. Luxemburg; heute Haushalts-, Mittel- und Oberschule des Ordens der Ursulinen.
9 Brauneck: Münchner »Haus-Skigebiet« mit 25 km² Ausdehnung. Vier-Personen-Gondelbahn; seit 1969 Ausbau mit

15 Anlagen, Beförderungskapazität: ca. 1200 Pers. pro Std., Höhenunterschied 860 m, gesamte Pistenstrecke: ca. 20 km.

10 Jachenau: Auch als schöne, stille Jachenau bezeichnet. Eines der wenigen West-Osttäler der Nördl. Kalkalpen; Länge 16 km; besiedelt um 1200; Gemeinde ca. 900 Einwohner.

11 Berge östl. von Lenggries: Im Gegensatz zu dem mit Bergbahnen erschlossenen Brauneck sind die Berge im Osten von Lenggries ein stilles Wander- und Tourengebiet. Stützpunkt ist die Lenggrieser Hütte.

4. Wandertag: Leger – Vorderriß

Durch den Rehgraben in die schöne Jachenau und über den Rißsattel nach Vorder- und Hinterriß

Die Hauptroute führt von Leger zuerst zweimal an die Jachen und steigt dann auf einem steinigen Weg hinauf zur Rehgrabenalm. Dort öffnet sich ein einsames und blütenreiches Streuwiesental, das vorbei an der südlich gelegenen Rotwand hinaus in die schöne und stille Jachenau und zum Ortsteil Niggeln führt. Diese Etappe ist nicht nur reizvoll, sie ist auch leicht zu finden. Der Wanderabschnitt benützt zuerst für den allgemeinen Verkehr gesperrte Wirtschaftswege und später Wiesenpfade abseits der Autostraße. Am günstigsten ist

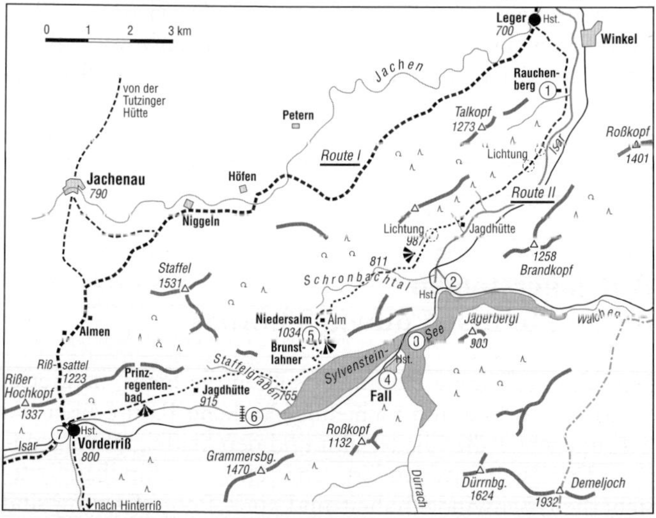

Touristische Angaben: 4. Tag, Route I: Jachenau–Hinterriß: ca. 20 km, 570 Hm Aufstieg, 420 Hm Abstieg; Unterkünfte in Hinterriß (Österreich): Gasthof Post und Café Klösterle sowie weitere 1,5 km taleinwärts Hotel Alpenhof; alle Telefon. Route II: Leger–Vorderriß: 19 km, 630 Hm Aufstieg, 530 Hm Abstieg, anstrengende Bergwanderung, keine Einkehrmöglichkeit, Ziel: Vorderriß, Gasthof Post, vier Zweibett-Zimmer, Touristenlager, Telefon.

Karten und Führer: Topographische Karten des Landesvermessungsamtes, 1:50 000, Blätter Bad Tölz 8334 und Fall 8534; 1:25 000 die Blätter Lenggries 8335, Fall 8435 und Vorderriß 8434.

es, den 3. Wandertag, der im Isarwinkel um Bad Tölz oder Lenggries beginnt, über Leger hinaus möglichst weit in die Jachenau hinein auszudehnen. Die stattlichen Bauernhöfe haben fast alle einladende Fremdenzimmer, die allerdings in der Ferienzeit meistens belegt sind.

Am Beginn des 4. Tages geht es auf einer neuen Forststraße hinauf in den Wilfetsgraben und vorbei an der Lainer und Luitpolder Alm zum Rißsattel (1223 m). Nach der Luitpolder Alm nicht den naheliegenden Holzziehweg hinaufgehen, sondern das Hinweisschild halb rechts vorne in der Wiese ansteuern. So erreicht man wieder die markierte Route. Blaue Markierungen auf steilem Pfad weisen den richtigen Weg. Vom Sattel aus führt ein Steig hinunter nach Vorderriß. An den ersten Wochentagen, wenn dort das einzige Gasthaus geschlossen hat, oder für den Fall, dass die wenigen Quartiere belegt sind, sollte man noch wenigstens 3 Stunden zusätzlich einrechnen, um die nächsten Übernachtungsmöglichkeiten in Hinterriß ansteuern zu können.

Auf Jägersteigen in die Heimat Ludwig Thomas

Nur alpin erfahrene Pfadfinder sollten die nicht markierte, teilweise weglose und nicht ungefährliche Route über das Schronbachtal, die Niedersalm und den Staffelgraben angehen. Der Routenverlauf ist sehr schwer auffindbar. Trittsicherheit, Schwindelfreiheit und auch Bergerfahrung sind erforderlich. Aus diesen Gründen nachfolgend eine genaue Routenbeschreibung: Das Zufahrtssträßchen Leger – Gut Rauchenberg bringt uns nach knapp 1 1/2 Kilometern an die Isar und bald darauf zur Rodungsinsel mit den Gebäulichkeiten des Forstgutes. Sie bleiben im Westen liegen. Flussaufwärts ist unsere Wegrichtung zuerst Süden, dann Süd-Südwest, etwa 1200 Meter nach dem Forstgut Rauchenberg gehen wir bei der Weggabelung rechts in den Wald hinauf. (Der linke Weg verliert sich am Fluss.) Nach einigen 100 Metern öffnet sich eine Lichtung, an deren Anfang ein Stadel steht. In Wanderrichtung, in der hinteren rechten Ecke der Lichtung steigt die Forststraße steil an. Nach ca. 100 Meter, linker Hand, nach einem großen Durchlassrohr unten an der Straßenböschung beginnt ein Steig, der leicht ansteigend, aber immer quer zum Hang, nach gut zwei Kilometern zu einer Jagdhütte führt. Nach der Hütte folgen wir der Forststraße bis zu ihrem Ende. Ausblicke in das Flussbett etwa 150 Meter unter uns und zum Sylvensteinsee verlocken zum Schauen. In Wanderrichtung deutet der Baumwipfelverlauf in etwa 1/2 Kilometer Entfernung ein Plateau an, das wir erreichen müssen. Vorher plagen wir uns steil den Hang hinauf. Hier ist es nicht leicht, die Pfadspur zu halten. Auf dem kleinen Plateau in 990 Meter Höhe mit Waldwiese und Hochsitz haben wir das erste schwierige Wegstück geschafft. Am Südende der Lichtung beginnt die Trasse eines ehemaligen ca. 3/4 Kilometer langen Ziehweges, der teilweise bereits eingewachsen ist. Seine wenigen Stege sind längst eingestürzt, und das Holz vermodert in den Senken. Am Ende dieser Trasse steigen wir fast 200 Höhenmeter ab in das für Autos gesperrte Schronbachtal. Vor der Alm führt unsere Route auf Balken über den Bach. In kurzer Folge überqueren wir ihn noch zweimal, um dann vor einem Felsabsturz linksseitig hinaufzusteigen. Unten im Bachbett gluckst das Wasser in einladenden Gumpen. Durch Waldweide, über Seitenbächlein, entlang von Lichtungen und Ziehwegen, schließlich hinauf durch einen schütteren Bergwald, gilt es den eigentlichen, steilen Zugangsweg zur Niedersalm zu finden (Achtung: Gelbe Markierungen sind braun überstrichen!). Nach der Niedersalm halten wir uns in Richtung Südosten zur Einsattelung am Schindelberg. Westlich des Wasserrinnsales (auf der rechten Seite) setzt oben an der Hangschulter ein fast zugewachsener Steig an, der in Serpentinen den sehr steilen Brunstlahner hinunter zum See führt. An den steilsten und offenen Stellen nimmt es einem fast den Atem. Vorsicht ist vor allem bei Nässe geboten. Auf der Terrasse – etwa 5–10 Meter über dem See – biegen wir entlang des Berghanges talaufwärts, also rechts ab, durchstreifen pfadlos das Stangenholz, durchqueren nahe am Hang eine Senke und finden schließlich eine Lichtung, die sich zu einem Weg mausert. Bei einer Gabelung wählen wir dann den mehr hangwärts dahinziehenden Pfad (der linke führt zum See). Zuerst wird er noch verstärkt durch einen erneut von links einmündenden Weg, verliert sich aber später in den Streuwiesen. Sie werden begrenzt von reizvollen Felspartien und einem Wasserfall mit einem großen, zum Baden einladenden Gumpen (idealer Rastplatz!).

Vor dem Gumpen steigen wir links in einen meist wasserfreien, Graben hinauf, bleiben zuerst am rechten Hang und überqueren oberhalb des Felsabsturzes die Senke nach links. Im obersten Teil der ansteigenden Mulde umgehen wir eine Bergschulter wieder nach rechts und erreichen einen feuchten, schütter bewaldeten Geländeeinschnitt. Eine 1983 geplante Forststraße verdrängt heute auf eine Länge von etwa einem dreiviertel Kilometer den Naturpfad. Ein Hangrücken trennt uns vorerst vom Isartal, aber beim Erreichen der linksseitig gelegenen Forst-Diensthütte öffnet sich der Blick talwärts. Nach Durchquerung eines kleinen Bachbettes ist die Waldwiese der ehemaligen Friedlalm nicht mehr fern. Wir verlassen sie bei einem verfallenen Holzbrunnen. Der Bergwald nimmt uns wieder auf. Ein Steig hält sich auf einer Länge von ca. 750 Metern ziemlich genau an die Höhenlinie 960 Meter. Schließlich zwingt ein Felstobel das Steiglein zum Abstieg. Vorsicht beim Überschreiten des morschen Steges! Wir verbleiben aber immer noch ca. 50 Meter oberhalb der untersten Felsabstürze über der Talsohle. An der Einmündung des Sturzbaches in die Isar liegt unter uns das sogenannte Prinzregentenbad. Der Pfad schlängelt sich mit wenigen Kehren wieder bergwärts. Unter uns bleiben die gefährlichen Felsabstürze.

Leicht fallend erreicht unsere Route den Talboden von Vorderriß.

Hinweise zur Wanderskizze des 4. Tages

1 Gut Rauchenberg: Privates Forst- und Jagdgut an der Isar oberhalb der Jachenmündung. Zu dem Gut gehört der gleichnamige, in südwestlicher Richtung verlaufende Höhenrücken.

2 Sylvensteindamm: Staumauer mit Kraftwerk, erbaut 1953–1955, 42 m hoher Erdwall zwischen dem natürlichen Felsentor Hennenköpfl und Sylvenstein; Stromgewinnung durch das Kraftwerk im Mittel: 15 Mill. Kw.-Stunden.

3 Sylvensteinsee: 5–6 qkm großer Speichersee als Hochwasserschutz und bedingt auch zur Niedrigwasser-Aufbesserung. Fassungsvermögen: 104 Mill. cbm, Niedrigwasser-Reserve: 45 Mill. cbm. Größter Abfluss ohne Gefährdung des Unterlaufes: 220 cbm in der Sekunde. Infolge Ableitung der Isar und weiterer Nebenbäche ist die Niedrigwasser-Aufbesserung ungenügend.

4 Forstsiedlung Fall: Mit dem Bau des Speichersees neu errichtete Siedlung mit Kirche, Gasthof und Forsthäusern. Das alte Fall – Ort der Handlung des Romans »Der Jäger von Fall« von Ludwig Ganghofer (1855–1920) – versank unmittelbar nördlich der Brücke im Stausee.

5 Niedersalm und Brunstlahner: Die Alm ist im Besitz des Zachbauern aus der Jachenau, unbewirtschaftet, gepachtet von einem Privatmann aus Penzberg. Wasser, Unterstehmöglichkeit und Aborthäuschen vorhanden. Der Name Brunstlahner leitet sich ab von Feuersbrunst und steilem Wiesenhang.

6 Geschiebesperre: begehbarer Damm mit Wasserdurchlässen oberhalb der Stauwurzel des Speichersees zur Zurückhaltung des Gerölls. Durchschnittlich fallen hier bei einem Hochwasser ca. 150 000 cbm Kies an. Abgefahren werden dagegen im Durchschnitt der letzten Jahre nur ca. 15 000 cbm. Die Kiesverwertung an den Stauseen der Bergflüsse und die zahlreichen Landschaftswunden, die durch Kiesausbeute im Flachland entstehen, stellen ein ungelöstes Problem dar.

7 Vorderriß: Forstsiedlung mit Gasthof. Im Forsthaus auf der Anhöhe verbrachte Ludwig Thoma (1867–1921) seine ersten Kinderjahre. Daneben steht seit etwa 1500 das königliche Jagdhaus. Der Erbauer war der Wittelsbacher Herzog Albrecht IV. Vorderriß war früher ein beliebter Jagdaufenthalt des bayerischen Königshauses.

5. Wandertag: Vorderriß – Karwendelhaus

Einsames Karwendel

Der Übernachtungsort Vorderriß ist der nördliche Zugang in das Herz des Karwendelgebirges. Auf einer Fläche von 900 Quadratkilometern ist außer dem Jäger- und Holzfällerort Hinterriß keine ganzjährig bewohnte Siedlung zu finden, und – Gott sei's gedankt – auch keine Durchgangsstraße. Dieses oft als menschenfeindlich bezeichnete Reich der steilen Felswände und stillen Hochkare, der tiefen Jagdgründe und uralten Zirbelwälder, ist in Wahrheit ein echtes Erholungsparadies für Lärm- und Stressgeschädigte.

Seine großen, in Ost- und Westrichtung verlaufenden vier Bergkämme liegen wie unübersteigbare Barrieren am fünften Tag unserer Nord-Süd-Wanderung vor uns. Bei näherem Studium der Wanderkarten und der komplizierten Topographie kristallisieren sich drei Wegvarianten heraus. Ziel des übernächsten Tages ist in jedem Fall der Halleranger unterhalb des Lafatscherjoches. Dieses gewährt im weiteren Wanderverlauf einen leichten Übergang in die Inntalfurche. Da die Isartalstrecke völlig problemlos ist und es für die anderen zwei Möglichkeiten schriftliche Führer und genaue Wanderkarten gibt, erübrigen sich hier ausführliche Wegbeschreibungen. Ich beschränke mich deshalb auf einige wichtige und interessante Hinweise.

1. Isartalstrecke (Route I): Vor dem Gasthaus Post in Vorderriß überqueren wir die Isar, passieren kostenfrei die Mautstelle und müssen leider für den ersten Kilometer die Teerstraße nach Wallgau in Kauf nehmen. Bevor wir nach links erneut das Wasser überschreiten, taucht rechts oben am Wiesenhang der Bauernhof »Ochsensitz« auf. Bereits zwischen

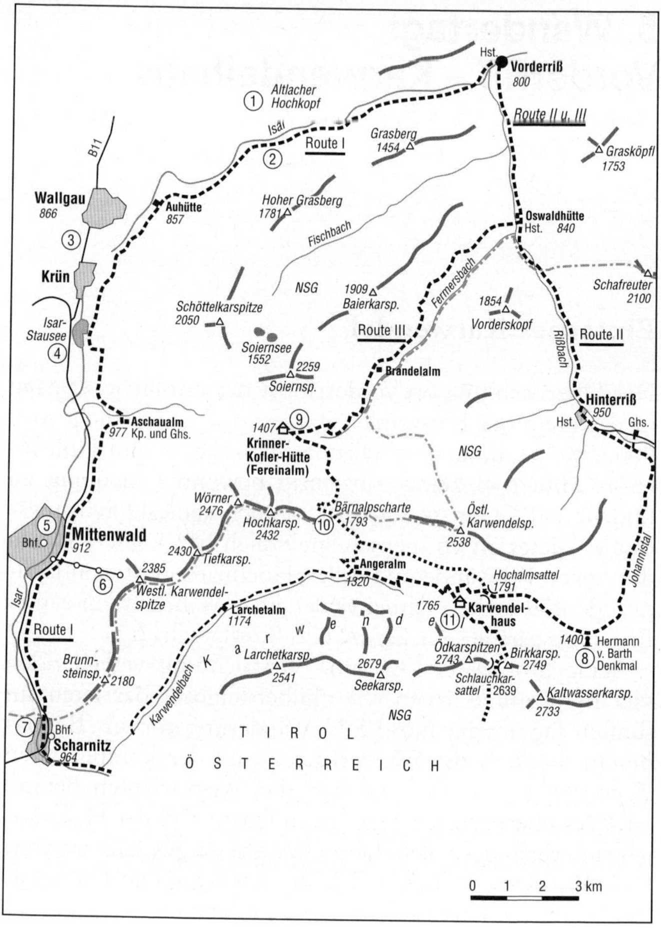

1619 und 1637 wurde von dem Jachenauer Bauern Pichler hier der Wald gerodet und die Hofstelle errichtet. Sie gehört somit zu den ältesten Siedlungen im Isarwinkel und sie wurde auch von Ludwig Thoma beschrieben. Auf Kiesstraßen, Forst- und Wanderwegen immer am Westfuß des Karwendelstockes entlang verläuft diese leichte, jedoch lange Tagesetappe. Auf dem Steilufer des einmündenden Markgrabens bietet sich ein schöner Rastplatz an und bei der Auhütte und in Mittenwald verschiedene Einkehren.

Zwischen Vorderriß und Wallgau steigt jenseits des Tales der bewaldete Höhenrücken zum Altlacher Hochkopf empor. Für König Ludwig II. war ein Maiaufenthalt dort oben zum Geburtstag Richard Wagners Tradition gewesen. Am 21. Juni 1867 schreibt Ludwig II. an Wagner: »Gestern begab ich mich nach dem geräuschvoll unruhigen Treiben (Fronleichnam) hierher zu dem abgeschiedenen, trauten Hochkopf, wo ich auflebe in wonniger Einsamkeit, fern der Welt, die stets mich verkennt und mit der auch ich mich nie und nimmer befreunden kann und will!«

Nach Mittenwald erkennen wir am Osthang der Arnspitze kahle Flächen. 1947 fielen hier große Latschenbestände einem Waldbrand zum Opfer. Mit der deutsch-österreichischen Grenze ist schließlich das Tagesziel, der Ort Scharnitz erreicht.

II. Johannistal–Schlauchkar-Route (Route II): Für die ersten elf Kilometer hinein in das Rißtal benützen wir die Fahrstraße. Um dem motorisierten Ausflugsverkehr zu entgehen ist es ratsam, möglichst zeitig aufzubrechen. König Max II. hatte anlässlich seiner Fußreise von Lindau nach Berchtesgaden (20. 6. bis 27. 7. 1858) nach zwei verregneten Tagen in Vorderriß diese Strecke bis Hinterriß in einer Kutsche zurückgelegt, um dann zu den Hagelhütten weiterzu-

Touristische Hinweise: 5. Tag. Route I: ca. 30 km, 264 Hm Aufstieg, 100 Hm Abstieg, leichte Talwanderung mit Einkehrmöglichkeiten. Route II: ca. 24 km, 1000 Hm Aufstieg, 30 Hm Abstieg, Einkehrmöglichkeit, leichte Bergwanderung. Route III: ca. 28 km (16 km), 1507 Hm Aufstieg (607 Hm), 461 Hm Abstieg, keine Einkehrmöglichkeit, anstrengende und schwierige Bergtour. Die Angaben in Klammern betreffen jeweils die verkürzte Strecke bis zur Fereinalm.

Führer und Karten: Walter Klier, AV-Führer »Karwendel alpin«; 1996, Bergverlag Rother, München; Top. Karte 1:50 000, Blatt L 8534 Fall; Kompass-Wanderkarte 1:50 000 Nr. 26 »Karwendelgebirge«, Geogr. Verlag H. Fleischmann Innsbruck; AV-Karten Karwendelgebirge, 1:25 000, mittleres und westliches Blatt.

Literatur: *Fischer/Peterka, Bergheimat Karwendel + Wetterstein, Verlag Stähle & Friedl Stuttgart; *R. Löbl, Lenggries, Süddeutscher Verlag München; *K. H. Heindl, Heimliche Residenzen Ludwigs, Selbstverlag.

reisen. Oben auf dem Plumserjoch gab es einen Kuhstall, in dem geschickte Hände mit viel Fantasie eine königliche Tafel aufbauten und ein Menü zubereiteten.

300 Meter südlich der Landesgrenze zwischen Vorder- und Hinterriß wurde 1948 das Rißbachwehr gebaut. Von dort nimmt das Wasser den Weg durch den Grasberg- und Hochkopfstollen zum Niedernachkraftwerk am Walchensee. Unterwegs werden der Fischbach und der Alpenbach eingeleitet sowie die Isar und die Straße Vorderriß–Wallgau mit einem Düker unterquert. Die maximale Wasserzuführung beträgt 12 cbm/Sek., das Gefälle 20 Meter.

Hinterriß, eine bereits in Österreich, an der Einmündung des Tor- und Rontales in das Rißtal gelegene Siedlung, umfasst ein ehemaliges Jagdschlössl des Herzogs von Coburg, einige Forsthäuser, zwei Wirtshäuser und das Zollhaus. Die kleine Kirche wurde zur Fuggerzeit von den Knappen erbaut, als hier für die verschiedenen Erzbergwerke in den Tälern eine Schmelze bestand. Ab Hinterriß benützen wir den Weg, der von der Verwaltung des Herzogs von Coburg als Reitweg angelegt wurde. In bequemer Steigung hoch über dem Gebirgsbach durch das Johannistal wandern wir zum reizvoll gelegenen kleinen Ahornboden. Auf das würdige, einfache Denkmal Hermann von Barths schauen die stolzen Berghäupter, die er bezwungen hat: die Zinnen der Nördlichen Sonnenspitze, der Moserkarspitze und Kaltwasserkarspitze und der Grabenkarspitze. Hermann von Barth wurde 1845 auf Schloss Eurasburg im unteren Loisachtal geboren und starb 1876 in Afrika. Er bestieg 1870/71 88 Karwendelgipfel, davon 12 als Erstersteiger. 1874 erschien sein berühmtes Buch »Aus den Nördlichen Kalkalpen«.

Vorbei am Pürschhaus, längs eines trockenen Grabens, dann steiler durch steinige Mulden und Wald führt der Weg in freie und latschenbewachsene Hänge und schließlich über den Hochalmsattel zur Alpenvereinshütte Karwendelhaus (1765 m). Der Männerturnverein München erbaute sie 1908 auf der Hochalm, einem Querriegel zwischen der Nördlichen Karwendelkette und der Hinterautalkette. Sie ist Stützpunkt für die Besteigung von Birkkarspitze, Ödkarspitzen und Östlicher Karwendelspitze.

III. Bärenalpl–Schlauchkar-Route (Fermersbachtal–Fereinalm): Sie ist die eindrucksvollste, aber auch die schwierigste und mühevollste Variante. Die Strecke ist nicht markiert und wird nur versierten und ausdauernden Bergsteigern empfohlen. Kommt man zu spät am Nachmittag zur Fereinalm, empfiehlt es sich, dort zu nächtigen. Die Alpenvereinshütte ist vom Juni bis Oktober beaufsichtigt und hat 25 Matratzenlager. Für den Übergang über die Bärenalpscharte ist genaues Führer- und Kartenstudium notwendig. Das Bärenalpl stellt die kürzeste Verbindung von Vorderriß zum Karwendelhaus dar. Hermann von Barth stand oben, hat aber den Durchstieg nicht gefunden. Tagesziel ist wie bei Route II das Karwendelhaus. Bei den nachfolgenden touristischen Angaben wird der Weg von der Bärenalpscharte über die Angeralm im Karwendeltal zugrunde gelegt. Der Pfad von der Scharte zum Hochalmsattel über die behindernden Latschen hinweg verliert zwar nicht an Höhe, ist aber mühevoller als ein erneuter Ab- und Aufstieg (sofern nicht die behindernden Latschen entfernt wurden).

Hinweise zur Wanderskizze des 5. Tages

1 Altlacher Hochkopf mit Jagdhütte. Lieblingsberg Ludwigs II., 1382 m, oberhalb des Ortes Altlach-Walchensee. Auf Einladung Ludwig II. verbrachte dort Richard Wagner die Tage vom 9.–21. August 1865.

2 Ölschiefer mit Fischabdrücken. Daraus wurde früher auf offenem Herd, später auch industriell – das stinkende, aber heilsame Steinöl gewonnen (»Dürschenöl« in Tirol). Später Weiterverarbeitung zu Ichtyol.

3 Wallgau und Krün: Der Ursprung der Namen der zwei westlich an der Isar gelegenen Ortschaften liegt in vorgeschichtlicher Zeit. Die Orte gehörten zur Grafschaft Werdenfels und später zum erzbischöflichen Freising.

4 Isar-Stausee bei Krün: Der Isar wird hier Wasser für Stromgewinnung am Walchensee entnommen; dadurch ist ihr Flussbett bis zum Sylvensteinsee fast wasserleer. Neuerdings wurde die Ausleitungsmenge reduziert.

5 Mittenwald 920 m, ca. 10 000 Einwohner, Stadt des Geigenbaus mit von Ludwig I. gegründeter Fachschule und Museum; Standort der Gebirgstruppe. Urkundlich erwähnt 1080; Entwicklung aufgrund der günstigen Lage an der Rottstraße von Bozen nach Augsburg und München; Isarflößerei. Im Jahr 1363 zum Markt erhoben; Glanzzeit mit venezianischem Markt von 1487 bis 1697.

6 Bergbahnen von Mittenwald: Seilbahn zur Karwendelmulde an der Westlichen Karwendelspitze (2385 m), gesicherter Höhenweg. Zugang zum Dammkar durch einen ca. 1 km langen Stollen; Lift und Bahn auf den Kranzberg, in der Nähe Denkmal für die gefallenen Gebirgsjäger.

7 Talenge bei Scharnitz: Ursprünglich röm. Befestigungen; Erzherzogin Claudia von Medici (Witwe Leopolds V.) ließ 1633 neue Abwehrstellungen erbauen, daher der Name Porta Claudia.

8 Hermann-von-Barth-Denkmal, errichtet im Jahre 1882 von der Sektion Augsburg auf dem Kleinen Ahornboden zum Gedenken an den Erschließer großer Teile der Nördlichen Kalkalpen.

9 Fereinalm: 1407 m, zeitlich begrenzt bewohnte Siedlung mit mehreren Alm- und Jagdhütten, einem Stützpunkt der Zöllner und der unbewirtschafteten, im Sommer aber beaufsichtigten Krinner-Kofler-Hütte der Sektion Mittenwald.

10 Bärenalpscharte: 1793 m, markantester Einschnitt in der Nördl. Karwendelkette. Landschaftlich schöner, jedoch wenig begangener Übergang von der Fereinalm zum Karwendelhaus.

11 Karwendelhaus, 1765 m, AVS Männerturnverein München; Hüttenwirt: Wolfgang Ruech, A-6414 Mieming-Barwies, HNr. 272a, Tel. 0 52 64/54 92; Hütte 0 52 13/56 23, bew. Anf. Juni bis Mitte Oktober.

6. Wandertag: Karwendelhaus – Halleranger

Zu den Isarquellen

Zum letzten Mal auf dieser Wanderung hören wir das Rauschen der Isar. Am Abend soll ein Spaziergang zu ihrer Quelle die mehrtägige Isarwanderung abschließen. Je nach der gestrigen Routenwahl ist der Grenzort im Isartal (I) oder die Alpenvereinshütte Karwendelhaus (II u. III) der Ausgangsort für die 6. Tagesetappe. Im letzteren Fall (Route II) beginnt die Bergtour mit einem mühevollen Aufstieg durch das Schlauchkar. Der Name kommt nicht etwa davon, weil uns dieses Kar besonders »schlaucht«, sondern von dem Mittenwalder Namen Schlaucher. Achtung beim Anstieg! Schlechte Sicht und verblichene Markierungen bergen die Gefahr des Verlaufens. Ca. 750 Meter nach dem Aufbruch zweigt nach links der Anstieg zum Hochalmkreuz (2192 m) und bald darauf nach rechts der Brendelsteig ab. Herrscht schlechtes Wetter, so bietet sich östlich des Sattels in der Scharte das Birkkar-Hütterl als Zufluchtsstätte an. Bei klarer Sicht lohnt sich ein kurzer Abstecher über die gut gesicherte Steiganlage auf die Birkkarspitze (2749 m), den höchsten Gipfel im ganzen Kar-

Touristische Hinweise: 6. Tag, Route I: ca. 18 km, 897 Hm Aufstieg, 93 Hm Abstieg, leichte Bergwanderung. Route II: ca. 14 km, 1510 Hm Aufstieg, 1507 Hm Abstieg, anstrengende Bergtour, bei beiden Varianten keine Einkehrmöglichkeiten.

Führer und Karten: siehe 5. Tag.

Literatur: *E. Groth-Schmachtenberger und E. Schwarz, Die Isar vom Karwendel bis zur Donau, Pannonia Verlag, Freilassing; *Kalckreuth-Lackner, Die Isar, Prestel Verlag, München.

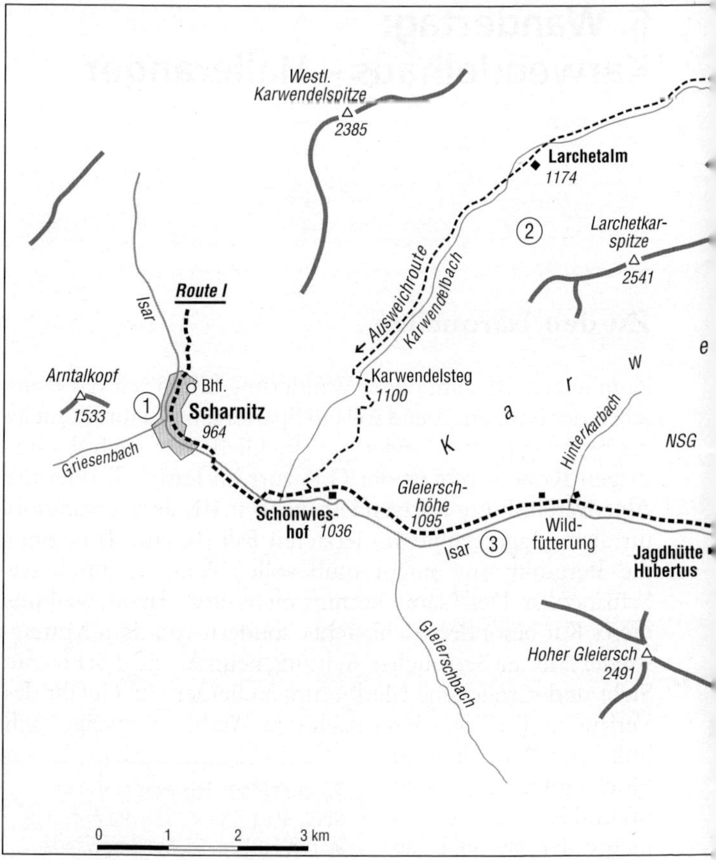

wendelgebirge. Der Blick reicht von den Hohen Tauern bis zur Silvretta und nach Norden hinaus ins Alpenvorland. Erstiegen wurde der Gipfel erstmals, und zwar ebenfalls durch das Schlauchkar, im Jahre 1870 von Hermann von Barth. Die erste Winterbesteigung gelang Kraus und Fütterer 1895. Nach der Gipfelrast wartet ein langer und serpentinenreicher Abstieg durch das Birkkar hinunter zur 1500 Meter tiefer gelegenen Kastenalm. Der Name des Kares wird nicht von Birken, sondern vom Birkwild abgeleitet. Spätestens auf den weichen Matten am Bach ist eine stärkende Rast angebracht, denn der folgende Hüttenanstieg verlangt doch noch einige

Kraftreserven. Die Hüttenwirte haben hier ihren Abstellplatz. Hat man Glück und der Ehrgeiz lässt es zu, so kann man den Rucksack oder auch sich selbst per Jeep zur Hütte befördern lassen. Über die Landschaft unseres Rastplatzes schrieb vor 100 Jahren Hermann von Barth: »An drei Stunden von Scharnitz entfernt, schließt das Hinterautal als solches mit einem weidereichen Kesselboden ab, nördlich streckt ein langer, von der Kaltwasserkarspitze ausgehender Seitenkamm seinen mit eisengrauen Felsplatten gepanzerten Fuß ins Tal hinein, südwärts hebt sich ein jähes Geschröf, wohl an tausend Fuß höher, zum Lafatschertale hin, aus düsterer Klamm bricht die stärkste Wasserader des Isarquellgebietes, der Lafatscherbach, hervor.« Dort hinauf führt uns der weitere Weg. Bevor für uns aber das Tosen der jungen Isar oben im Zirbelwald verklingt, rauscht es nochmal gewaltig auf. Aus Felsspalten und Schluchten sprudeln die klaren Quellbäche von der Backofenspitze und vom Lafatscher herunter. An die 800 Höhenmeter und etwa 18 Kilometer hat dieses ungestüme Tirolerkind bereits hinter sich, wenn es das Hinterautal bei Scharnitz verlässt.

Diese Strecke erwartet uns, wenn wir am Vortag die Isarvariante (Route I) über Krün und Mittenwald wählten. Da Scharnitz Bahnstation der Linie München–Innsbruck ist, können Wanderfreunde auch von hier aus die Weitwanderung beginnen. Die Karwendel-Bahnlinie wurde 1912 als erste elektrische Vollbahn der Ostalpen eröffnet. Eine Fahrt mit ihr durch die Martinswand hoch über dem Inntal ist auch heute noch ein Erlebnis. Auf unserer Wanderung durch das Hinterautal mündet bald nach Verlassen des Ortsbereiches von Scharnitz von Norden das Karwendeltal und von Süden das Gleierschtal. Der geringe Höhenunterschied bis zur Kastenalm wird auf dem bequemen Fahrweg in der herrlichen Landschaft kaum bemerkt. Besonders an Wochenenden tummeln sich zwischen den Felsen im dahinschießenden Isarwasser die Kajakfahrer in ihren bunten Booten. Die Unterkunftshäuser liegen beiderseits der Isarquelle: die Privathütte Hallerangeralm neben der Kapelle in den Almwiesen, die Alpenvereinshütte Hallerangerhaus reizvoll im uralten Zirbelwald. Früher stand die Hütte am Südhang des Suntiger, also weiter im Norden. Dort zerstörte sie 1914 eine Lawine. Zehn Jahre später hat sie die Sektion Schwaben an der jetzigen Stelle wieder aufgebaut und 1964 erweitert.

Hinweise zur Wanderskizze des 6. Tages

1 Scharnitz: 963 m, ca. 1300 Einwohner, Grenzort. 763 als scarantia erwähnt (karnoto = Ödland), 764 Gründung eines Klosters unter dem Bayernherzog Tassilo III.
2 Karwendel: Name ursprünglich nur für das Karwendeltal, erst Ende des 19. Jahrh. wurde durch Hermann von Barth

der Name auf die ganze Gebirgsgruppe zwischen Isartal und Achensee angewandt.

3 Isardurchbruch: Schlucht aus Hauptdolomit, der hier auf die Nordseite des Flusses übergreift; der Weg verläuft fast 100 m über dem Wildwasser.

4 »Bei den Flüssen«: In einer Höhe von 1160 m, am Fuß der höchsten Karwendelberge, entspringen starke Quellen. Die Gegend wird »Bei den Flüssen« genannt. Die Wasserzunahme ermöglicht ab hier das Fahren mit Kajaks. Zusammen mit Frühjahrs-Skifahren oder Klettern im Karwendel ist dies eine beliebte Sportart für viele Münchner.

5 Birkkarspitze: 2749 m, höchster Berg im gesamten Karwendel, in der Hinterautal-Vomper-Kette gelegen. Südlich davon folgen die Gleiersch-Halltal-Kette und die Inntal-Kette; gegen die Soierngruppe und das Karwendelvorgebirge hin folgt die Nördliche Karwendelkette.

6 Bergbau: Viele Jahre schürften Bergleute im Karwendel nach metallhaltigen Mineralien. In den Südhängen des 2160 m hohen Reps zwischen der Kasten- und der Lafatschalm sind Spuren dieses Bergbaus erkennbar; der Name »Beim Silbernen Hansl« geht auf diesen Erwerbszweig zurück. Von 1276 bis 1590 und sogar noch im Zweiten Weltkrieg grub man hier nach Zink und Blei.

7 Lafatscher: Name für 2 Gipfel in der Gleiersch-Halltal-Kette, wird auch für die junge Isar, für 2 Almen und für den Übergang in das Inntal verwendet.

8 Isarquelle: Im Samboden am westlichen Abhang des Überschalljoches sammeln sich verschiedene Gerinnsel zur jungen Isar. Nach ca. 100 m wird der kleine Bach bereits gestaut und liefert den Strom für die nahe gelegenen Unterkunftshäuser.

9 Unterkunftshäuser: Alpenvereinshütte **Hallerangerhaus**, 1768 m, Sektion Schwaben, Hüttenwirt: Manfred und Irmgard Schweighofer, A-6108 Scharnitz (im Winter: Kappl); geöffnet etwa von Pfingsten bis Anfang Oktober, Übernachtungsmöglichkeiten für ca. 80 Personen. Tel. 0 52 13/53 26.

Hallerangeralm: 1770 m, privat, 80 Übernachtungsmöglichkeiten, wenige Minuten von der AV-Hütte entfernt; geöffnet: 1. 6.–15. 10., Hüttenwirt: H. Schallhart, 6108 Scharnitz Nr. 97, Tel. 0 52 13/51 19, Almgasthof 0 52 13/52 77.

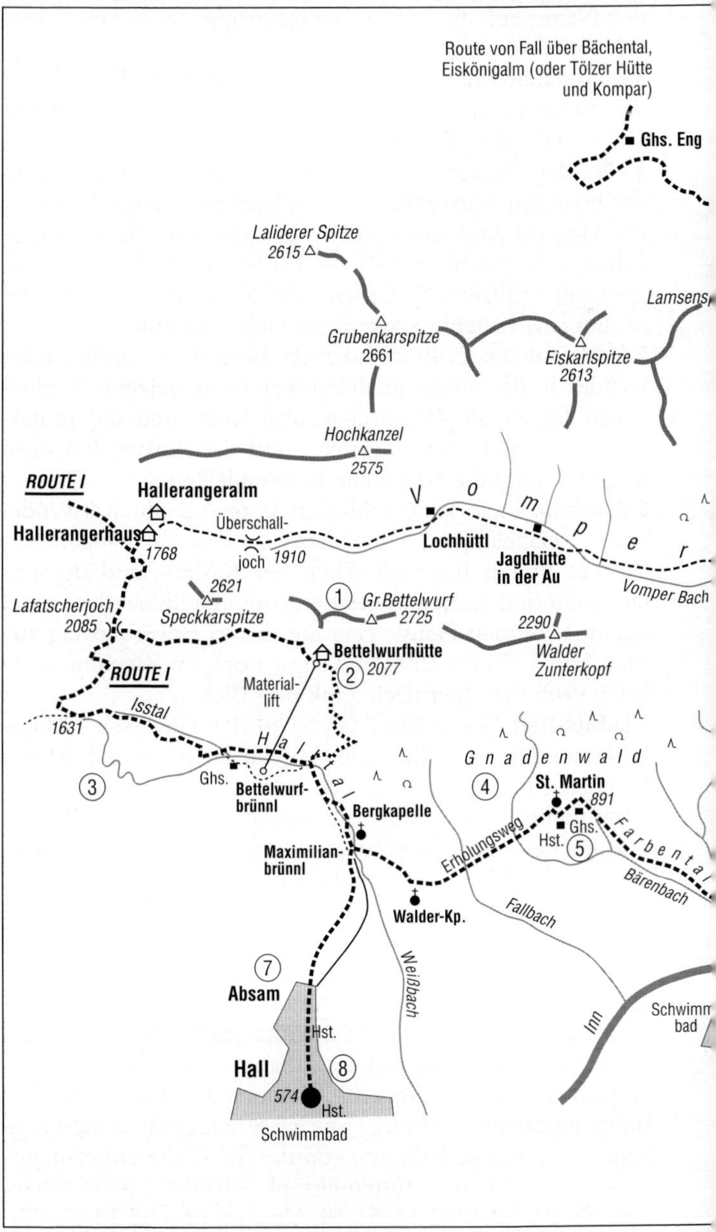
Route von Fall über Bächental, Eiskönigalm (oder Tölzer Hütte und Kompar)
Ghs. Eng
Laliderer Spitze
2615
Lamsens
Grubenkarspitze
2661
Eiskarlspitze
2613
Hochkanzel
2575
ROUTE I
Hallerangeralm
Hallerangerhaus
1768
Überschall-
joch 1910
V o m p e r
Lochhüttl
Jagdhütte in der Au
Vomper Bach
Lafatscherjoch
2085
2621
Speckkarspitze
1
Gr.Bettelwurf
2725
2290
Walder Zunterkopf
Bettelwurfhütte
2
2077
ROUTE I
Material-
lift
Isstal
1631
H a l l t a l
3
Ghs.
Bettelwurf-
brünnl
Bergkapelle
G n a d e n w a l d
4
St. Martin
891
Ghs.
Hst.
5
Farbental
Bärenbach
Erholungsweg
Maximilian-
brünnl
Walder-Kp.
Fallbach
Weißbach
7
Absam
Inn
Schwimm
bad
Hst.
Hall
8
574
Hst.
Schwimmbad

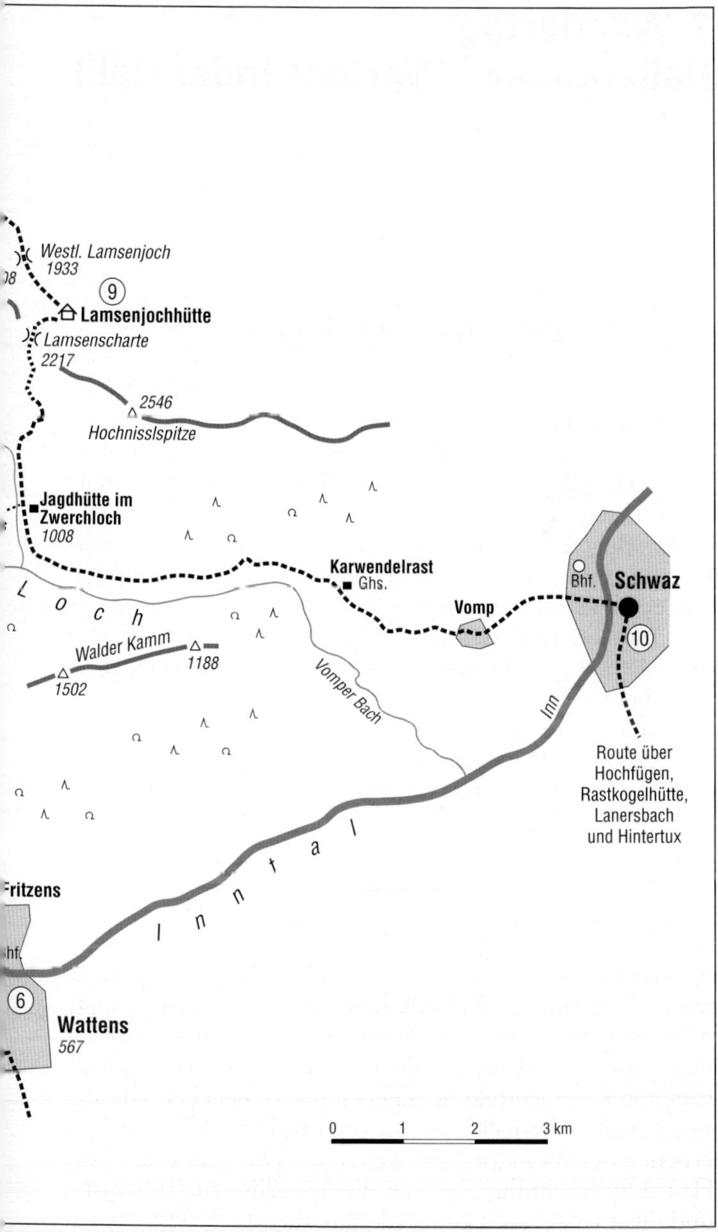
Westl. Lamsenjoch
1933
9
Lamsenjochhütte
Lamsenscharte
2217
2546
Hochnisslspitze
Jagdhütte im
Zwerchloch
1008
Karwendelrast
Ghs.
Bhf.
Schwaz
Vomp
10
Loch
Walder Kamm
1188
1502
Vomper Bach
Inn
Route über
Hochfügen,
Rastkogelhütte,
Lanersbach
und Hintertux
Inntal
Fritzens
6
Wattens
567
0
1
2
3 km

7. Wandertag: Halleranger – Wattens (oder Hall)

Übers Lafatscherjoch ins Inntal

Am Ende der ersten Wanderwoche verlassen wir die Nördlichen Kalkalpen und steigen hinunter in die tief eingeschnittene Inntalfurche. Bereits wenige Minuten nach dem Aufbruch schlängelt sich unser Pfad durch eine steile Schuttreißen aufwärts, vorbei an den hohen, gespaltenen Kalktafeln der Schnitlwände. Hier im Durchschlag und später gegenüber des schottergefüllten Stempelkars erhalten wir einprägsamen Anschauungsunterricht über die gewaltige und stete Kraft der Verwitterung. In den steindurchsetzten Matten und Hängen unterhalb des Lafatscherjoches äsen meist zahlreiche Gämsen. Bei zeitigem Aufbruch kann man ohne nennenswerte Schwierigkeiten mit einem etwa $2^1/_2$-stündigen Abstecher die Speckkarspitze ersteigen.

Oben auf dem Lafatscherjoch stellt sich die Frage: Soll man gleich durch das liebliche Isstal gemächlich absteigen oder zuerst auf dem aussichtsreichen Höhenweg zur Bettelwurfhütte hinüberschlendern, um dann den steilen Serpentinenpfad ins Halltal zu benützen. In diesem Fall liegt die AV-Hütte als Einkehr am Weg, im ersteren das Gasthaus St. Magdalena. Das Salzbergwerk bei den Herrenhäusern ist seit einigen Jahren stillgelegt. Beim Abstieg im Halltal sollte man die geteerte Mautstraße meiden! Der westlich von ihr und teilweise entlang der alten, hölzernen Soleleitung verlaufende Knappensteig ist angenehmer zu begehen. Aus der Bergkapelle oberhalb des Maximiliansbrünnl bieten sich erneut zwei Wandermöglichkeiten an. Die eine führt über Hall (Übernachtung), benutzt die Sessellifte zur Tulfeinalm und führt weiter zum Glugezer und über das Navisjöchl zur

Lizumer Hütte; die andere über St. Martin im Gnadenwald, Wattens (Übernachtung) und weiter durch das Tal des Wattenbaches ebenfalls hinauf zur Lizum. Beide Routen bieten Sehenswürdigkeiten und landschaftliche Schönheiten. Die Kirche von St. Martin zeigt reichen Stuck mit Fresken, welche Begebenheiten aus dem Leben des Heiligen darstellen. Unten in Wattens lädt die 1958 von den Architekten Ch. und K. Pfeiffer aus Innsbruck erbaute Pfarrkirche Maria Himmelfahrt zum Verweilen ein. Sie ist von der Anlage her, und auch was die künstlerischen Details betrifft, sehenswert. Weitere Sehenswürdigkeiten: Andrè Hellers »Kristallwelten«, ein Industriemuseum sowie Freilicht- und Vorgeschichtsmuseum. Das liebenswerte und traditionsreiche Städtchen Hall wird mit Recht das kleine tirolerische Nürnberg genannt. Sowohl Wattens wie auch Hall können mit modernen Schwimmbädern aufwarten. Auf der Routenskizze ist schließlich noch eine Strecke über die Lamsenjochhütte und Schwaz eingezeichnet. Für Pfadfinder nur soviel in Stichworten: Abzweigung von der Hauptroute bereits am 4. Wandertag im Schronbachtal nach Fall am Sylvensteinsee, weiter durch das Bächental zum Großen Ahornboden; von Schwaz aus weiter übers Kellerjoch–Rastkogelhütte–Lanersbach zum Spanaglhaus.

Nach 7 Wandertagen kann man im Inntal günstig einen Ruhetag einlegen. Der Ausgangsort München ist von hier aus mit direkten Zügen oder mit einer Omnibuslinie leicht erreichbar.

Touristische Angaben: 7. Wandertag, Variante nach Hall: ca. 14 km, 317 Hm Aufstieg, 1511 Hm Abstieg. Variante Wattens: ca. 18 km, 408 Hm Aufstieg, 1609 Hm Abstieg; leichte Bergwanderung, Einkehrmöglichkeiten.

Führer und Karten: siehe 5. Tag.

Literatur: *K. Paulin, Tiroler Köpfe, Wangner'sche Universitätsbuchhandlung Innsbruck; *Mira Lobe, Der Speckbacher Bub; *Wagner, Hall in Tirol, beide Tyrolia Verlag Innsbruck.

Hinweise zur Wanderskizze des 7. Tages:

1 Großer Bettelwurf: Die höchste Erhebung in der

Gleiersch-Halltal-Kette. »Bettel« bedeutet hier: »Schlechtes Heu«! In der Mundart aber auch Teufel; er soll einer Sage nach diesen Felsen einem Bergknappen nachgeworfen haben.

2 Bettelwurfhütte: 2077 m, Sektion Innsbruck, Hüttenwirt: Maria Jörg, A-6555 Kappl HNr. 50, Tel. 0 54 45/63 92, Hüttentel. 0 52 23/5 33 53; geöffnet ca. vom 15. 6. bis 30. 9., 52 Übernachtungsgelegenheiten, Materialseilbahn in das Halltal oberhalb des Bettelwurfbrünnls. Aufstieg von Hall: 4 Std.

3 Halltal-Salzvorkommen: 1500 m, ca. 10 km von Hall entfernt, bei den Herrenhäusern. Sie wurden verstärkt seit dem 13. Jahrh. abgebaut. 1272 wurde der Salzberg auf Veranlassung des Landesfürsten Meinrad II. von Görz und Tirol aufgeschlossen. Die Gewinnung von Salz ist seit einigen Jahren eingestellt.

Herrenhaus, Wirtschaft, Schutzhütte und Salzbergmuseum, A-6067 Absam in Tirol, Halltal, Tel.: 0 52 23/4 25 17

200 Höhenmeter tiefer:

St. Magdalena, Wirtschaft und Schutzhütte, A-6067 Absam, Halltal 23, Tel.: 06 63/85 58 66, geöffnet: Juli–Okt. täglich, Mai–Juni Mittwoch–Sonntag

4 Gnadenwald: ca. 900 m hoch gelegene Gemeinde auf der Inntalhochterrasse, 350 Einwohner, Sankt-Martins-Kapelle, bereits im 11. Jahrh. Jagdhaus, 1500–1522 Augustiner-Frauenkloster.

5 Speckbacher Hof: Ausflugsgaststätte mit schattigem Wirtsgarten. Name zur Erinnerung an den Tiroler Freiheitshelden Josef Speckbacher (1767–1820). Tel.: 0 52 23/5 25 11, 5 24 36, Telefax 0 52 23/5 25 11-25, 50 Betten.

6 Fritzens/Wattens: 592 und 567 m, ca. 6200 Einwohner und 400 Fremdenbetten; modernes Freischwimmbad mit gestaffeltem Becken; Werke zur Herstellung von künstlichem Schmuck und Edelsteinen aus Quarzsand; der Raum von Wattens ist seit der späten Bronzezeit besiedelt; erstmals erwähnt um 930 als Vattanes. Sehenswert: Andrè Hellers »Kristallwelten«, ein Industriemuseum sowie ein Freilicht- und Vorgeschichtsmuseum.

7 Absam: 632 m, seit dem 10. Jahrh. urkundlich bekannt, größter Wallfahrtsort Nordtirols ab 1797, in der ursprünglich gotischen Kirche befindet sich ein Bild vom Salzberg; Inneres im Rokokostil umgeformt.

8 Hall in Tirol: 562 m, 15 000 Einwohner, sehenswert: Pfarrkirche, Stiftskirche, Rathaus, Burg Hasegg aus dem 13. Jahrh., mit Münzerturm und Münzertor, Bergbaumuseum. Mittelalterliches Stadtbild teilweise gut erhalten.

9 Lamsenjochhütte: 1958 m, erbaut 1908, Sekt. Oberland; geöffnet Mitte Juni bis Anfang Okt., ca. 100 Übernachtungsmöglichkeiten und 40 Notlager. Hüttenwirt: Walter Bliem, Tel.: 0 52 83/2 90 90

10 Schwaz: 539 m, ca. 10 500Einwohner, Bezirks-Hauptstadt; Besiedelung reicht in vorgeschichtliche Zeit zurück, 930 erstmals erwähnt; alte Bergwerkstadt, hohe Blüte im 15./16. Jahrh. mit Kupfer-, Silber- und Quecksilber-Gewinnung, um 1560 lebten hier vom Bergbau bis zu 30 000 Menschen. Ehrentitel »Aller Bergwerke Mutter«.

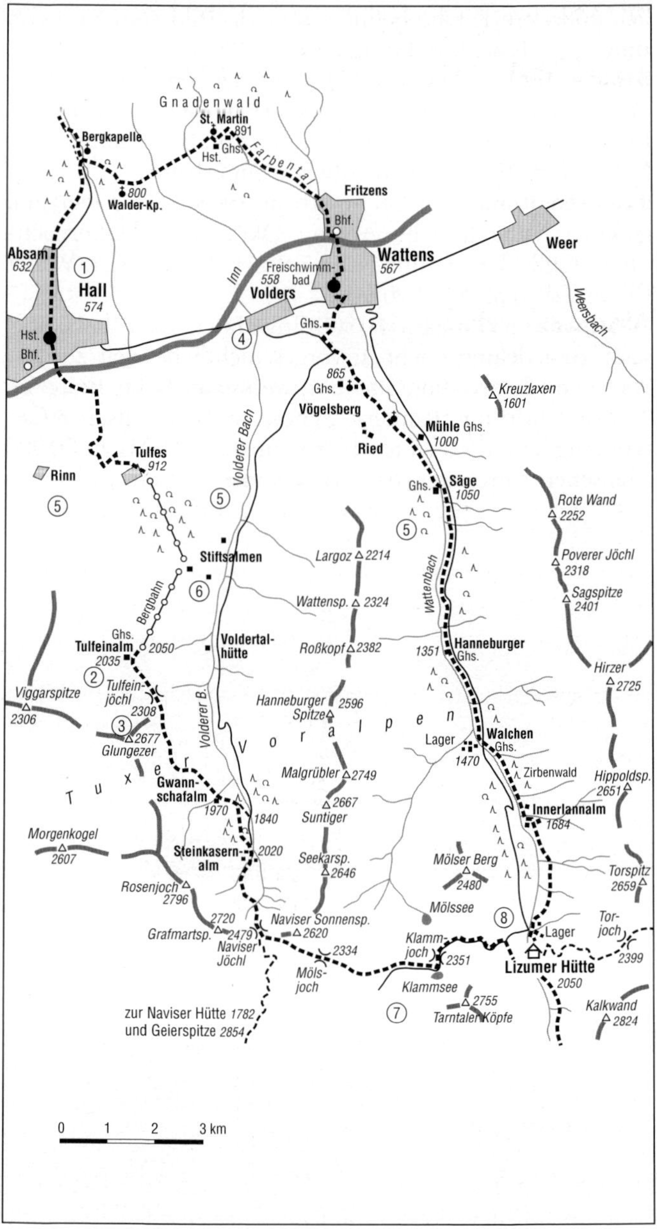
Gnadenwald
St. Martin
891
Ghs.
Hst.
Bergkapelle
800
Walder-Kp.
Farbental
Fritzens
Bhf.
Wattens
567
Weer
Weersbach
Absam
632
Hall
574
Hst.
Bhf.
Inn
Freischwimm-bad
558
Volders
Ghs.
865
Ghs.
Vögelsberg
Ried
Kreuzlaxen
1601
Mühle Ghs.
1000
Tulfes
912
Rinn
Volderer Bach
Säge
1050
Ghs.
Rote Wand
2252
Stiftsalmen
Largoz 2214
Wattenbach
Poverer Jöchl
2318
Sagspitze
2401
Bergbahn
Wattensp. 2324
Ghs.
Tulfeinalm
2035
2050
Voldertal-hütte
Roßkopf 2382
1351
Hanneburger
Ghs.
Hirzer
2725
Tulfein-jöchl
2308
Viggarspitze
2306
Hanneburger Spitze
2596
Glungezer
2677
Volderer B.
Tuxer Voralpen
Lager
1470
Walchen
Ghs.
Zirbenwald
Hippoldsp.
2651
Gwann-schafalm
1970
1840
Malgrübler 2749
2667
Suntiger
Innerlannalm
1684
Morgenkogel
2607
Steinkasern-alm
2020
Seekarsp.
2646
Mölser Berg
2480
Torspitz
2659
Rosenjoch
2796
Mölssee
2720
Grafmartsp.
2479
Naviser Jöchl
Naviser Sonnensp.
2620
2334
Möls-joch
Klamm-joch
2351
Klammsee
Lager
Tor-joch
2399
Lizumer Hütte
2050
2755
Tarntaler Köpfe
Kalkwand
2824
zur Naviser Hütte 1782
und Geierspitze 2854
0 1 2 3 km

8. Wandertag: Wattens (oder Hall) – Lizum

Vom Zirbelweg in die Lizum

Wer Lizum hört, denkt unwillkürlich an die Innsbrucker Winterolympiade und damit an die Axamer Lizum. In unserem Falle aber handelt es sich um die Wattener Lizum. Die »Olympische« liegt südwestlich, die »militärische« (Truppenübungsplatz) südöstlich von Innsbruck. Beide sind herrliche Skiegebiete. Beim Besuch der Wattener Lizum beachte man die Hinweis- und Warntafeln und bleibe auf den markierten Routen.

Touristische Angaben: 8. Tag, Variante Hall: 17 km (ohne Bus- u. Bergbahnstrecke), ca. 920 Hm Aufstieg, ca. 870 Hm Abstieg, keine Einkehr. Variante Wattens: ca. 16 km (einschl. Fahrstraße), ca. 1486 Hm Aufstieg. Mehrere Einkehren, problemlose Wanderung.

Führer und Karten: Kompass-Wanderkarte 1:50 000, Blatt 36 Innsbruck/Brenner; W. Klier, Führer »Tuxer Voralpen« mit W. Karte 1:50 000, Bergverlag Rother, Ottobrunn.

Literatur: *W. Tranquillini, Vom Existenzkampf des Baumes im Hochgebirge, Jahrbuch des Vereins z. Schutz der Alpenpflanzen und Tiere, Jahrg. 1956; *Die Welt der Alpen, Pinguin Verlag, Innsbruck.

Am 8. Wandertag wechseln wir vom tiefen Inntal, das unter 600 Meter liegt, in die hochgelegene Kampfregion der Bäume und überschreiten erstmals für längere Zeit die Höhenlinie 2000 Meter, die Traumgrenze des alpinen Wanderns. Bei beiden Varianten kann man sich den Aufstieg erleichtern. Von Wattens aus mit dem Hüttenjeep oder einem Taxi (empfehlenswert bis Walchen, 1410 m) und von Hall aus mit dem Postauto nach Tulfes (922 m) mit Anschluss an die zwei Sektionen der Sessellifte in Richtung Glungezer. In luftigen Höhen schweben wir bis 2100 Meter hinauf. Nach der Jausenstation Tulfeinalm (2035 m) verlassen wir den vielbegangenen Zirbelweg und streben dem 2308 Meter hohen Tulfeinjöchl zu. Der Gipfel des Glungezers bleibt westlich liegen. Ein luftiges Steiglein hoch überm Voldertal leitet uns vorbei an der entlegenen und wasserumtosten Gwannschafalm zu den Steinkaseralmen im Talschluss. Diese unschwierige Route über das Naviserjöchl (2479 m) und das Klammjoch (2351 m) in die Lizum wird wenig begangen. Ist man zeitig dran und gut zu Fuß, lässt sich die fast am Weg liegende Naviser Sonnenspitze (2620 m) ohne Schwierigkeiten besteigen. Bemerkenswert ist, dass der Haller Stiftsarzt Guarinoni bei seiner Bergpartie im Jahre 1609 wahrscheinlich die Sonnenspitze bereits bestieg. Im Mölser See stellte er das Vorkommen von Saiblingen fest. Der Rückweg nach Hall führte ihn durch das Wattental und über den Vögelsberg.

Bei der Wanderung durch das Wattental, der zweiten Variante, fallen die gut instand gehaltenen Wegmarterln und die alten Tiroler Bauernhöfe auf. Ab Walchen sollte man das Fahrsträßchen unbedingt verlassen. Der ausgewiesene Lizumer Zirbelweg vorbei an der Innerlannalm ist ein landschaftliches Schmankerl. Dieser Weg war ursprünglich der einzige durch das Wattental in die Lizum und ist mit der Errichtung der Fahrstraße auf der gegenüberliegenden Talseite völlig in Vergessenheit geraten. Er überwindet 500 Höhenmeter und führt durch alte Zirbelbestände in etwa zwei Stunden zum Tagesziel, an die Lizumer Hütte.

Hinweise zur Wanderskizze des 8. Tages:

1 Hall in Tirol: Schon im 8. Jahrh. Salzbergbau, Name ab 1260 üblich, 1303 Stadtrechte, 1406 Schenkung des »Königshauses« (Andechsische Burg) von Erzherzog Leopold IV. als Rathaus an die Stadt; unter dem Erzherzog, »dem Münzreichen«, Verlegung der Münzstätte von Meran nach Hall; Innschiffahrt bis ins 19. Jahrh.; 1967 Schließung des Salzbergwerkes.

2 Zirbelweg: Leicht zu begehender Hochgebirgslehrpfad durch einen der größten Zirbelbestände der Ostalpen. Er führt von der Gipfelstation der Glungezerbahn westwärts zum Patscherkofelhaus in einer Höhe von etwa 2000 in. Dort Seilbahn nach Igls, mit Lokalbahnanschluss nach Innsbruck.
3 Glungezer: 2677 m, Skiberg oberhalb Hall, 18 km lange Abfahrt mit einer Höhendifferenz von ca. 2100 m; Glungezerhütte, 2640 m, knapp unterhalb des Gipfels, AV-Sektion Hall, geöffnet vom 15. 6. bis Ende Oktober und 25. 12. bis Mitte April, vier Betten, 30 Lager, Telefon 0 52 23/5 22 21.
4 Volders: 557 m, ca. 1450 Einwohner, oberhalb des Ortes Schloss Friedberg, früher Burg der Grafen von Andechs, schöne Burgkapelle mit interessanten Fresken; an der Volderer Brücke Servittenkirche, erbaut 1620 von Dr. Guarinoni, originelle Kirchenanlage.
5 Josef Speckbacher: Beheimatet auf dem Schmiderer Hof bei Rinn; seine Verstecke als vogelfreier Flüchtling von November 1809 bis März 1810: Voldertal, Tulfer Berg und Alpe Sennach am Vögelsberg.
6 Dr. Hippolyt Guarinoni: Stiftsarzt und Botaniker aus Hall, übernachtete im Jahr 1609 auf der Stiftsalpe oberhalb von Vorderwildbach und unternahm von da aus eine große Bergtour, wahrscheinlich auf die Sonnenspitze.
7 Tarntaler Berge: Höchste Erhebungen in den Tuxer Voralpen (Lizumer Reckner, 2884 m); im Gegensatz zur Schiefer- und Grauwackenzone der übrigen Tuxer Voralpen bestehen sie aus hellen Kalken und dunklen Serpentinen. Komplizierter, geologischer Aufbau, reich an Mineralien.
8 Lizum: Truppenübungsplatz seit 1934, mit wenigen zeitlichen Ausnahmen auf den markierten Routen frei begehbar; **Lizumer Hütte:** 2050 m, AV-Sektion Hall, Telefon: 0 52 24/5 21 11, Mitte Juni bis Ende Okt. geöffnet, 15 Betten, 80 Lager.

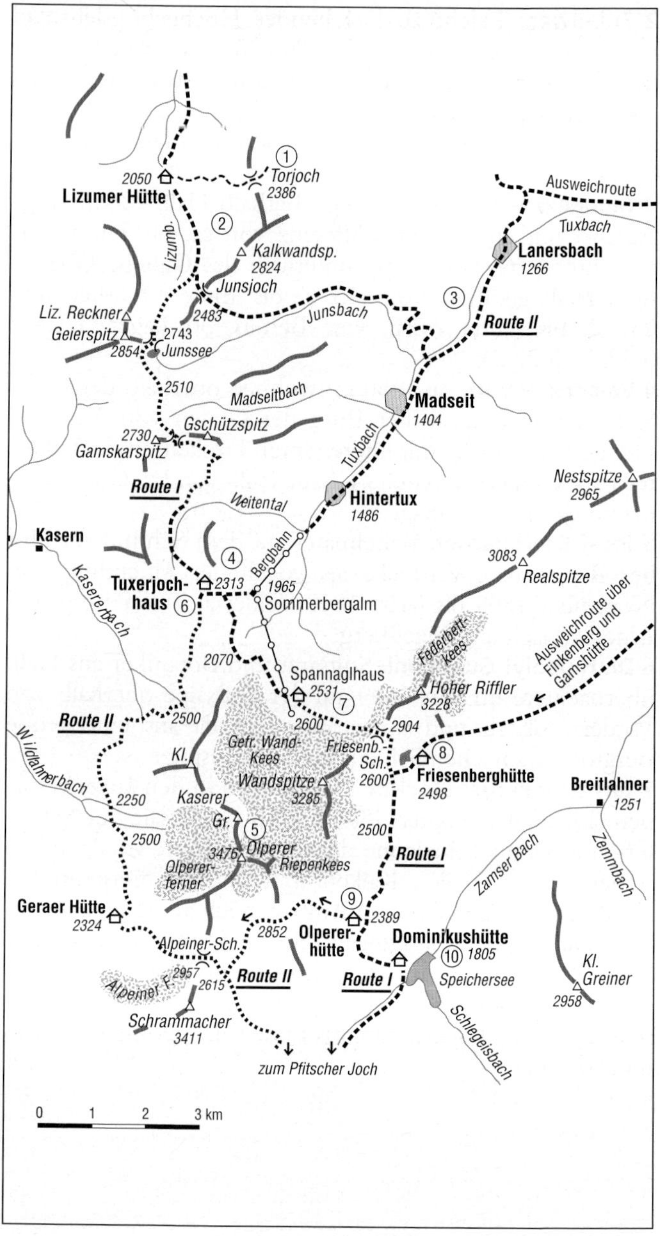
Lizumer Hütte
2050
Torjoch
2386
Ausweichroute
Tuxbach
Lanersbach
1266
Lizumb.
Kalkwandsp.
2824
Junsjoch
2483
Liz. Reckner
Geierspitz
2854
2743
Junssee
Junsbach
Route II
2510
Madseitbach
Madseit
1404
Gschützspitz
2730
Gamskarspitz
Tuxbach
Route I
Hintertux
1486
Nestspitze
2965
Weitental
Kasern
Bergbahn
3083
Realspitze
Kasererbach
Tuxerjoch-
haus
2313
1965
Sommerbergalm
Ausweichroute über Finkenberg und Gamshütte
Federbett-
kees
2070
Spannaglhaus
2531
Hoher Riffler
3228
Route II
2500
2600
2904
Gefr. Wand-
Kees
Friesenb.-
Sch.
2600
Friesenberghütte
2498
Kl.
Wandspitze
3285
Breitlahner
1251
Wildlahnerbach
2250
Kaserer
Gr.
2500
3476
Olperer
2500
Route I
Zamser Bach
Zemmbach
Olperer-
ferner
Riepenkees
Geraer Hütte
2324
2852
Olperer-
hütte
2389
Dominikushütte
1805
Alpeiner-Sch.
Kl.
Greiner
2957
Alpeiner F.
2615
Route II
Route I
Speichersee
2958
Schrammacher
3411
Schlegeisbach
zum Pfitscher Joch
0
1
2
3 km

9. und 10. Wandertag: Lizum – Tuxerjoch – Dominikushütte

Über Himmelssteige und Gletschereis

Als ich nach Krieg und Gefangenschaft zum erstenmal wieder von der Lizum zum Tuxerjoch hinüberging, sagte der Hüttenwirt vor dem Aufbruch zu mir: »Wenn Du drüben angekommen bist, dann telefonier' zurück!« Da die Route teilweise schlecht auffindbar ist und man sich leicht in den Schrofen oberhalb des Weitentales versteigen kann, wollte er meine Ankunft wissen. Diese 9. Tagesetappe erfordert nach dem Pluderlingsattel und nach dem Gschützspitzsattel Trittsicherheit und Schwindelfreiheit. Die dreimaligen Aufstiege kosten dazu manchen Schweißtropfen. Der Tag beginnt mit der Bewältigung von fast 700 Höhenmetern. Gleich in der Nähe der Hütte zweigt ostwärts die Ausweichroute über das Torjoch (2386 m) mit Anschluss über Juns–Hintertux zur Sommerbergalm ab. 2 Kilometer später weist ein Schild ebenfalls nach links zum Junsjoch (2483 m). Bei ganz sicheren Verhältnissen lassen wir uns aber

Touristische Angaben: 9. Tag: Lizum-Tuxerjoch, ca. 10,5 km, ca. 1143 Hm Aufstieg, ca. 880 Hm Abstieg (ohne Gipfelbesteigung), teilweise ausgesetzte Bergtour, keine Einkehr. – 10. Tag: Tuxerjoch-Dominikushütte, ca. 12 km, ca. 834 Hm Aufstieg, ca. 1342 Hm Abstieg, teilweise ausgesetzt, mehrere Einkehren.

Führer und Karten: H. Klier, AV-Führer »Zillertaler Alpen«, Bergverlag Rother, Ottobrunn; Kompass-Wanderkarten 1:50 000,Blatt 36 u. 37 (Inntal–Brenner und Zillert. Alpen); AV-Karte 1:25 000, Westl. Zillertaler

Literatur: Ritschel/Heller, Zillertaler Alpen, Bergverlag Rother, Ottobrunn

vom Weg zum Pluderlingsattel (ca. 2700 m!) nicht abhalten. Dieser ist wohl risikoreicher und mühevoller, aber auch erlebnisreicher. Der Ausblick von dem Sattel auf den nahen Tuxer Hauptkamm, die Hohen Tauern, auf die Ötztaler Gletscherberge und zurück zu den hellen Kalkwänden des Karwendels ist überwältigend. Wer noch höher hinaus will, kann in wenigen Minuten der leicht ersteigbaren Geierspitze, 2854 Meter, einen Besuch abstatten. Der Pfad auf dem schiefrigen Gestein hinunter zu den Toten Böden ist schmal und der Hang in Richtung Junssee sehr steil. Die kargen und teils feuchten Matten geben für die Almwirtschaft nichts her, für den Botaniker hingegen sind sie eine Fundgrube seltener Polsterpflanzen. Fern menschlicher Betriebsamkeit verträumt der Junssee am Fuß der Pluderlinge die Zeit. Hinüber zum Silberkarl halte man sich immer an die rechten Berghänge. Das Nahziel ist der Gschützspitzsattel, die tiefste Einsenkung am gegenüberliegenden Bergkamm. Nach dem zweiten steilen Aufstieg sehen wir erstmals das Tuxerjochhaus, unser heutiges Tagesziel. Es liegt 350 Meter unter uns am Ende des ansteigenden Weitentales. Vom Gschützspitzsattel hinunter in das Weitental führt seit einigen Jahren ein neuer sicherer Abstieg zu den Wiesenhängen unter der Gschützspitze, also in Richtung Osten und Südosten (das alte Steiglein querte in Richtung Südwesten den steilen Grashang unter der Gamskarspitze). Beim Abstieg gähnt rechts die Tiefe des Mitterkars. Die neue Wanderroute trifft dann unten im Weitental in der Nähe des Goaßabrünnl wieder mit dem alten Weg zusammen. Nach dem bisher Geleisteten sind die restlichen 300 Hm auf dem bequemen Weg zum Tuxerjochhaus ein friedlicher Ausklang.

Meist ist am selben Tag noch Zeit, bis zum Spannaglhaus weiterzugehen, doch ist die Lage des Tuxerjoches gegenüber den eisgepanzerten Bergmajestäten Olperer, Gefrorene Wand und Hoher Riffler so beeindruckend schön, dass es einer Sünde gleichkäme, hier keinen geruhsamen Bergabend zu verbringen. Anders ist es bei verhangener Sicht oder wenn am nächsten Tag die Überschreitung des Olperers auf dem Programm steht. Dies bleibt allerdings erfahrenen und geübten Alpinisten vorbehalten. Der Nordgrat und der Südostgrat weisen bei guten Verhältnissen Schwierigkeiten (nach der UIAA-Skala) bis zu II auf. Schnee und Vereisung können zusätzliche Probleme bringen. Wir wollen auf dem Tuxerjoch in den Abend hineinträumen und bei einem Bummel auf das »Hüttenbergl«, dem Reißköpfl, schauen, wie 800 Meter tiefer im Tuxertal die ersten Lichter aufleuchten.

Am nächsten Tag bietet sich als Aufstiegshilfe der Sessellift bei der Sommerbergalm an. Von der Unterkunft am Tuxerjoch ist er nur 20 Abstiegsminuten entfernt. Steht man aber früh auf, was auf Berghütten sinnvoll und üblich ist, kann man bis zum Betriebsbeginn der Bergbahn im Spannaglhaus bereits die erste Brotzeit machen. Das gemächliche Hinwandern zum Gefrorenen-Wand-Kees, der Gang über die eben erst dem Gletscher entsprungenen Bäche und das Emporsteigen auf der mächtigen Seitenmoräne im Angesicht der Eisbrüche ist nicht nur naturnäher, sondern auch gesünder. Die imposanten Wände der Lärmstange und des Kaserers begrenzen im Westen das Gletscherbecken. Am Weiterweg zur Friesenbergscharte ist nach anhaltendem Tauwetter eine leichte Dusche durch den angeschwollenen Kleinen Kunerbach nicht auszuschließen. Das Balancieren über die großen Gneisblöcke wird zu einer lustigen Trimm-dich-Übung. Mit den steilen Serpentinen wird der Schritt von selbst wieder langsamer. Behutsam stapfen wir über den im Spätsommer ungewohnten Firnschnee des östlichen Gefrorenen-Wand-Keeses. Ist das Eis ausgeapert, wird das Steigen zu einem vorsichtigen Hinauftasten. Viel kann dabei jedoch nicht passieren, da diese Strecke weder lang noch besonders steil ist.

Und wieder öffnet sich am Scheitelpunkt der Scharte ein neuer, entzückender Ausblick. Wie ein Auge in der Landschaft schaut der Friesenbergsee neben der kleinen Berghütte herauf. Dahinter erstrecken sich zu beiden Seiten des Greinerkammes die tiefen Furchen des Zemmgrundes und Schlegeisgrundes. Der Schartenabstieg ist mit Eisenklammern und Seilen gesichert. Nach aufregenden Minuten für bergungewohnte Wanderer herrscht auf dem anschließenden Berliner Höhenweg zur Olpererhütte wieder eitel Freude. Ein Landschaftsgärtner hätte die klobigen Steine und rustikalen Platten nicht schöner legen können. Dass aber selbst hier für unbeholfene Wanderer mit Flachlandschuhwerk Gefahren lauern, erlebte ich vor mehreren Jahren: Während der Rast hörte ich einen gellenden Schrei und sah gerade noch, wie ein Mensch mit dem Kopf voraus über ein Schneefeld in Richtung Geröll hinunterrutschte. Platzwunden und vermutlich eine Gehirnerschütterung waren die Folgen.

Wie Kulissen bauen sich die Gipfelreihen nacheinander auf und bergen dazwischen die Zillertaler Gründe. Wie schnell sich unsere Umwelt in den letzten Jahrzehnten gewandelt hat, beweist die Tatsache, dass noch im Jahr 1881 das österreichische Militär ausgeschickt wurde, um in diesen Tälern Bären zu jagen. Mit dem Bau des Schlegeisspeichers, dessen Wasserfläche wie ein norwegischer Fjord zu uns heraufleuchtet, wurde die urprüngliche, hochalpine Berglandschaft am Zusammenfluss von Schlegeisbach, Zamserbach und Riepenbach einschneidend verändert. Nach 6jähriger Bauzeit wurde er 1972 fertiggestellt. Mit einem Nutzinhalt von 127,7 Mill. cbm Wasser sorgt er für den Jahresausgleich des Wasserhaushaltes. Jenseits des Stausees erkennen wir den breiten Großen Möseler, er ist der zweithöchste Gipfel in den Zillertaler Alpen. Beim Abstieg zum Schlegeisgrund schießt neben uns der Riepenbach auf glattem Fels zu Tal, und die zerzausten Wetterzirbeln begrüßen uns wieder. Am Rand des Bergwaldes oberhalb von Staumauer und See steht die neue Dominikushütte, unser Übernachtungsdomizil; die alte musste den Fluten weichen.

Hinweis zur Wanderskizze des 9. und 10. Tages

1 Torjoch: 2386 m, leichter Übergang nach Lanersbach im Tuxertal; als Ausweichroute empfehlenswert bei schlechtem Wetter; Weiterweg entlang des Tuxbaches zum Spannaglhaus oder über Finkenberg, Gamshütte (1916 m) zur Friesenberghütte (2498 m), Berliner Höhenweg.

2 Skigebiet Lizum: Infolge Schneereichtums und günstiger Geländeform bestens für Frühjahrsskitouren geeignet; Geierlauf: hochalpiner Staffellauf bergauf und bergab, der in Abfahrt und Langlauf große Anstrengungen erfordert, findet alle zwei Jahre im Mai statt.

3 Tuxer Tal: ca. 18 km langes Hochtal südwestlich von Mayrhofen, von Finkenberg (839 m) nach Hintertux (1468 m); Hauptort Lanersbach (1290 m); Hintertux besitzt ein Freibad, das mit 22,5°C warmem, radioaktivem Quellwasser gespeist wird.

4 Tuxer Joch: 2364 m, siedlungsgeschichtlich bedeutsamer Übergang vom Tuxertal in das Schmirntal (ein Seitental des Wipptales); früher wurden die Toten von Hintertux über das Tuxerjoch zur Bestattung nach Mauern gebracht (daher die »Tuxer Kreuzln«).

5 Olperer: 3476 m, höchster Berg des Tuxer Hauptkammes und dritthöchster der Zillertaler Alpen, erstmals erstiegen 1865 von Paul Grohmann mit Steinklauber Josele; die schwierigsten Stellen am Gipfelgrat entschärfte die AV-Sektion Prag.

Berghütten:

6 Tuxerjochhaus: 2313 m, österr. Touristenklub, geöffnet Ostern, 1. 7.–30. 9., 16 Betten, 26 Lager, mit Lift erreichbar. Tel.: 0 52 87/8 75 96.

7 Spannaglhaus: 2528 m, österr. Touristenklub, geöffnet Ostern, 15. 7.–30. 9. und Spätwinter, 26 Betten, 22 Lager, mit Bergbahn erreichbar, Tel. 0 52 87/8 77 07. An der Hütte Eingang zu einer großen Höhle.

8 Friesenberghütte: 2498 m, AV-Sektion Berlin, erbaut 1928–30, geöffnet Ende Juni bis Mitte Sept., 14 Betten, 21 Lager. Tel. 06 63/6 61 33 (Hütte), 0 64 15/50 31 (Tal).

9 Olpererhütte: 2385 m, erb. 1881, Umbau 1931, AV-Sektion Berlin, geöffnet Ende Juni bis Mitte Sept., 18 Betten, 10 Lager. Funktelefon: 06 64/3 70 67 09.

10 Dominikushütte: 1805 m, erb. 1972, Privathütte, Besitzer Franz Eder, Telefon 0 52 86/2 16 oder 2 60, geöffnet von Mai bis Okt., 16 Betten, 9 Matratzenlager, mit Auto erreichbar.

Gamshütte: 1916 m, AV-Sektion Berlin, oberhalb Finkenberg am Beginn des Berliner Höhenweges gelegen. Telefon 0 52 86/2 91.

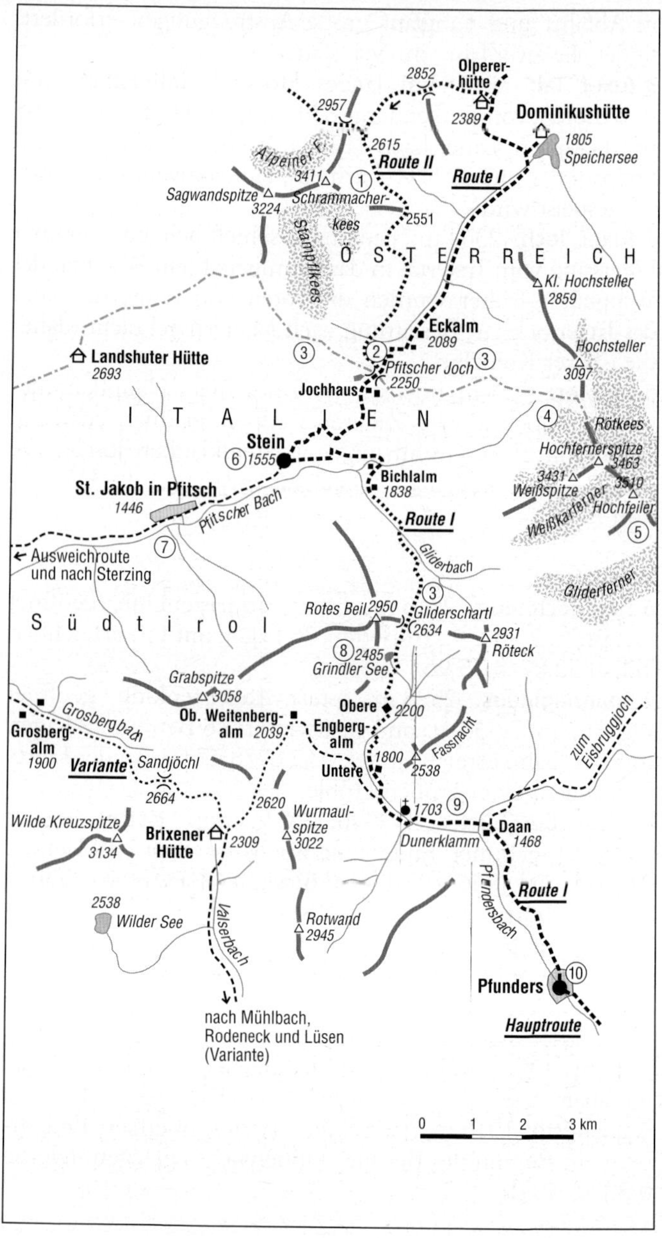

Olperer-hütte
2852
2957
2389
Dominikushütte
1805
Speichersee
2615
Route II
Route I
Alpeiner F.
3411
Sagwandspitze
3224
Schrammacher-kees
2551
Stampflkees
Ö S T E R R E I C H
Kl. Hochsteller
2859
Eckalm
2089
Hochsteller
3097
Landshuter Hütte
2693
Pfitscher Joch
2250
Jochhaus
I T A L I E N
Rötkees
Stein
1555
Hochfernerspitze
3463
Bichlalm
1838
3431
Weißspitze
3510
Hochfeiler
Weißkarferner
St. Jakob in Pfitsch
1446
Pfitscher Bach
Route I
Gliderbach
Ausweichroute und nach Sterzing
Gliderferner
S ü d t i r o l
Rotes Beil
2950
Gliderschartl
2634
2931
Röteck
2485
Grindler See
Grabspitze
3058
Obere
2200
Grosbergbach
Grosberg-alm
1900
Ob. Weitenberg-alm
2039
Engberg-alm
Fassnacht
Variante
Sandjöchl
1800
Untere
2538
zum Eisbruggjoch
2664
2620
Wurmaul-spitze
3022
1703
Wilde Kreuzspitze
3134
Brixener Hütte
2309
Dunerklamm
Daan
1468
Pfundersbach
Route I
2538
Wilder See
Valserbach
Rotwand
2945
Pfunders
Hauptroute
nach Mühlbach, Rodeneck und Lüsen (Variante)
0 1 2 3 km

11. und 12. Wandertag: Schlegeisgrund – Stein – Pfunders

Auf Schmugglerpfaden und Edelsteinsuche

Der elfte Wandertag verursacht keine großen Anstrengungen. Wir können Kräfte sparen für die uns am nächsten Tag erwartende mühevolle Überschreitung des entlegenen Gliederschartels. Nichtsdestoweniger wandern wir heute über die Scheitellinie der Alpen und kommen damit nach Italien. Nach dem Ersten Weltkrieg war festgelegt worden, die neue Grenze so zu ziehen, wie »die Kugel rollt und das Wasser fließt«. Tirol, das Land in den Bergen, hatten die Politiker damit auseinandergerissen. Die Landshuter Hütte, 6 1/2 Kilometer östl. des Pfitscherjoches gelegen, wurde mit dieser Regelung in einen österreichischen und in einen italienischen Bereich aufgeteilt.

Touristische Hinweise: 11. Tag: Dominikushütte–Stein, 13,5 km, 470 Hm Aufstieg, 700 Hm Abstieg, Einkehrmöglichkeiten. 12. Tag: Stein–Pfunders, 16 km, 1109 Hm Aufstieg, 1509 Hm Abstieg, keine Einkehrmöglichkeiten.

Führer und Karten: Wie unter 9./10. Tag, dazu Kompass-Wanderkarten Nr. 44 Sterzing/Vipiteno und Nr. 82 Tauferer Ahrntal; italienische Karte TABACCO, Blatt Nr. 9, 1:50 000.

Literatur: Fritz Peterka, Donautal–Alpenhauptkamm–Rheintal, hochalpiner Zentralalpenweg 02, 1993, Verlag Styria; und vom selben Autor: Zentralalpenweg 02, Verlag A. Schroll, 1987 (Führer und Bildband). J. Rampold, Eisacktal; H. Menara u. *J. Rampold, Südtiroler Bergseen, beide Athesia Verlag Bozen.

Heute wandern wir auf Adolf Kolpings Spuren (6. 9. 1841). Von der Olpererhütte bis zum Zamsgatterl verläuft der Traumpfad München–

Venedig auf dem Königsweg der österreichischen Weitwanderwege (02, Zentralalpenweg). Dieser beginnt in Hainburg an der Donau, überwindet in 65 Tagesetappen 18 Gebirgsgruppen und endet nahe der schweizerisch-lichtensteinischen Grenze in Feldkirch in Vorarlberg. Die Variante 02 A haben wir bereits in der Wattener Lizum gekreuzt.

Bevor der Ausflugsrummel auf dem Parkplatz und vor dem Kiosk am See einsetzt, verlässt man am besten den Schlegeisgrund. Die Kapelle am Wegrand erinnert an die 21 beim Bau der Zemmkraftwerke verunglückten Menschen. Der leicht begehbare Weg bleibt immer an der Ostseite des Zamserbaches. In der Gegend »Große Gnade« lichtet sich der Wald und bleibt schließlich ganz zurück. Malerische Einzelbäume und große Urgesteinsblöcke beherrschen nun den Vordergrund. Das Blickfeld wird größer und erfasst klare, weitgerundete Bergkonturen. Ruhiger und zeitloser als die gezackten, hellen Felswände des Karwendels wirkt diese Urgesteinslandschaft. Sie erinnert an die Bergwelt Skandinaviens.

Allerspätestens hier, vielleicht aber auch schon an der Seitenmoräne unterhalb des Spannaglhauses oder am Berliner Höhenweg sehen wir die drolligen Murmeltiere. Neugierig spitzen sie hinter Felsblöcken hervor. In ihrer Tarnfarbe sind sie gar nicht so leicht zu erkennen. Ein schriller Pfiff warnt die Sippschaft und schon sind sie in den großen Höhlen verschwunden. Für den langen Winterschlaf werden die Lager mollig weich ausgepolstert, und ein ganzes Heufuder, mit Steinen vermengt, versperrt und isoliert den Zugang. Bevor es aber soweit ist, mähen sie mit ihren Zähnen das Gras, wenden es sorgfältig, um es als Heu einzubringen.

Im Talende, wo mäandernde Bäche den Almgrund beleben, öffnet sich der Gletschertrog des Stampfkees. Stolz erheben sich über dem Firnfeld die Sagwandspitze und der Schrammacher. Nach Schlauchkar und Geierscharte kann uns der Jochschinder nichts mehr anhaben. Stangen, Fahnen, Grenzsteine, Hinweistafeln und eine bescheidene Wachhütte markieren oben die Staatsgrenze. Von rechts her mündet der Steig von der Alpeiner Scharte. In der Gegend um das Pfitscher Joch trifft der Zentralgneis, aus dem die höchsten Zillertaler Gipfel bestehen, mit der Unteren und Oberen Schieferhülle zusammen. Für Mineraliensucher lagern hier besonders fündige geologische Formationen. Ludwig Fruth nennt in seinem Buch »Mineralfundstellen« von Tirol und Salzburg zu beiden Seiten des Pfitscher Joches zehn Fundorte, und Dalla Tore zählt für das ganze Pfitsch gar an die 60 Mineralien auf, darunter sind Steine von seltener Größe und Schönheit. Der lang hingestreckte, von einem eiszeitlichen Gletscher ausgehobelte Sattel birgt ein 1/2 Dutzend kleiner Seen. Nur die zwei größeren sind mit Namen bezeichnet. Westlich des Weges spiegelt sich im Langsee der Grawandkofel und östlich unseres Weges im Jochsee die Rotbachlspitze. Am Alpenhauptkamm stoßen des öfteren gegensätzliche Wetterlagen aufeinander. So hatte ich Mühe, mit einer größeren Wolfratshauser Wandergruppe im Sommer 1974 bei dichtem Nebel und Schneetreiben den richtigen Weg zum Joch hinauf zu finden. Wenige Minuten später auf der Südseite lachte die Sonne vom blauen Himmel, und beim Abstieg ernteten wir reife Heidelbeeren und sammelten die schönsten Steinpilze für ein ausgiebiges Abendessen.

Nach dem ersten Straßenbogen fällt der Blick auf die in das Oberbergtal hinabstürzenden Hängegletscher. Um dieses alpine Schaustück gut betrachten zu können, geht man am besten die große Straßenkehre nach Osten ganz aus. Unwillkürlich fällt einem auch die artenreiche Bergflora am Südhang und an der begleitenden Straßenböschung auf. Erstaunlich ist es, wie die Natur seit etwa 1930 – damals wurde die Militärstraße gebaut – den Hang in einen blühenden Steingarten verwandelte. Der etwa 10 Kilometer lange Talboden von Innerpfitsch liegt unter uns ausgebreitet. Bis um das Jahr 1100 soll ihn ein großer See ausgefüllt haben. Nach der Volksüberlieferung haben gewaltige Hangrutsche das Wasser ins Sterzinger Moos hinauspfitschen lassen. Die Ableitung des Talnamens davon ist allerdings umstritten. Vor der zweiten Straßenkehre treffen wir erneut auf den Fußsteig nach Stein. Vorbei am Arzbach, entlang eines Waldweges und über den eingeschnittenen Steiner Bach erreichen wir diese oberste Siedlung im Pfitschertal. Hier, oder auch schon oben am neu instand gesetzten Pfitscherjochhaus, nächtigt man am besten. Besitzer der Südtiroler Berghütte oben auf dem Joch ist der Knappenhofwirt von St. Jakob. Die Fahrstraße ist etwa ab Mitte Juni befahrbar.

Tags darauf gilt es nach dem Aufbruch den richtigen Abzweiger von der Fahrstraße hinauf zu den Bichler Almen zu finden. Der Weg setzt in der – sowohl von oben als auch von unten – dritten östlichen Kehre an, führt ca. 250 Meter in das Oberbergtal hinein, überquert den Bach und wendet sich rechts zu den Heustadeln hinauf. Links an den Hütten vorbei leitet die Markierung zur Wiener Hütte und damit zum Hochfeiler hinauf. Wir aber gehen knapp rechts an den Stadeln vorbei und auf einem schmalen Steiglein in das blumenreiche Unterbergtal. Ein Steg – sofern er nicht von Lawinen zerdrückt oder von reißenden Wassern hinweggespült wurde – hilft uns über den Bach. Im Anstieg über die felsdurchsetzten Grasschultern verlieren sich immer wieder die Markierungen und die Pfadspuren. Beim Queren der schiefrigen Hänge halte man sich immer schräg aufwärts in Richtung Scharte. Nach äußerst mühevollem Anstieg winkt endlich oben ein Steinmanndl. Erblickt man dann noch dazu die hier nicht seltenen Granate, sind alle Strapazen vergessen, und jeder hämmert lustig drauflos, um ein Souvenir mit nach Hause zu bringen.

Vom weltentrückten Gliderschartl schweift der Blick voraus bis zum Peitlerkofel und zu den Geislerspitzen. In einer Entfernung von nur 5 km Luftlinie erhebt sich der Firndom des Hochfeilers. Strömen gleich schickt er den Gliderferner und den Weißferner in die Tiefen des Unterbergtales. Wie Christine Scheumann in einem Zeitungsartikel schrieb, wurde 1956 in dieser Bilderbuchhaft unheimlichen und düsteren Landschaft Anzengrubers »Meineidbauer« verfilmt. Wir stehen hier auf einem der alten Schmugglerpfade, die, aus dem Pustertal kommend, hinüber zu den Grenzübergängen zwischen Pfitscher Joch und Rotbachl führten.

Beim Abstieg halte man sich von Anfang an nach links in die zum See abfallende steinige Mulde. Nach dem langen und steilen Aufstieg ist es dann eine Wohltat, über die weichen Matten fast eben zum Wasser hinzuschlendern.

Die Lage des Sees in dieser Urlandschaft ist sehr weltfern. Weg- und pfadlos springen wir von Stein zu Stein über einen Auslauf, der bald darauf in eine tiefe Schlucht hinunterstürzt. Vorsicht vor diesem Steilabfall! Der zweite, viel kleinere Bachlauf weist uns den Weg. Zwischen ihm und dem Abgrund geht's zuerst über Grasbuckel und anschließend rechter Hand mehrere hundert Meter lang neben dem dahinschießenden Rinnsaal her. Lose aufgeschichtete Steinmäuerchen und Kuhglockengeläut künden die Nähe der Oberen Engbergalm an. Neuerdings existiert ab dem See eine rot-weiß-rote Markierung mit der Nummer 20.

Bei den freundlichen Sennen gibt es Milch und steinhartes Fladenbrot. Die Alm wird von einem Bauern aus Meransen, oberhalb Mühlbach, bewirtschaftet. Unterhalb der Alm stoßen wir nach Stunden weglosen Steigens zum erstenmal wieder auf einen Pfad. Der Bewuchs am Weg wird üppiger und die ersten Sträucher stellen sich ein. Bei einer Furt überqueren wir den Engbergbach und mit ihm umrunden wir, vorbei an der aufgelassenen Lappa-Alm und der Unteren Engbergalm, den Bergrücken Fassnacht. Die Routenmarkierung Nr. 19 taucht auf. Sie kommt von der Oberen Weitenbergalm herunter. Ausgehend von Wieden (1381 m) im Außerpfitsch kann man auch über das Pfundererjoch (2575 m, ein früher häufig benützter Übergang) oder das Sandjöchl und die Brixener Hütte hierher gelangen. Auch eine Variante Brixener Hütte, Mühlbach, Rodeneck und Lüsen bietet sich an.

Im weiteren Wegverlauf rauscht der Bach immer tiefer in die Dunerklamm hinein. Hoch darüber vorbei am klaren Jungfernbrünnl leitet ein sicherer Felsensteig zu den obersten Bauernhöfen nach Daan. Ein einsames und hartes Leben führen die paar Bauernfamilien in ihren verwitterten Höfen oberhalb der Straße, die, von Pfunders heraufkommend, im Steinbruch endet. Über weichen Wiesenboden streben wir der gegenüberliegenden Talseite zu. Neuerdings wird auch ein Quartier in Daan angeboten. Dort treffen wir mit dem Weg vom Eisbruggjoch zusammen und gelangen ungestört von Autoverkehr hinunter in das Bergdorf Pfunders.

Hinweise zur Wanderskizze des 11. und 12. Tages

1 Schrammacher: 3411 m, Erstersteigung 1847 durch Thurwieser, Lechner und Jakob Huber (Grainer Jaggl); für eine Frühjahrsskitour vom Pfitscher Joch her sehr gut geeignet.

2 Pfitscher Joch: 2250 m, seit 1973 wieder offizielle Grenzübertrittstelle vom 1. 6. bis 30. 9. für Fußgänger zwischen 7 und 21 Uhr; **Pfitscher-Joch-Haus**: 2277 m, Privathütte, 1965 teilweise zerstört, wieder aufgebaut; geöffnet ca. Ende Juni bis Ende September; 30 Betten. Fam. Jos. Vollger über Hotel Knappenhof St. Jakob in Pfitsch, Tel. 00 39/(0)4 72/ 6 01 19

3 Mineralfundstellen: Oberhalb des Landshuter Höhenweges bis ca. 2700 m, am Grenzkamm östl. des Pfitscher Joches bei der Haupentalscharte (2697 m), an den Hängen der Grießerscharte (2886 m) und im Gliedergang des Unterbergtales.

4 Grießferner und Hochferner: Hängegletscher im Oberbergtal, 900 m Wandhöhe, durchschnittliche Neigung teilweise bis 65°, eine der großartigsten Eisklettereien der Ostalpen, Biwakschachtel der Sektion Sterzing im hintersten Oberbergtal.

5 Hochfeiler: 3510 m, höchster Berg der Zillertaler Alpen, erstmals bestiegen 1865 von P. Grohmann und Steinklauber Josele; Normalanstieg 3 Std. von der Wiener Hütte (2665 m) über den Südwestgrat, Schwierigkeitsgrad I, sofern der Firngrat nicht vereist ist.

6 Stein: Letzte, ganzjährig bewohnte Siedlung im obersten Pfitschtal mit gleichnamigem Gasthaus und Fremdenpension, 9 Straßenkilometer unterhalb des Pfitscher Jochs; Schiefersteinbruch 1973 aufgelassen.

7 Pfitscher Tal: Nördliches Seitental, ausgehend von Sterzing, im Eisacktal; 32 km lang, Seehöhe von etwa 950 bis 1550 m; eine Gemeinde mit ca. 2210 Einwohnern; vor dem Hochferner-Hochfeilerstock Aufgliederung in Oberberg- und Unterbergtal; Busverbindungen ab St. Jakob.

8 Grindler-See: 2485 m, auch als Silweller-See bezeichnet,

160 m lang, 100 m breit und bis ca. 25 m tief, Abfluss als Engbergbach, Name vermutlich vom Alm-Grund.

9 Dun: Teilweise auch Daan geschrieben, 1531 m, Weiler im hintersten Talschluss, nach der Volksüberlieferung Keimzelle der Besiedelung des Pfunderer Tales (Bergknappen), früher 12 Höfe, heute drei, vollbewirtschaftet; Marmorsteinbruch.

10 Pfunders: 1159 bis 1908 m, 650 Einwohner, Name Funders erstmalig 1085 genannt, abgeleitet vom lat. fundus (Boden, Landgut); seit 1929 zur Gemeinde Vintl gehörend, Busverbindung, Postamt in Vintl.

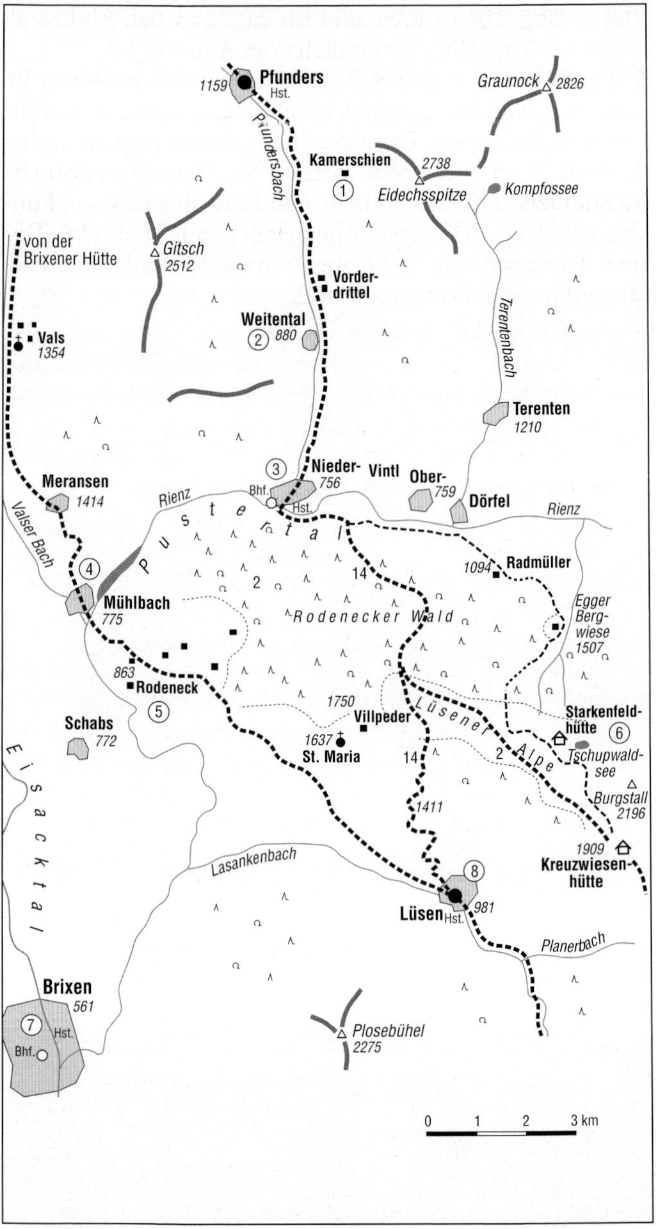
Pfunders
1159
Hst.
Pfundersbach
Graunock
2826
Kamerschien
2738
Eidechsspitze
Kompfossee
Gitsch
2512
von der
Brixener Hütte
Vorder-
drittel
Weitental
880
Vals
1354
Terentenbach
Terenten
1210
Nieder-
756
Vintl
Ober-
759
Dörfel
Bhf.
Hst.
Rienz
Meransen
1414
Valser Bach
Pustertal
Radmüller
1094
Mühlbach
775
Rodenecker Wald
Egger
Berg-
wiese
1507
863
Rodeneck
Schabs
772
1750
Villpeder
1637
St. Maria
Lüsener Alpe
Starkenfeld-
hütte
Tschupwald-
see
Burgstall
2196
1411
Eisacktal
Lasankenbach
1909
Kreuzwiesen-
hütte
Lüsen
Hst.
981
Planerbach
Brixen
561
Hst.
Bhf.
Plosebühel
2275
0
1
2
3 km

13. Wandertag: Pfunders – Lüsen

Von der Vintl nach Lüsen

Nach der Übernachtung in dem Bergdorf Pfunders schultern wir erneut unsere Rucksäcke und wandern in dem Bewusstsein, den Alpenhauptkamm bewältigt zu haben, talauswärts. Die hohen Berge in unserem Rücken hinderten die Verkehrsexperten daran, aus dieser Straße eine durchgehende Verkehrsader zu machen, und so hält sich der Autoverkehr in erträglichen Grenzen. Im Gegensatz zum gestrigen steilen Anstieg spüren wir heute kaum den Rucksack. An die zwei Gehstunden sind es bis hinaus nach Niedervintl im Pustertal. Mit einer Meereshöhe von 756 Meter liegt es nur knapp 200 Meter höher als das tiefe Inntal. Bald nach dem Aufbruch sperrt unseren Blick nach Süden ein breiter Waldrücken. Es ist der ausgedehnte Rodenecker Wald, der sich oberhalb der gleichnamigen Ortschaft nach Osten zur Lüsner Alm hinaufzieht. Diesen gewaltigen Höhenrücken gilt es zu übersteigen. Spätestens zwischen den ersten Fichten am Hang scheint der Rucksack wieder schwerer zu werden. Ich konnte bislang keine einigermaßen problemlose Wegverbindung zwischen den südlichst gelegenen Häusern von Niedervintl und der Wirtschaftsstraße nordwest-

Touristische Hinweise: 13. Tag: ca. 26 km, 1200 Hm Aufstieg, 1383 Hm Abstieg, Einkehren am Weg.

Karte: Kompass-Wanderkarte 1:50 000, Nr. 56 Brixen; Karte TABACCO, Blatt Nr. 9, 1:50 000.

Literatur: *A. Gorfer/Faganello, Die Erben der Einsamkeit, Verlag Arti Grafische Saturnio, Trient; J. Rampold, Pustertal, Athesia Verlag, Bozen.

lich des Getzenberges (1734 m) finden oder in Erfahrung bringen. Auf einer derartigen Route, die dann über die Ausflugsgaststätte Villpeder nach Lüsen Verbindung hätte, bräuchte man die wenigsten Höhenmeter bewältigen. Am sichersten vermeidet man Irrwege, wenn man der rot-weiß markierten Route mit der Nr. 14 folgt. Hierzu in Stichpunkten: Verkehrsbüro Vintl – Straße bergab entlang des Baches nach Westen – Hauptstraße unterqueren und die Rienz überqueren – Markierungen bald rechts abbiegend folgen! – endlos langer steiler Aufstieg, der schließlich mit der Einkehr Ronerhütte, 1832 m (Rienz bei Vintl 750 m!) seinen höchsten Punkt erreicht. Hier zweigt ab die Almvariante mit der Nr. 2 und 2A zur Kreuzwiesenhütte (1925 m) mit einer Abzweigung zur Starkenfeldhütte. Der Markierung 14 folgend gelangt der Wanderer vorbei am Tulperhof (1625 m) hinunter zum Tagesziel nach Lüsen (961 m).

Wer nicht unbedingt die ganze Strecke zu Fuß zurücklegen will, kann von Niedervintl oder Pfunders aus per Taxi über Mühlbach und Rodeneck zum Villpeder-Gasthof hinauffahren. Herrscht ein ausgesprochenes Hochdruckwetter, sollte man auf keinen Fall das ohne Zweifel reizende Dörferl Lüsen als Tagesziel wählen. Besser ist es in diesem Fall, man steuert von der Ronerhütte oder vom Villpeder aus die freien Wiesen der Lüsner Alm an. Die Starkenfeld- oder die Kreuzwiesenhütte sowie das Turnaretsch-Haus (Tel. 04 74/50 14 26) bieten Möglichkeiten zum Übernachten. Eine dritte Routenvariante führt mit Bus und Bergbahn über Brixen zur AV-Hütte der Plose. Ziel der drei Varianten ist am darauffolgenden Tag die Peitlerscharte und die dahinterliegende Schlüter-Hütte.

Hinweise zur Wanderskizze des 13. Tages

1 Kammerschien: 1528 m, zwei entlegene Bergbauernhöfe, die nur über steile, fast 2stündige Fußsteige erreicht werden können. Der Unterkammerschiener wird bereits 1546 als Oedbauer beurkundet. Vom Weiler Schaldern über Weg Nr. 13a erreichbar.

2 Weitental: 880 m, Ortschaft abseits der Hauptstraße gelegen, öffentliches Telefon, Gasthäuser; Ort bereits im Jahre 1157 als Witental genannt, Pfarrkirche z. hl. Thomas, schon 1180 erwähnt, Neubau v. 1431 zeigt spätgotische Formen, Langhaus und Einrichtung von 1777; der geschmackvoll gestaltete Friedhof ist beachtenswert.

3 Niedervintl: 750 m, Sitz der Gemeinde Vintl, zusammen mit Pfunderer Tal und Obervintl ca. 2750 Einwohner, Bahnstation der Pustertallinie, Raiffeisenkasse und Postamt, PLZ 39030, Taxi, 150 Betten, Fremdenverkehrsverein, Außenstelle AV-Sektion Brixen.

4 Mühlbach: 775 m, 6 km von Niedervintl entfernt, Markt seit 1296; bis vor 70 Jahren noch Weinbau; mit Meransen, Vals und Spinges ca. 2040 Einwohner; Seilbahn nach Meransen; Arzt und Apotheke, Fremdenverkehr, Holzverarbeitung, Elektrizitätswerk.

5 Rodeneck: 886–1500 m, mit Ortsteilen St. Paulus, Vill, Nauders, Giefen und Berghöfen ca. 950 Einwohner, im Jahre 1847 waren es 979 Einwohner; 5 km teilweise schmale Straße von Mühlbach her, Busverbindungen über Mühlbach nach Brixen. Sitz des Dekanats und alter Herrschaftssitz.

6 Starkenfeldhütte: Stützpunkt für Einkehr und Übernachtung auf der Lüsener Alm (1800–2192 m), Gehzeit vom Villpeder aus: 2 Stunden. Tel. 04 72/45 41 47.

7 Brixen: 560 m, 16 226 Einwohner, alte, geschichtsträchtige Stadt an der schicksalhaften Brennerroute; Bischofssitz seit etwa dem Jahr 1000 bis 1964 (Verlegung nach Bozen); Schnellzugstation, Autobahnanschluss; um Brixen rund 40 prähistorische Funde, 1. Nennung des Ortsnamens in einer Regensburger Urkunde vom Jahre 901, partnerschaftliche Beziehungen zur Stadt Regensburg in der Oberpfalz.

8 Lüsen: Die Gemeinde umfasst das gesamte Lasankenbachtal von ca. 600 bis 2361 m, das Dorf liegt bei 972 m, 1358 Einwohner, Entfernung nach Brixen 13 km, Busverbindung, öffentliches Telefon im Geschäft Mclauner am Dorfplatz; PLZ 39040, Spar- u. Vorschusskasse Brixen, 300 Betten, Verkehrsverein.

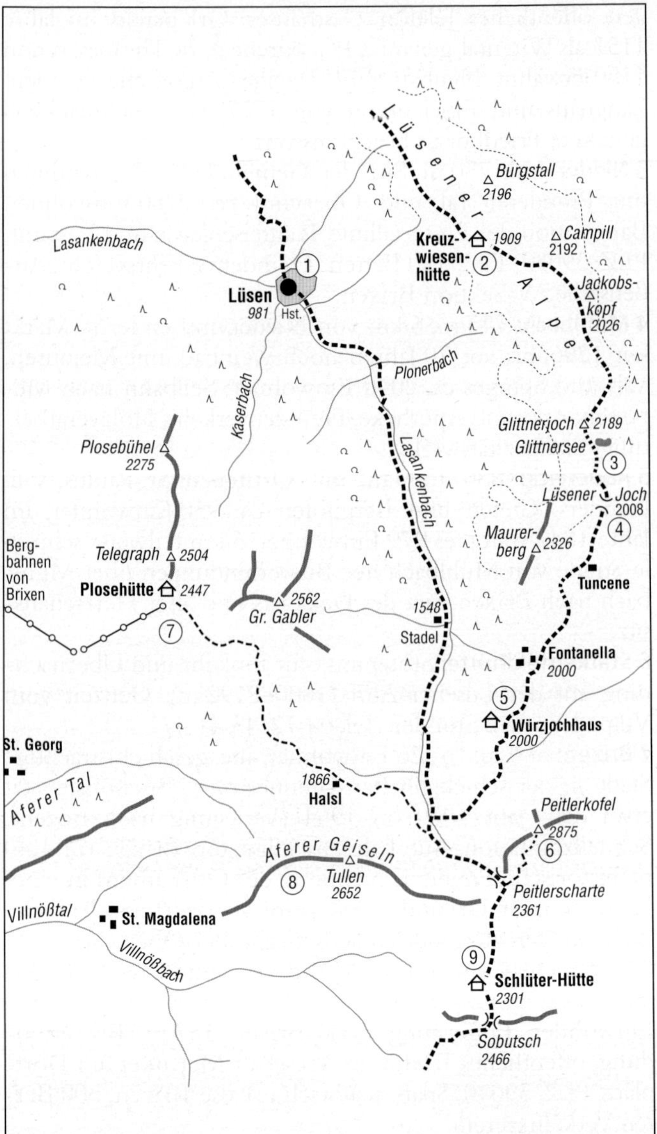

Lüsener Alpe
Burgstall
2196
Kreuz-
wiesen-
hütte
1909
Campill
2192
Jackobs-
kopf
2026
Lasankenbach
Lüsen
981
Hst.
Plonerbach
Kaserbach
Glittnerjoch
2189
Glittnersee
Lüsener Joch
2008
Plosebühel
2275
Maurer-
berg
2326
Telegraph
2504
Tuncene
Berg-
bahnen
von
Brixen
Plosehütte
2447
2562
Gr. Gabler
1548
Stadel
Fontanella
2000
Würzjochhaus
2000
St. Georg
Aferer Tal
1866
Halsl
Peitlerkofel
2875
Aferer Geiseln
Tullen
2652
Peitlerscharte
2361
Villnößtal
St. Magdalena
Villnößbach
Schlüter-Hütte
2301
Sobutsch
2466
0
1
2
3 km

14. Wandertag: Lüsen – Schlüterhütte

Zum Dolomiten-Höhenweg

Bei normaler Gangart braucht man vom Inntal bis nach Lüsen sechs Tage. Da man am siebenten Tag sowieso ruhen soll und im anheimelnden Dorf Lüsen die wichtigsten Geschäfte, einschl. Geldinstitut, vorhanden sind, legt man am besten hier den zweiten Ruhetag ein. Bei einem Gang durch das Dorf fällt einem im unteren Ortsteil das massive Geviert einer größeren Hofanlage ins Auge. Es ist der ehemals bischöfliche Meierhof, der bis zu seiner Auflösung im Jahre 1941 zu den größten Höfen des ganzen Eisacktales zählte. Es gab eine Zeit, da fuhr man für die zahlreichen Knechte und Mägde die Teigkrapfen, die sogenannten Schlutzer, mit dem Schubkarren in die Stube. Zum Schmunzeln regt an, dass sich die Lüsner Schützen zur Schlacht von Spinges am Beginn der Tiroler Freiheitskämpfe beim Rodenecker Wirt so lange verspäteten, dass sie gar nicht mehr zu Helden werden konnten. Übrigens soll eine alte Rivalität zwischen den Rodeneckern und den Lüsenern, die auf die ehemals unterschiedlichen Herrschaftsberei-

Touristische Angaben: 14. Tag: unschwierige Bergwanderung (ohne Besteigung des Peitlerkofels), ca. 17 km, 1389 Hm Aufstieg, 60 Hm Abstieg, keine Einkehrmöglichkeit.

Karten und Führer: Kompass-Wanderkarte 1:50 000, Nr. 56, Brixen; Karte TABACCO, Blatt Nr. 9, 1:50 000.

Literatur: Franz Hauleitner, Dolomiten-Höhenwege 1–3, Bergverlag Rother, Ottobrunn; Rampold, Eisacktal, Athesia Verlag Bozen; Rampold, Südtiroler Wanderbuch, Tyrolia Verlag Innsbruck.

che der Rodenecker Herren und der Brixner Fürstbischöfe zurückreicht, noch immer nicht begraben sein.

Das beim Aufbruch sichtbare Ziel des 14. Wandertages ist der Doppelgipfel des Peitlers. Von Lüsen aus ist – ganz im Gegensatz zum vorhergehenden Wandertag – ein Verlaufen fast unmöglich. Der tiefe Einschnitt des Lasankenbachtales zwischen Petschieder Berg und Maurerberg weist uns den Weg nach Süden. Kaum liegt die mächtige Zone des Silikatgesteins hinter uns – seit dem Pustertal bewegten wir uns im Brixner Quarzphyllit! –, sehen wir rechts am Weg erneut einen alten, verfallenen Kalkofen. Das durch den Zusammenfluss des Rodlbaches mit dem Schartenbach gestärkte Bergwasser rauscht uns in den weiten Gungganwiesen entgegen. Nach Westen führt der Weg ins Aferer- und Villnößtal, nach Osten über das Würzjoch und Untermoi in das ladinische Gadertal. Nach Absprache mit den Gastgebern in Lüsen wurden die schweren Rucksäcke bis hier herauf gefahren. Der steile Serpentinensteig zur Scharte verlangt Pausen und kostet einige Schweißtropfen. Wie die Ärzte aber behaupten, wird mit so einer Anstrengung zugleich die Herzmuskulatur gestärkt, und neuerdings hat man gar festgestellt, dass ein angsterzeugender Stoff im Körper durch körperliche Bewegung abgebaut wird. Wenn ich meine Fotos vom Wegweiser an der Scharte aus den Jahren 1973 und 1975 miteinander vergleiche, so kann ich deutlich die Zunahme des herumliegenden Abfalls feststellen. Hier war es auch, wo Arnulf zwei schwere Rucksäcke hochlupfte, um sie vor dem Gipfelanstieg an passender Stelle zu deponieren. Dabei verlor er das Gleichgewicht und fiel mit dem Oberschenkel in die Scherben der hier herumliegenden Bierflaschen. Aus war's mit dem Peitlergipfel.

Falls man die Route über Brixen/Plose wählt, bietet sich das große Freischwimmbad oder das neue städtische Hallenbad zur körperlichen Entspannung an. Auch versäume man es nicht, der Atmosphäre dieser ältesten Stadt Tirols in ihren schmalen Gassen, in dem weltberühmten Kreuzgang, in den kunstvollen Kirchen und im Diözesanmuseum nachzuspüren. Um die Qual der Variantenwahl noch zu vergrößern, nachfolgend ein Zitat von J. Rampold über die Lüsener Alm (nach Niedervintl und über die Ronerhütte,

1832 m, erreichbar): »Tagelang lässt sich's über diese Almböden schlendern, und man wird kaum einem Menschen begegnen, höchstens schweigsamen Hirten in Mänteln, die am Abend vielleicht erzählen von dem Riesen auf Niwenól.« Aus nächster Nähe grüßen dort oben die Gletscherberge im Norden und winken die Dolomitengipfel im Süden. Meist weglos wandert man über die Matten und Moorwiesen vorbei am Glittnersee, über das Lüsener Joch und den Maurerberg zum Würzjoch, um dann, ab dem Fuß der Peitlerscharte vereint mit den anderen zwei Varianten, der Schlüter-Hütte am Kreuzkofeljoch zuzustreben.

Hinweise zur Wanderskizze des 14. Tages:

1 Lüsen: Urkundliche Erwähnung im Jahre 893 (Forestis ad Lusinam) in einer Schenkung des Königs an den Bischof (bischöfl. Meierhof im Dorf); Bindeglied zum deutschsprachigen Pustertal und ladinischen Gadertal; Pfarrkirche St. Georg 1502 geweiht, 1775 erweitert und barockisiert, Monstranz 1490, Pieta um 1430, 2 Grabsteine 1511/12; Kirche St. Kilian im Friedhof, 1400, erneuert 1683; Kreuzigungs-Gruppe 15. Jahrh.; St. Nikolaus in Petschied, alte Kultstätte, vermutlich Quell-Heiligtum, wurde früher von Augenleidenden aufgesucht, Sage vom Stieropfer.
2 Kreuzwiesenhütte: Almwirtschaft mit Übernachtungsmöglichkeit, 10 Betten, ca. 3 Stunden von Lüsen, ca. 1½ Stunden von der Ronerhütte aus erreichbar.
3 Glittnersee: ca. 2000 m, in einer kleinen Seenplatte (Schmelzwasserseen) gelegen, 55 m lang, 40 m breit und 1 m tief, mit Zu- und Abfluss; Vorkommen von Alpenseglern und Schneehühnern, Name von dem Gehöft Ober- und Niederglittner in Lüsen/Petschied; laut Volksmeinung soll der See unterirdisch mit dem Radlsee oberhalb Brixen verbunden sein, 20 Minuten vom Lüsner Joch.
4 Lüsner Joch: 2008 m, alter Übergang von Lüsen in das ladinische Untermoi, Weg Nr. 13, 5 bis 6 Stunden, teilweise als Wirtschaftsweg ausgebaut.
5 Würzjochhaus: Auch als »Neue Peitlerkofelhütte« bezeichnet, 2006 m, privat, ganzjährig geöffnet, mit Auto er-

reichbar; am Würzjoch gegenüber der 700 Meter hohen Peitlerkofel-Nordwand gelegen, Skigebiet, 24 Betten.

6 Peitlerkofel: 2875 m, nördlichster Eckpfeiler der Dolomiten, Normalanstieg von der Scharte ca. 1 1/2 Stunden; gesicherter Steig.

7 Plose: Auch Fröllspitze oder Telegraph genannt, 2507 m, Brixner Hausberg, Ski- und Wandergebiet; Plosestraße asphaltiert, 27 km von Brixen bis zur Plosehütte; Seilbahn ab Milland mit Mittelstation St. Andrä; Gondellift zur Plosehütte, 2447 m, der Name wird von der kahlen Blöße der Gipfelkuppe abgeleitet; Plosehütte: AV-Sektion Brixen, erb. 1887, erw. 1907, ganzjährig bewirtschaftet, 47 Betten, 10 Lager. Tel.: 04 72/5 13 33.

8 Aferer Geiseln: 2652 m, aus Schlerndolomit, Bezeichnung »Avers« schon um 1232 bekannt, wenig begangen, von Norden schwer ersteigbar, am besten vom innersten Villnößtal her.

9 Franz-Schlüter-Hütte: 2301 m, auch Peitlerkofelhütte genannt, ital. Rifugio Genova, erb. 1898, auf Anregung des Bozener Bergsteigers Johann Santner und auf Kosten des Dresdners Franz Schlüter (Schlüterbrot); 65 Betten, 20 Lager, geöffnet: 1. 6.–1. 10. Hüttenwirt: Fam. Anton Messner, St. Magdalena 22, Villnöß, Tel.: 04 72/84 01 32.

15. und 16. Wandertag: Schlüter-Hütte – Grödner Joch – Boèhütte

Quer durch Ladinien

Fast unmerklich kommen wir nach Ladinien, dem Herzstück der Dolomiten. Jahrhundertelang, bis zum Bau der großen Straßen, waren Saumpfade die einzige Verbindung zur Außenwelt. So konnten sich rund um den Sellastock, der »Gralsburg Ladiniens«, die Ureinwohner der Alpen am besten unverfälscht erhalten. Früher glaubte man, ihre, dem Fremden unverständliche Sprache sei ein verlotterter italienischer Dialekt. Hingegen hat dieses »Edelweiß unter den europäischen Sprachen« seinen Ursprung im Lateinischen. Es ist den romanischen Sprachen Französisch und Italienisch gleichwertig und engstens verwandt mit dem Rätoromanischen in Graubünden und Friaul. Als Muttersprache wird es neben Italienisch und Deutsch noch von etwa 20 000 Menschen gesprochen.

Der 15. Wandertag, er führt von der Schlüter Hütte zum Grödner Joch, ist der Tag der neun Jöcher und Scharten. Ganz anders als im

Touristische Hinweise: 15. Tag: Schlüter-Hütte–Grödner Joch, ca. 19 km, 1003 Hm Aufstieg, 1165 Hm Abstieg, unschwierige, doch lange Bergwanderung, Einkehr am Weg. – 16. Tag: Grödner Joch–Boèhütte, ca. 7 km, 821 Hm Aufstieg, 85 Hm Abstieg, teilweise ausgesetzte Bergtour, Einkehr am Weg.

Führer und Karten: Kompass-Wanderkarte 1:50 000, Nr. 59 Sella-Gruppe – Marmolada.

Literatur: Franz Hauleitner, Dolomiten-Höhenwege 1–3, Bergverlag Rother, Ottobrunn; *K. F. Wolff, Dolomitensagen, Tyrolia Verlag Innsbruck; *L. Fruth, Mineral-Fundstellen, Chr. Weise Verlag, München.

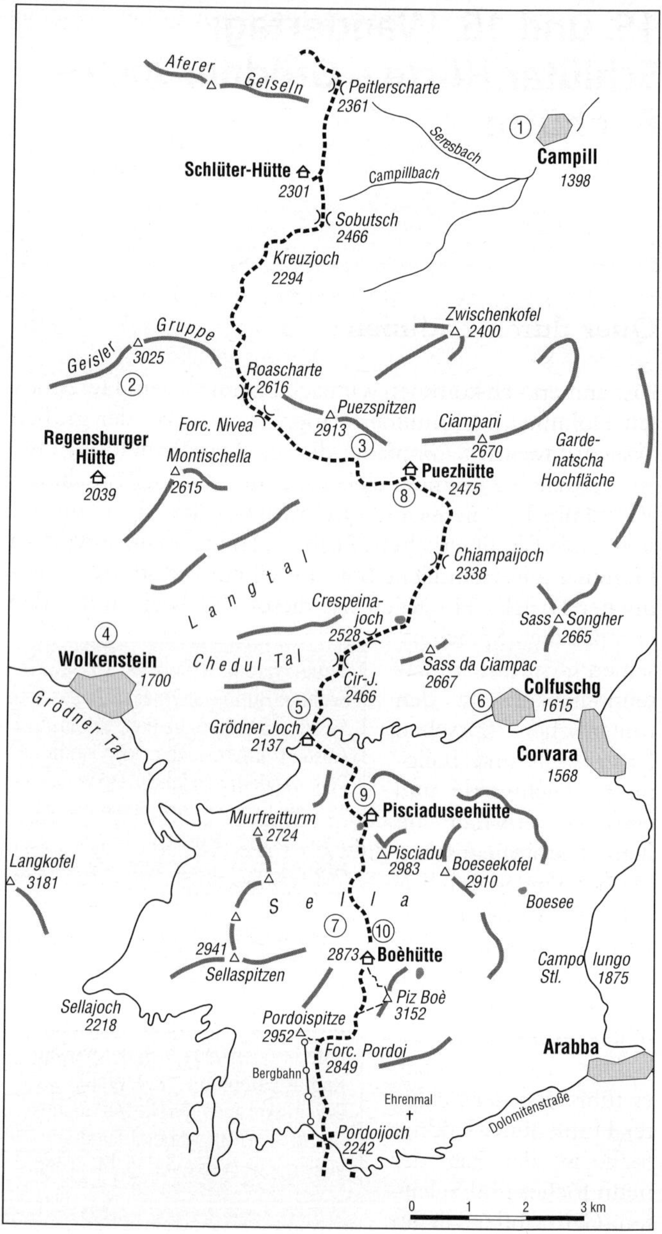

Aferer Geiseln
Peitlerscharte 2361
Seresbach
1
Campill 1398
Schlüter-Hütte 2301
Campillbach
Sobutsch 2466
Kreuzjoch 2294
Zwischenkofel 2400
Geisler Gruppe 3025
2
Roascharte 2616
Puezspitzen 2913
Forc. Nivea
Ciampani 2670
Regensburger Hütte 2039
Montischella 2615
3
Garde-natscha Hochfläche
Puezhütte 2475
8
Chiampaijoch 2338
Langtal
Crespeina-joch 2528
Sass Songher 2665
4
Wolkenstein 1700
Chedul Tal
Sass da Ciampac 2667
Cir-J. 2466
Colfuschg 1615
6
Grödner Tal
5
Grödner Joch 2137
Corvara 1568
9
Pisciaduseehütte
Murfreitturm 2724
Pisciadu 2983
Boeseekofel 2910
Langkofel 3181
Sella
Boesee
7
10
2941
Sellaspitzen
2873
Boèhütte
Campo Stl.
lungo 1875
Piz Boè 3152
Sellajoch 2218
Pordoispitze 2952
Forc. Pordoi 2849
Arabba
Bergbahn
Ehrenmal
Dolomitenstraße
Pordoijoch 2242
0 1 2 3 km

Zentralmassiv, wo die Überwindung eines Joches fast eine Tagesaufgabe ist, passiert es hier, dass wir ein Joch betreten und es kaum bemerken. Zwischen 2300 und 2600 Meter Meereshöhe pendeln wir während dieses Tages. Er beginnt mit dem Ausblick vom Kreuzkofeljoch und dem Aufstieg zum Sobutsch, setzt sich fort mit einem Dahinschlendern oberhalb der Medalges-Alpe zum Kreuzjoch und dem anstrengenden Aufstieg zur Roascharte. Das Übersteigen der Forcella Nivea ist ohne Schnee und Eis problemlos. Wählt man aber statt dessen den Serpentinensteig über die Sielles-scharte, muss man zusätzliche Höhenmeter in Kauf nehmen. Gegenüber von beiden Wegen strecken die Geislerspitzen ihre Türme in den ladinischen Himmel, und dazwischen gähnen die dunklen Schründe des sagenumwobenen Wasserrinnentales. Oberhalb unseres Weges zur Puezhütte, am Vorgipfel des Puezkofels (2538 m), ist eine Mineralienfundstelle. Wer Glück hat, findet in den tonigen Neokomkalken die braunen Jaspis-Knollen oder schöne Versteinerungen, darunter Ammoniten und Seeigel. Ein floristisches Juwel ist das Dolomiten-Fingerkraut. 900 Meter unter uns, draußen an der Mündung des Langentales, liegen wie Spielsachen die Häuser von Wolkenstein, der höchsten Siedlung des Grödner Tales.

Nach einer stärkenden Rast in der Puezhütte öffnet sich am Ciampaijoch zwischen Seekofel und Sass Songher das tiefeingeschnittene Edelweißtal. Wie im Volk erzählt wird, sind die Colfuschger an jedem Sonntag oder Vorabend eines Festes hier herauf und weiter über die Puezalpe nach Lajen oder Brixen zum Gottesdienst gegangen. Und ihre Toten brachten sie nicht über das Grödner Joch, sondern über Puez in den Friedhof der Erzpfarre Albein. Im Winter hatte man in Colfuschg – genau wie in Hintertux – die Verstorbenen eingefroren.

Durch Inseln von Gras und Blumen, den einstigen Gärten der Christanes, gelangen wir an den sagenumwobenen Crespeinasee. Von allen Seiten sind es von den menschlichen Siedlungen bis hier herauf weite Wege. In der Stille zwischen Kedultal und Crespeinasee mahnt oben auf dem Joch der Gekreuzigte am Zirmholz zu Besinnung und Einkehr. Ein selten schöner Wandertag neigt sich dann dem

Ende zu, wenn wir aus der Geisterwelt des Cirkessels auf das Grödner Joch hinuntersteigen.

Am darauffolgenden Wandertag steigen wir fast nur auf. Das Val Setus, eine »Bresche in der Gralsburg Ladiniens«, gewährt den Zugang zum ersten Plateau, auf dem die liebevoll geführte Pisciadùhütte steht. Vorbei am Pisciadùsee geht es nach der Rast in der Hütte entlang der Seilsicherungen hinauf zum Hochplateau. Inmitten eines ehemaligen Korallenatolls steht unser Tagesziel, die ehemalige Bamberger Hütte (heute Rifugio Boè). Bei einem abendlichen »Spaziergang« auf den 3152 Meter hohen Piz Boè genießen wir das Schauspiel des Alpenglühens an den bizarren Dolomitengipfeln. Wer oben in der kleinen, privaten Gipfelhütte nächtigt, kann das weite Panorama mit den besonders schönen Stimmungen am Abend und am Morgen voll und ganz auskosten. Der Abstieg erfolgt dann gleich in Richtung Pordoischarte.

Hinweise zur Wanderskizze des 15. und 16. Tages

1 Campill, ladinisch Longiarù: 1398 m, rund 450 Einwohner, früher vermutlich zur Grafschaft Norital und später zum Gericht Thurn und damit zu den Bischöfen von Brixen gehörend; bereits 1371 Erwähnung einer Kirche; Pfarrkirche S. Luzia aus dem Jahre 1867.
2 Geislerspitzen: Sass Rigais 3027 m, Schlerndolomit, 1880 erstm. von einem Alleingänger erstiegen, die Anstiege sind fast durchwegs schwierig; gesicherter Klettersteig über die Südflanke (I); 800 m hohe Nordwand; Bergbahn von S. Christina zur Seceda.
3 Geologische Überschiebung: Mergel der unteren Kreidezeit überdecken den Hauptdolomit, der an den Puezspitzen wieder sichtbar wird. Hier erster Nachweis einer sicheren Überschiebung in den Dolomiten.
4 Wolkenstein (Selva di Gardena): 1563 m, mit Plan 952 Einwohner, höchstgelegene Siedlung des Grödner Tales; gleichnamige Ruine an der Mündung des Langtales, erbaut vom letzten Minnesänger Oswald von Wolkenstein (1377–1445).

5 Grödner Joch: 2125 m, Straßenübergang vom Grödner ins Gadertal, erbaut von den Österreichern im Ersten Weltkrieg; drei Berggasthöfe (Hospiz, Hotel Cir, Berghaus Frara), I-39048 Grödner Joch, Tel.: siehe Quartierliste, Sessellift von Wolkenstein, Skilifte.

6 Colfuschg: (Colfosco in Badia), 1645 m, erstm. 1153 erwähnt, Kirche von 1419, im Gasthaus Capella Gemälde mit Szenen aus ladinischen Sagen.

7 Sella: Mächtiger Gebirgsstock über den vier ladinischen Haupttälern (Grödner Bach, Gader, Cordèvole und Avisio); der untere Teil ist Schlerndolomit, das Zwischenband besteht aus Raibler-Schichten mit Gehängeschutt und der Gipfelaufsatz ist Hauptdolomit; entstanden als Korallenatoll mit lauwarmem Wasser des Triasmeeres; höchste Erhebung: Boèspitze, 3152 m.

Berghütten:

8 Puezhütte: 2475 m, erbaut 1889 von der DÖAV-Sektion Ladinia, wiederhergestellt vom CAI; Betten und Lager, geöffnet 20. 6. bis 30. 9., Tel.: 04 71/7 53 65.

9 Pisciadùhütte: 2583 m, erbaut 1903 von der DÖAV-Sektion Bamberg, heute: CAI-Bologna; 10 Betten, 20 Lager, geöffnet 1. 7. bis 20. 9., Tel.: 04 71/84 73 41.

10 Boèhütte: 2879 m, erbaut 1894 von der DÖAV-Sektion Bamberg; im Krieg verwüstet, wiederhergestellt vom CAI Trentino, 30 Betten, 20 Lager, geöffnet 10. 7. bis 20. 9., Hüttenwirt: Pia Spinel, Via Dolomiti 14, I-38031 Fontanazo Val di Fassa, Tel.: 04 71/83 62 17 + 84 73 03. **Rif. Capanna Fassa,** auf dem Gipfel des 3152 m hohen Piz Boè, erbaut 1969, umgebaut 1988, 10 Lager, geöffnet 1. 7. bis 30. 9., Tel. Hütte: 04 62/60 17 23, Tal: 04 62/76 73 73.

17. und 18. Wandertag: Boèhütte – Fedaia – Alleghesee

Sonnige Höhen – schaurige Tiefen

Falls man auf der Boèhütte nächtigte, sollte man bei gutem Wetter der Verlockung nicht widerstehen, zum Sonnenaufgang auf den Piz Boè, diesen leichten Dreitausender vor der Haustüre, hinaufzusteigen, um all die Schönheit der ladinischen Bergwelt nochmals in sich aufzunehmen. Auch ein Blick in die schaurigen Tiefen des Val de Mesdi, dort wo im Winter routinierte Skifahrer hinunterschwingen, ist in Hüttennähe möglich. Bis neue Gäste eintreffen, hat man dann

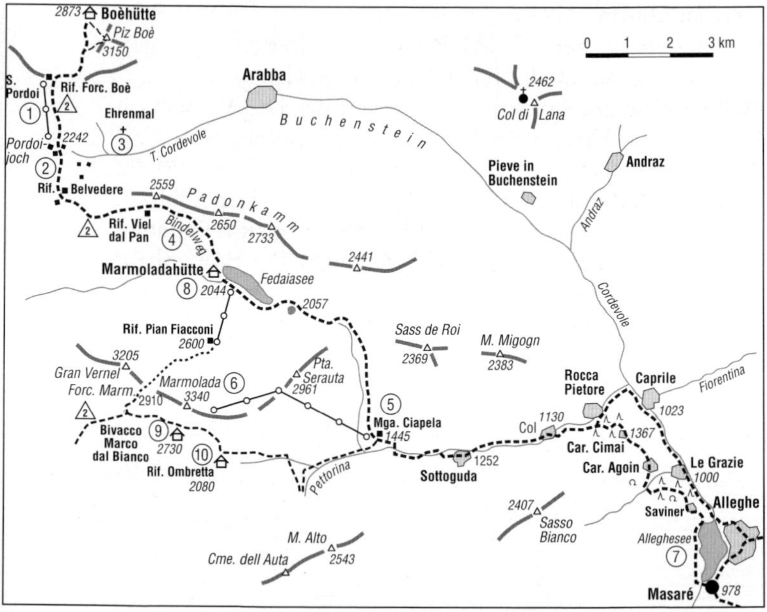

längst dieses weit über der Mattenregion liegende Refugium verlassen. So ähnlich wie auf dieser weiten Steinwüste mag es wohl auf dem Mond aussehen. An der Pordoischarte ist wieder eine Entscheidung notwendig: 20 Minuten Aufstieg, dafür dann eine Gondelabfahrt über 713 Höhenmeter, oder gleich hineinspringen in den Schotter des steilen Kars? Beides hat seine Reize. Auffallend ist der Kontrast des dunklen, aus Eruptivgestein bestehenden Padonkammes und der dahinterliegenden, im Firnschnee schimmernden Marmolada.

Nach einer ausgiebigen Stärkung auf dem Pordoijoch verlassen wir den modernen Zivilisationsrummel mit Ausflugsbussen, Souvenirläden und Autoverkehr. Hinter dem Sass Becce und der Rifugio Viàl del Pàn werden die Spaziergänger immer weniger. Die meisten müssen wieder zu ihrem Auto am Joch oder zur Bergbahn zurück. Bevor der steile Abstieg zum Fedaiasee einen Knieschnaggler hervorrufen kann, stehen wir schon vor dem Tagesziel. Abseits des Betriebes auf der Autostraße liegen die Unterkunftshäuser südlich des Staudammes ruhiger, zum Beispiel: Rifugio Dolomia, Giuseppe Soraruf, Passo Fedaia (Marmolada), 38030 Alba di Canazei (Trento) Tel.: 04 62/60 12 21 oder 60 17 55; weiters die Unterkunftshäuser Fedaia und Seggiovia.

Für die hochalpine Gletschervariante zur Forcella della Marmolada ist es bei eisigen Verhältnissen notwendig, sich mit Steigeisen und Pickel auszurüsten. Zu erst jedoch bietet der Lift die Möglichkeit, das »Plateau der Erschöpften« ohne Vergießen von Schweißtropfen zu erreichen.

Jenseits der Scharte erwartet den Bergsteiger eine Eisenleiter und

Touristische Hinweise: 17. Tag: Boèhütte–Fedaiasee, ca. 12 km, 237 Hm Aufstieg, 1070 Hm Abstieg. 18. Tag: Fedaia–Alleghesee (Masarè), ca. 22 km, 306 Hm Aufstieg, 1368 Hm Abstieg, unschwierige Bergwanderungen mit Einkehrmöglichkeiten.

Führer und Karten: siehe 15. und 16. Tag.

Literatur: G. Langes, »Die Front in Fels und Eis«, »Ladinien« und »Autorama Südtirol«; die beiden ersten im Athesia Verlag, Bozen, letzteres Universitäts-Verlag Wagner, Innsbruck; *C. Artoni, Sella, Marmolada, Arti Grafiche R. Manfrini AG., Caliano (Trient).

eine enge, steile Rinne, in der bei Schneeresten vermehrte Vorsicht geboten ist. Für diese Variante ist ein weiterer Tag anzusetzen.

Das Zwischenziel der Hauptroute am darauffolgenden Tag ist Malga Ciapela. Der bequeme Weg ist durch den Fedaiasattel und das Val Ciamp d'Arei vorgezeichnet. Damit verlassen wir den markierten Höhenweg Nr. 2 Brixen–Feltre. Ein Abstecher mit der Seilbahn auf die Marmolada gewährt einen Blick zurück bis zu den Zillertaler Alpen und voraus bis zu den letzten Bergen im Süden. Wir überblicken damit die längste Strecke der Alpenüberquerung. Nach dieser sonnigen Höhe sind wir dann bald darauf in der tiefen Sottogudaschlucht. Diese 2 Kilometer lange und oft nur wenige Meter breite Pforte entlässt uns aus dem Sagenreich des Königs Ombro. Das Dörfchen Sottoguda kann mit schönen alten Bauernhäusern und auch mit einem gepflegten Gasthof aufwarten. Nach einem Blick hinüber zum alten, interessanten Rocca Pietore streben wir hinauf in den Bergwald und steuern über Caracoi Cimai und Saviner die Ortschaft Masarè am Südufer des Alleghesees an. Nach 5 Wandertagen seit Lüsen ist hier, an einem der schönstgelegenen Orte der Alpen, ein Ruhetag angebracht. Diese Route gegenüber von Rocca Pietore führt durch verträumte und malerische Dörfer sowie zu beeindruckenden Ausblicken auf den Alleghesee und die Civetta. Wesentlich müheloser und auch leichter zu finden ist der neu angelegte Wanderweg. Er leitet entlang der dahineilenden Wasser des Petorina-/Cordèvole-Baches und des Cordèvoleflusses über Saviner und Grazie an das Tagesziel nach Alleghe.

Hinweise zur Wanderskizze des 17. und 18. Tages

1 Seilbahn Pordoispitze: 2952 m – Pordoijoch: 2239 m, Fahrzeit: 4 Minuten, in 20 Minuten von der Pordoischarte aus (2848 m) erreichbar; 1962 eröffnet.

2 Pordoijoch: 2239 m, Übergang vom Fassa- ins Cordèvoletal, höchster Punkt der Dolomitenstraße, Gedenkstein an die Eröffnung im Jahre 1905 (urspr. Inschrift wurde entfernt); Erinnerungskapelle an 8 durch Lawinen im Jahre 1937 umgekommene Skilehrer; Unterkunft: Hotel Pordoi und Col di Lana, alle Telefon, Bushaltestellen.

3 Deutsches Krieger-Ehrenmal: am Mattenhügel Pierra Clòcia, 2200 m, 1937 Baubeginn, 1959 Einweihung; in der Gruft des 8eckigen Baukörpers Ruhestätte für 8582 Tote des Ersten Weltkrieges; in Erdgräbern des 8,5 m breiten Außenringes ruhen 842 Gefallene des Zweiten Weltkrieges; Figuren aus Muschelkalk, Flammenschale aus Diabas und Fußboden aus Porphyrplatten.

4 Bindelweg: 13 km lang, vom Pordoijoch über Belvedere (2426 m) nach Fedaia (2040 m); ausgebaut als Wanderweg vom DÖAV-Bamberg unter dem Vorstand Dr. Karl Bindel (Erschließer der Sellagruppe, s. Zeitschr. des DÖAV 1899, 1900 und 1904); alter ladinischer Saumpfad Viàl del Pàn.

5 Malga Ciapela: 1446 m, Bergkessel an der Vereinigung des Almtales Ciamp d'Arei mit dem Ombrettatal (Pettorinabach); dreiteilige Seilbahnanlage über Punta Serauta zur Punta Ombretta der Marmolada, erbaut 1968; Name von der Kapelle in den »Serrai«; gleichnamiges Hotel, Bushalte.

6 Marmolada: 3344 m, ladinisch Marmoleda, Name bedeutet »Die Schimmernde«; höchster Berg der Dolomiten mit ca. 3 qkm großem Gletscher (ohne Vernelgletscher); Marmolada di Rocca (3309 m) Skigipfel, 1860 erstmals von den Engländern John Ball und Birchbeck erstiegen; Marmolada di Penia erst 1864 erstiegen von Paul Grohmann mit Ampezzaner Bergführern.

7 Alleghesee: 979 m, 2,5 km lang; Alleghe: ca. 1200 Einwohner, PLZ 32022, schön gelegene Ortschaft.

8 Marmoladahütte: 2045 m, CAI (Rif. E. Castiglione), ganzjährig bewirtschaftet, 72 Betten und Lager, mit Auto von Canazei u. Caprile erreichbar. Tel. 04 62/6 11 17. **Rifugio Pian dei Fiacconi,** 2626 m, am unteren Rand des Marmoladagletschers, privat, nur Lager. Tel. 04 62/6 14 12.

9 Biracco Marco dal Bianco: 2730 m, 9 Lager, bis Rif. Ombretta-Falièr ca. 2 Std. Gehzeit.

10 Rif. Ombretta-Falièr: 2080 m, erb. 1911, umgebaut 1939, CAI-Sektion Venezia, 16 Betten, 35 Lager, geöffnet 20. 6. bis. 20. 9., Tel. Hütte: 04 37/72 20 05 und 03 36/98 93 24, Tel. Tal: 04 37/59 01 93.

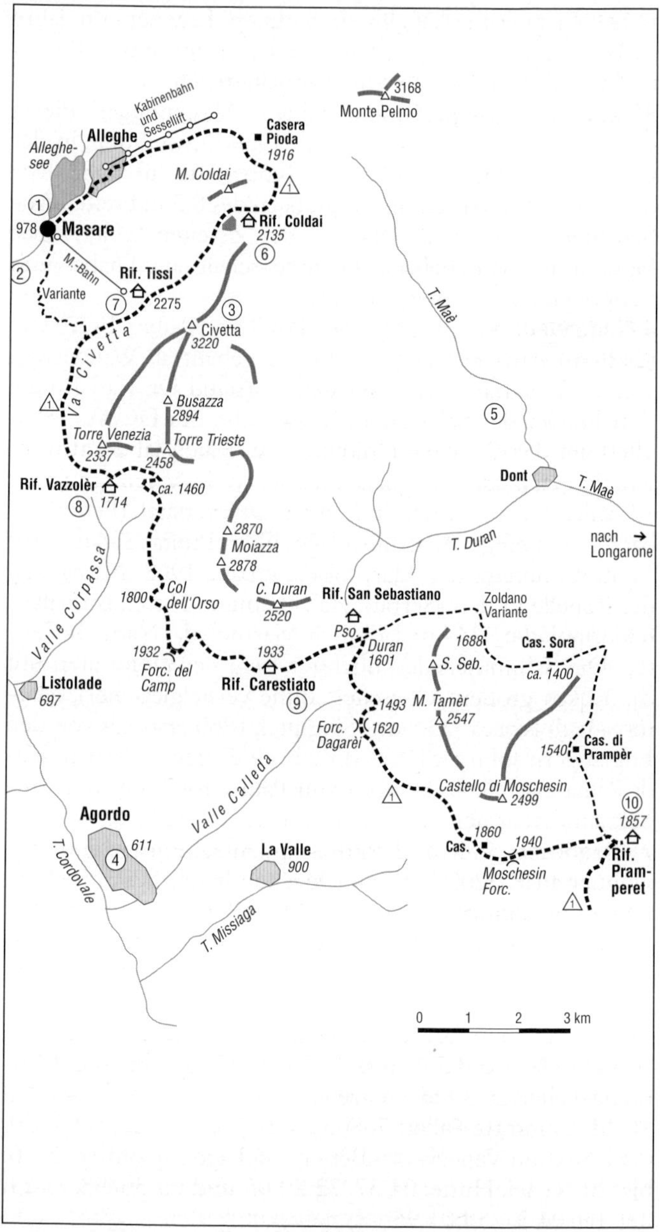
Kabinenbahn und Sessellift
Alleghe
Alleghe-see
Casera Pioda 1916
M. Coldai
3168
Monte Pelmo
1
978
Masare
Rif. Coldai 2135
6
2
M.-Bahn
Rif. Tissi
Variante
7
2275
3
Civetta 3220
Val Civetta
T. Maè
1
Busazza 2894
5
Torre Venezia 2337
Torre Trieste 2458
Dont
T. Maè
Rif. Vazzolèr 1714
8
ca. 1460
nach → Longarone
2870
Moiazza
2878
T. Duran
Valle Corpassa
1800
Col dell'Orso
C. Duran 2520
Rif. San Sebastiano
Zoldano Variante
Pso. Duran 1601
1688
Cas. Sora
1932
Forc. del Camp
1933
Rif. Carestiato
S. Seb.
ca. 1400
Listolade 697
9
1493
M. Tamèr
2547
Forc. Dagarèi
1620
Cas. di Pramper
1540
Valle Calleda
1
Castello di Moschesin 2499
10
1857
Agordo
611
4
1860
Cas.
1940
Moschesin Forc.
Rif. Pram-peret
La Valle 900
T. Cordovale
1
T. Missiaga
0 1 2 3 km

19. bis 21. Wandertag: Alleghesee – Tissihütte – Carestiatohütte – Pramperet

Der schönste Spaziergang in den Dolomiten

Am 19. Wandertag mit dem Verlassen des Alleghesees erreichen wir die südlichen Dolomiten. Würden wir nicht wandern, sondern marschieren oder laufen, so könnten wir die 48 Straßenkilometer bis Belluno an einem Tag zurücklegen. Damit verzichteten wir aber auf all das Schöne, was diesen Weg zu einem »Traumpfad« werden lässt. Fünf Tage lang durchstreifen wir von Hütte zu Hütte und von Joch zu Joch das stille Felsenreich der Belluneser Dolomiten.

Das Wanderziel nach dem Ruhetag am Alleghesee ist die Tissihütte auf dem aussichtsreichen Col Rean. Am Beginn des Bergwaldes oberhalb der letzten Häuser von Masarè liegt die Talstation der Materialseilbahn zur Hütte. Angeblich fährt sie nur mehr am Donnerstag. Per Telefon ist eine Verständigung über den Transport der Rucksäcke mit dem Hüttenwirt möglich. Ausgehend von Alleghe erleichtern 2 Bergbahnen den Aufstieg. Die Gondel und der anschließende Sessellift erreichen eine Höhe von ca. 1800 m (Alleghesee 966 m, Coldaihütte 2132). Passionierten Fußgängern rate ich ab, dem Sessellift die Rucksäcke mitzugeben. Zur Abholung muss der Wanderer sonst einen guten Kilometer und zusätzlich etwa 100 Höhenmeter in Kauf nehmen. Nach knapp 2 Kilometern ab der Bergstation des Liftes in Richtung Südosten ist die Route 556 erreicht. Sie hat die Coldaihütte zum Ziel. Wir umrunden den Monte Coldai, einen nördlichen Vorgipfel der Civetta. Hier hat in den zwanziger Jahren der Bergsteiger und Schriftsteller Domenico Rudatis an schwer zugänglichen Stellen im Felsgestein eingeritzt die römische Inschrift »Fin Bel Jul« entdeckt. Man vermutet, dass damit die Grenzen der Weidebezirke zwischen Bellunum und Julium Carnicum festgelegt worden waren. Die Coldaihütte wurde 1905 erbaut, im Zweiten Weltkrieg zerstört und später wieder errichtet und mit einem geräumigen Nebenraum erweitert.

Zum erstenmal sehen wir in das grüne Zoldano nach Pecol und Marison hinunter. Zu Füßen des Civetta-Nordkammes liegt verträumt der dunkelgrüne Coldaisee. 15 Tagwerk ist er groß und etwa 10 Meter tief. Wenn nach dem übernächsten Joch die Tissihütte und der breite Fuß der berühmten Civetta-Nordwestwand sichtbar werden, lasse man sich nicht verleiten, die erreichte Höhe entlang des Wandfußes halten zu wollen. Müheloser, ungefährlicher (Steinschlag!) und auch schneller kommt man auf dem markierten Weg voran; auch wenn es zuerst mal wieder abwärts geht. An die Gipfelflanke des Col Rean mit Blick zur »Riesenorgel« Civetta duckt sich die schmucke Tissihütte. Ein Sonnenuntergang im Angesicht der verglühenden Riesenwand, der Tiefblick zu den aufblitzenden Lichtern im abendlichen Cordèvoletal mit dem Profil der Marmolada im Hintergrund und eine gemütliche Runde beim Vino rosso am flackernden Kaminfeuer der rustikalen Hütte ergeben einen unvergesslichen Zusammenklang von Erlebnissen.

Anderntags wandern wir durch das blumenreiche und von Quellwassern erfüllte Val Civetta, vorbei an aufgelassenen Almhütten, zur 1929 erbauten, geräumigen Vazzolèrhütte. Hier treffen wir wie auf der Tissihütte mit den extremen Kletterern zusammen, die von diesen Stützpunkten aufbrechen, um schwierige Kletterrouten anzugehen. In der Bergkapelle nebenan sind in zwei Gedenktafeln die Namen italienischer und deutscher Bergsteiger eingraviert, die im Gebiet der Civetta abstürzten. Unter anderem lesen wir auch den Namen Leo Maduschka. Der bekannte Münchner Schriftsteller erfror 1932 beim Versuch, die Solleder-Route in der Civetta-Nordwestwand zu durchklettern. Wie Riesenzinnen bewachen der Torre Trieste und der Torre Venezia den südlichen Zugang zur Civetta. Vorbei an den gewaltigen Moiazzawänden queren wir das oberste Corpassatal. Jenseits des Cordèvole wird es von der 1500 Meter hohen Wand des Monte Agnèr begrenzt. Sie ist damit die höchste Felswand der gesamten Dolomiten. Nach zweimaligem Jochanstieg und über einen Natur-Trimini-Pfad, bestehend aus elastischen Latschenästen, kommen wir zum nächsten Tagesziel, zur Carestiatohütte. Der Vorbau des Fogher verrät schon außen den offenen, von Bänken umgebenen Kamin im Innern. Wer seine Ausrüstung für die Begehung der Via ferrata in der Schiara vorausgeschickt hat und all jene, die ein Refugium mit Gasthofbequemlichkeit einer einfachen Berghütte vorziehen, wandern noch eine halbe Stunde weiter bis zum Duranpass.

Der 21. Wandertag beginnt mit einem Abstieg. Der Duranpass verbindet das Agordino mit dem Zoldano. Südlich des Duranpasses findet man erst seit 1966 Wegezeichen. Die Route hinüber zur Schiara hat der bekannte Bergsteiger Professor Giovanni Angelini markiert.

Nach der Forcella Dagarei streben wir über Schotterhänge, durch Latschengestrüpp und Felslabyrinthe der von Unkraut eingewachsenen Moscesinalm zu. Auf dem gleichnamigen Joch öffnet sich erneut ein Ausblick in das stille Zoldano, diesmal hinaus zum Hauptort Forno die Zoldo. Am Tagesziel bei der Privathütte Pramperet (Sommariva) erwartet uns eine Bilderbuch-Landschaft. So klangvoll wie der Name Pra della Vedova ist, so malerisch lagern die großen Felsblöcke mit und zwischen den bizarr gewachsenen Lärchen auf den sattgrünen Matten. (Touristische Hinweise siehe nach dem nächsten Abschnitt.)

Hinweise zur Wanderskizze des 19.–21. Tages

1 Masarè: 978 m, Siedlung von Pensionen und Ferienhäusern am Alleghesee; östl. des Ortes am Il Piz Abbruchstelle des Schichtflächen-Bergsturzes; Materialseilbahn zur Tissihütte.

2 Cordèvole: Westlicher Nebenfluss des Piave; Quellgebiet ca. 2330 m hoch am Pordoijoch; Länge ca. 78 km; durch Bergsturz im Jahr 1771 Aufstau des Alleghesees.

3 Civetta: 3220 m, Hauptdolomit, Name in deutsch: Steinkauz; gewaltiges Felsmassiv mit Wänden und Türmen und einer Länge von ca. 7 km; Erstbesteigung durch den Gemsjäger Simeone de Silvestro, vermutlich 1855; im Jahre 1867 erstiegen von Engländern, Schweizern sowie von Paul Grohmann mit Silvestro; fast 1200 m hohe Nordwestwand, »Wand der Wände«, erstmals 1925 durch die Münchner Gustav Lettenbauer und Emil Solleder (Solleder-Route, Schwierigkeitsgrad VI) durchstiegen.

4 Agordo: 611 m, Hauptort des mittleren Cordèvoletales (Agordino) am Fuß der Pala- und der Tamèrgruppe; Pfarrkirche 16. Jahrh., Palazzo de Manzoni 17. Jahrh.; bereits ab 1869 CAI-Sekt.; Straßen nach Fiera di Primiero und über den Duranpass in das Zoldano.

5 Zoldano: 848–1550 m, Tal-Landschaft, durchflossen vom Maè; erstmals erwähnt 1185, als Papst Luzius III. dem Belluneser Bischof das Besitztum des Zoldano bestätigte; waldreich, Mittelpunkt ist der Ort Forno di Zoldo (Forno = Ofen); Bergwerke im 15. und 16. Jahrh.

Berghütten:

6 Rif. Coldai: 2135 m, CAI-Venezia, geöffnet 20. 6. bis 30. 9., 87 Lager; Ausgangspunkt für die Civettaersteigung über die Via ferrata d'Alleghesi und für die Begehung des »schönsten Spaziergangs der Dolomiten«. Tel. 04 37/ 78 91 60.

7 Rif. Tissi: 2275 m, auf dem Col Rean gelegen, benannt nach Attilio Tissi, dem Bergsteiger aus Belluno und Abgeordneten in Rom; CAI Belluno, geöffnet 15. 6. bis 20. 9., 15 Lager, 50 Betten, Tel. 04 37/72 16 44; erbaut 1963.

8 Rif. Vazzolèr: 1740 m, CAI-Conegliano, 20. 6. bis 20. 9., 52 Betten, 34 Lager; Ausgangspunkt für die Civettabesteigung über die Via ferrata A. Tissi. Tel. 04 37/66 00 08.

9 Rif. Carestiato: 1933 m, CAI-Agordo, an der Moiazza mit Ausblick auf den Talkessel von Agordo gelegen, benannt nach Bruto Carestiato, 40 Betten. Tel. 04 37/6 29 49.

10 Rif. Pramperet: 1857 m, auf dem Pra della Vedova, Privathütte v. H. Titto Somariva aus Forno di Zoldo, 45 Lager, erb. 1965, umgebaut 1990, bewirtschaftet vom CAI-Oderzo.

22. und 23. Wandertag: Pramperet – 7° Alpinihütte – Belluno mit Ausweichvarianten

Durch die südlichen Dolomiten

Nach einem stärkenden Frühstück auf dem bescheidenen Rif. Pramperet sind am 22. Wandertag zwei hohe Bergbarrieren zu überwinden. Es ist deshalb ratsam, das Lager möglichst früh zu verlassen. Die weltentrückten Gipfelgrate zwischen Monte Talvena und Cime di Città sowie die wild zerklüftete Schiara sind der hochalpine Abschluss der gesamten Fernwanderung. Über Latschenhänge führt der Weg hinauf zur Portela del Piazedèl und weiter über Schotterterrassen zu den berühmten Bergschultern der Cime di Città. Wie weite Logen in einem Riesen-Amphitheater öffnet sich beim Abstieg zur Cas. Pian de Fontana Mulde um Mulde. Vorsicht Vipern! Die als Rifugio von der Sektion Longarone eingerichtete Quellenalm bietet 25 Nächtigungsplätze (Rif. Pian de Fontana, Tel. 03 30/40 64 49 oder 04 37/77 18 41). Beim Aufstieg zum Varettajoch braucht das Ausbleiben der Markierungen nicht zu beunruhigen. Der breite Weg im schattigen Laubwald führt sicher zu den steilen Gipfelhängen der Cime della Scala, hoch über dem Val Vescovà. Fast 500 Meter unter uns liegt im Talgrund das Rif. Furio Bianchet.

Allerspätestens hier muss man sich entscheiden: Steigt man zu dieser Schutzhütte ab, um anderntags zur Busstation nach La Muda hinauszuwandern, oder geht man die mehr als 500 Höhenmeter zur Marmòlscharte an. Letzteres ist nur unbedingt Trittsicheren und Schwindelfreien zu empfehlen; und dies auch nur bei sicherem Wetter. Eine Umwelt voll schauriger Schönheit umgibt uns in den Schiaraschluchten. Oben auf der Scharte halte man sich zuerst rechts und achte

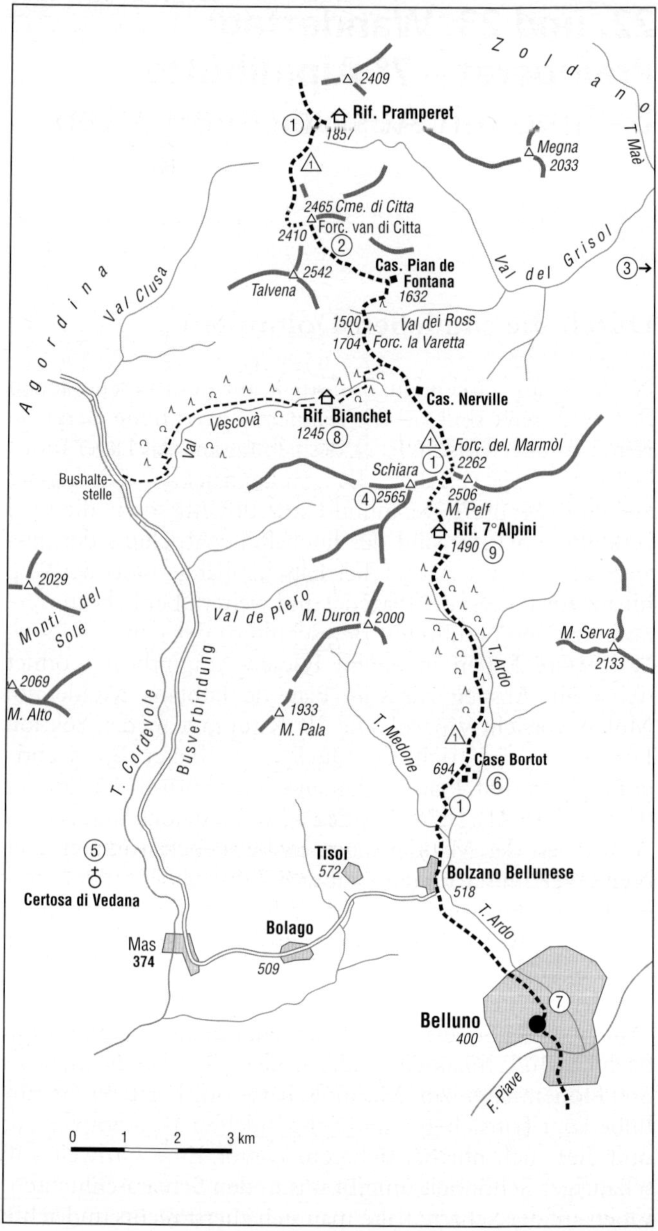
Zoldano
T. Maè
2409
Rif. Pramperet
1857
Megna
2033
2465 Cme. di Citta
2410
Forc. van di Citta
Val del Grisol
Agordina
Val Clusa
2542
Talvena
Cas. Pian de Fontana
1632
1500
Val dei Ross
1704
Forc. la Varetta
Cas. Nerville
Rif. Bianchet
1245
Val Vescovà
Forc. del. Marmòl
2262
Schiara
2565
2506
M. Pelf
Rif. 7°Alpini
1490
Bushaltestelle
2029
Monti del Sole
Val de Piero
M. Duron
2000
M. Serva
2133
T. Ardo
2069
M. Alto
T. Cordevole
Busverbindung
1933
M. Pala
T. Medone
Case Bortot
694
Certosa di Vedana
Tisoi
572
Bolzano Bellunese
518
Mas
374
Bolago
509
Belluno
400
F. Piave
0 1 2 3 km

sorgfältig auf die Markierungen. Äußerst gefährlich wäre es, in die vereiste Südschlucht abzusteigen. Entlang der Farbzeichen folgt in einiger Entfernung nach der Scharte die Biwakschachtel Marmòl (9 Schlafstellen). Die anschließende Via ferrata Marmòl ist eine ausgesetzte Steiganlage. Doch sind die Eisenleitern nie länger als ein Dutzend Sprossenabstände, und zwischen den Seilsicherungen folgen immer wieder Geröllabsätze. Die Anlage überwindet die Ostseite der Schiara-Südwand mit 600 Meter Höhenunterschied. Nun kommt die vorausgeschickte Klettersteigausrüstung zum Einsatz. Selbstsicherung und Steinschlaghelm dienen der eigenen Sicherheit. Zum Schutz anderer achte man streng darauf, keine Steine loszutreten. Schöne und beinahe furchterregende Felsszenerien öffnen sich hier den mutigen Bergsteigern.

Auf den Grasschultern der Rif. 7° Alpini liegen dann die alpinen

Touristische Hinweise für die 5 Wandertage in den südl. Dolomiten:

19. Tag: Masarè-Rif. Tissi, ca. 12km, 1353 Hm Aufstieg, 50 Hm Abstieg, Einkehrmöglichkeiten am Weg.

20. Tag: Rif. Tissi-Carestiato, ca. 14 km, 650 Hm Aufstieg, 998 Hm Abstieg, Einkehrmöglichkeiten.

21. Tag: Rif. Carestiato-Pramperet, ca. 14 km, 647 Hm Aufstieg, 723 Hm Abstieg, keine Einkehrmöglichkeiten (evtl. verlängern bis Rif. Pian de Fontana!).

22. Tag: Rif. Pramperet-7° Alpini (bzw. Rif. Bianchet) ca. 14 km (11), 1367 Hm Aufstieg (757), 1734 Hm Abstieg (1369), keine Einkehrmöglichkeiten.

23. Tag: Rif. 7° Alpini-Belluno, ca. 13 km (8), 90 Hm Aufstieg, 1187 Hm Abstieg (760), Einkehrmöglichkeiten am Weg.

Fürher und Karten: H. Delago, Dolomiten Wanderbuch, Tyrolia Verlag Innsbruck; Pierro Rossi, Hohe Route der Dolomiten Nr. 1, Verkehrsamt der Provinz Belluno; Olaf Beer, Vom Pustertal nach Belluno; Franz Hauleitner, Dolomiten-Höhenwege 1–3, mit Karten 1:50 000; Höfler/Werner, Klettersteige der Dolomiten, beide Bergverlag Rother, Ottobrunn. Wanderkarte 1:50 000, Casa Editrice Tabacco, Udine; Kompass-Wanderkarte 77

Literatur: *Wolftraud del Concini, Marmolada–Civetta–Pala, Bergverlag Rother, München; G. Langes, Autorama, Universitäts Verlag Innsbruck.

Gefahren hinter uns. Durch die Schiara führen weitere Steiganlagen. Diese markierten und gesicherten Routen ermöglichen eindrucksvolle Rundtouren. Zwei Buchen stehen im obersten Talabschluss auf 1800 Meter Höhe. Vermutlich ist es der höchste Buchenstandort in den Alpen. Eine Bergkapelle oberhalb der Hütte erinnert an die abgestürzten Kletterer.

Am nächsten Tag ist der Weg hinaus über Case Bortot (Denkmal von 1985 für die Gründer des Dolomitenhöhenweges Nr. 1; ab hier Fahrsträßchen) und Bolzano Bellunese nur mehr eitel Freude. Mit Maronibäumen, Zedern und venezianischer Kunst umschmeichelt uns die liebliche Atmosphäre des warmen Südens.

Ostumgehung der Schiara

Rif. Somariva – Casera Palughet – Belluno, Planung mit Kompass-Wanderkarte Nr. 77; Erfahrungen über die Begehbarkeit liegen noch nicht vor.

1. Tag: Rif. Somariva, 1857 m, Weg Nr. 513; Val C. dei Nass – di dentro, 703 m; Weg Nr. 572 zur Cas. Gravedèl (verf.), 1460 m; Weg Nr. 509 (bis Beluno auch Dolomiten-Höhenweg Nr. 3): Cas. di Cajada, 1157 m – Cas. Col d'Igoi, 1278 m – Cas. Palughet, 1257 m. Tagessumme: 16 Kilometer, 1870 Hm ab, 1270 Hm auf.

2. Tag: Cas. Palughet, 1257 m; Weg Nr. 509 bis zur Brückenabzweigung, dann Weg Nr. 519 bis Belluno; Stationen: Forc. Palughet, 1521 m – Forc. Cervoi, 1665 m – Cas. Ronch, 1324 m – Bar Roanza 860 m – Belluno. Tagessumme: 17 Kilometer, 1450 Hm ab, 560 Hm auf.

Hinweise zur Wanderskizze des 22. und 23. Tages

1 Dolomiten-Höhenweg Nr. 1: Durchgehend markierte Wanderroute vom Prager Wildsee bis Belluno; der Wegverlauf wurde erstmals 1966 in der Zeitschrift »Alpinismus« beschrieben.

2 Karrenverwitterung: Auch als Schratten bezeichnet; die Auslaugungs- und Erosionsformen sind verschieden tief und treten auf vegetationslosem Kalkgestein auf.

3 Longarone: 10 Kilometer östlich der Wanderroute gelegen; im Jahre 1963 Bergsturz mit 60 Mill. Kubikmeter Gestein und Erde vom Monte Toc in den Vaiont-Stausee, 100 Meter hohe Flutwelle vernichtete den Ort und tötete 2000 Menschen. Die Staumauer hatte standgehalten.

4 Schiara: 2565 m, Berggruppe mit vier ausgebauten Steiganlagen; 1952 Via ferrata Col. Luigi Zacchi, mit Biwakschachtel Bernardina; 1959 Via ferrata Berti, 1963 Via ferrata Sperti mit gleichnamiger Biwakschachtel; 1966 Via ferrata Marmòl mit gleichnamiger Biwakschachtel; Felswahrzeichen westlich des Gipfels ist die Felsnadel Gusèla.

5 Certosa di Vedana: Gegründet 1155 als Hospiz des hl. Markus von Vedana, Stützpunkt für Rompilger; seit 1456 Kartäuserkloster, Erweiterung der Klostergebäude 1521, Kreuzgang; Führung für Männer möglich; weiße Ordenstracht; einziges Kartäuserkloster in Deutschland: Seibranz bei Leutkirch.

6 Case Bortot: 707 m, Ende des Fußweges beim Abstieg von der Rif. settimo Alpini, Parkplatz und Gasthaus. 3 km bis zur Bushalte nach Bolzano Bellunese (Bus nach Belluno).

7 Belluno: 400 m, ca. 33 000 Einwohner, Name von Bello (Gottheit) und Dunum (Hügel), Hauptstadt der gleichnamigen Provinz; 110 Straßenkilometer nach Venedig, 71 km nach Cortina; anmutige Lage auf Felssporn zwischen einmündendem Ardobach und Piave. Talblicke erinnern an den Isarwinkel. Bischofssitz, Lebensmittel- und Möbelindustrie, zahlreiche Buslinien, Bahnstation. Viele Sehenswürdigkeiten, Hallenbad.

Berghütten:

8 Rif. Bianchet: 1245 m, CAI-Belluno, 36 Betten, Forststraße in das Cordèvoletal, vorher aufgelassene Alm »Pian dei Gat«. Tel. 04 37/66 92 26.

9 Rif. settimo Alpini: 1490 m, CAI-Belluno, im Hochkar Pis Pilon, 41 Schlafplätze, geöffnet Ende Juni bis Ende September. Tel. 04 37/94 16 31.

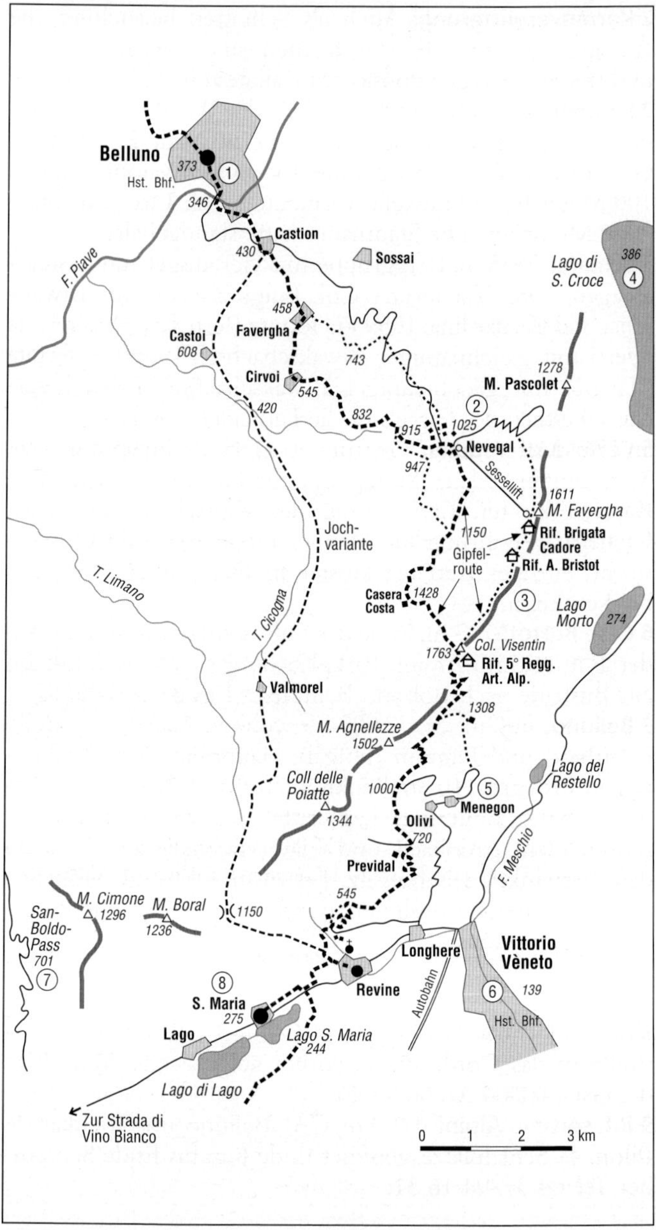
Belluno
373
1
Hst. Bhf.
346
Castion
430
Sossai
F. Piave
Lago di
S. Croce
386
4
458
Favergha
Castoi
608
743
1278
M. Pascolet
Cirvoi
545
2
420
832
915
1025
Nevegal
947
Sessellift
1611
M. Favergha
Rif. Brigata
Cadore
1150
Gipfel-
route
Rif. A. Bristot
Joch-
variante
T. Limano
Casera
Costa
1428
3
Lago
Morto
274
T. Cicogna
1763
Col. Visentin
Rif. 5° Regg.
Art. Alp.
Valmorel
1308
M. Agnellezze
1502
Coll delle
Poiatte
1344
1000
5
Menegon
Lago del
Restello
Olivi
720
Previdal
F. Meschio
545
M. Cimone
1296
M. Boral
1236
(1150
San-
Boldo-
Pass
701
7
Longhere
Vittorio
Vèneto
8
Revine
Autobahn
6
139
S. Maria
275
Hst. Bhf.
Lago
Lago S. Maria
244
Lago di Lago
Zur Strada di
Vino Bianco
0
1
2
3 km

24. Wandertag: Belluno – S. Maria di Revine Lago

Über den Schneeberg an die Weinstraße

Gegenüber der felsigen Schiara erhebt sich wie ein großer Aussichtsbalkon der breite Rücken des Nevegals. Er gipfelt im 1761 Meter hohen ColVisentin und wird imWesten vom Piave umflossen, im Osten begrenzt ihn die Strada d'Alemagna. Diese führt dort über den Fadaltopass und vorbei am Lago Morto und Lago di S. Croce. Der Berg trennt das liebliche Val Belluna vom Coneglianer Hügelland, das nach Süden in die Tiefebene ausläuft. Der Nevegal – zu deutsch Schneeberg – ist im Winter ein beliebtes Skigebiet.

Mit den nächsten zwei Tageswanderungen durchschneiden wir den großen Piavebogen und treffen erst wieder bei Priula auf den südlichen Wildfluss. Der letzte alpine Höhenrücken kann ohne Mühe mit Linienbus (ab Bf. Belluno bis Hotelsiedlung Nevegal, 1025 m) und anschließendem Sessellift erklommen werden. Der Lift überwindet eine Höhendifferenz von 590

TOURISTISCHE HINWEISE FÜR DIE GIPFELROUTE: Ca. 27 km, 1417 Hm Aufstieg, 1560 Hm Abstieg, ohne Aufstiegshilfe sehr anstrengende und lange Bergwanderung, Einkehrmöglichkeiten am Weg.

KARTEN: Tourist Map Wanderkarte 1:50 000 mit Begleitheft »Le Prealpi di Vittoria Vèneto« Belletti Editore, 47843 Misano Adr. (Rn) – Italy; erhältlich bei: Geo-Buchhandlung, München.

LITERATUR: *Piero Rossi, Reiseführer durch das Dolomitengebiet, Vaccari–Sesto S. Giovanni (Italia); *Grieben-Reiseführer, Band 248, »Östl. Südtirol Trentino«, Karl Thiemig Verlag München; *Franco Sirena, Belluno, Guida Turistika Tipographia, Piave-Belluno.

Meter und endet oben auf dem Monte Faverghera neben der Rif. Brigata Cadore. Allerdings kann es sein, dass die Bergbahn werktags im Herbst nicht mehr in Betrieb ist. Nach der Hotelsiedlung Nevegal steigt die breite Autostraße bis hinauf zum Ristorante La Casera (1396 m). Nach gut 1 Kilometer erreicht der Wanderer dann einen botanischen Alpengarten mit Einkehr. Vorbei an Schutzhäusern winkt schließlich nach weiteren 4 Kilometern der 1763 m hohe Col Visentin, der allerletzte Gipfel auf unserer Alpenüberquerung.

Stimmungsvoll ist es, bei Tagesanbruch aufzubrechen, wenn Belluno langsam erwacht und hinter den Fenstern der Palazzi noch die letzten Lichter brennen. Der Weg führt zuerst hinunter an den Schicksalsfluss Piave. Im weiteren Verlauf besteht die ganze Tageswanderung aus einem gewaltigen Auf- und Abstieg. Bei wiederholtem sorgfältigen Kartenstudium gelingt es, auf Nebenwegen durch die Dörfer Castion, Faverga und Cirvoi die Siedlung Nevegal zu erreichen. Unterwegs wird der Blick nach Norden immer freier. Ab dem Ort Nevegal leiten Markierungen zur Höhe. Vorbei an der Liftstation halten wir uns vorerst an den Weg Nr. 2. Nach einem steilen Anstieg an der Skiabfahrt verläuft er später auf einer Länge von ca. 2 Kilometer fast in derselben Höhenlage. Er führt durch liebliche Wald- und Felspartien, wo im Spätsommer köstliche Wildfrüchte reifen. Bei einer Wegabzweigung an einem Hangabschnitt wählen wir Nr. 4 (Sentiere della Costa). Erneut wird der Anstieg steiler. Durch den lichter gewordenen Wald schauen die Dolomiten herüber. Die Grundmauern der Casera Costa sind von hohen Brennnesseln eingewachsen. Über Bergwiesen steigen wir dem Gipfel des Col Visentin zu. Die technischen Einrichtungen und das Haus (Übernachtungsmöglichkeit, Tel. 04 37/2 71 10) sind schon von weitem erkennbar. Dort oben sollte einem der Wettergott Föhn schicken; schreibt doch Pierro Rossi, der Belluneser Schriftsteller im Merianheft 11/IX »Dolomiten« von diesem Höhenrücken: »Die Dolomiten und Venedig mit einem einzigen Blick zu erfassen: das ist ein fast magisches Panorama, das diesen schönen Berg einzigartig macht.«

Beim Abstieg nach Süden benütze man die ersten Kilometer die breite Bergstraße. Da und dort sind Abkürzungen möglich; doch in den steinigen Böschungen ist Vorsicht geboten. Erst bei der westlichen Kehre auf einer Meereshöhe von nur mehr 1000 Meter (Schild »Casera dei Caprari«) suche man über Wiesenwege und Hangpfade Verbindung zur etwa 300 Meter tiefer und weiter westlich verlaufenden Straße. Frei schweift der Blick hinaus zur dicht besiedelten Talsohle von Vittorio Vèneto und hinüber zu den Seen von Revine und der dahinter verlaufenden Weißweinstraße. Dem 2. Bergsträßchen folgen wir hinunter bis auf eine Meereshöhe von etwa 550 Meter. Bei einer Kehre verlassen wir auch dieses, durchqueren eine Schlucht, und nach einem Wiesenweg nimmt uns für kurze Zeit ein steiniger Hohlweg auf, den wir wieder hinaus auf die Wiesen verlassen. Entlang von Zufahrtswegen der an den Hängen liegenden Häuser kommen wir zu einem Ausblick auf den malerischen Kreuzweg an der Kirche von Revine.

Unten im Ort lädt das Hotel Giula (Via Sole 3) zum Verbleiben ein. Zum Dorf Santa Maria am See geht es oberhalb der Talstraße, entlang von Steigen, Zufahrtswegen, rustikalen Mauern und Weingärten. Lohnt das Wetter eine Besteigung des Col Visentin nicht und will man außerdem die Omnibus- und Sesselliftverbindungen meiden (sie verkehren im Herbst meist sowieso nicht mehr), dann bietet sich ein nur etwa 1150 Meter hoher Übergang nach Revine an. Diese Jochvariante entlang der Cicogna und über Valmorel ist kürzer, landschaftlich auch sehr reizvoll, und man spart etwa 600 Höhenmeter Auf- und Abstieg. Bei einer Länge von etwa 23 Kilometern und einer Höhendifferenz von ca. 1025 m auf- und 868 m abwärts ist jedoch die zu erbringende Leistung nicht zu unterschätzen. Umso mehr, als Orientierungsprobleme und Schwierigkeiten beim Abstieg vorprogrammiert sind. Als Abstiege stehen zur Auswahl: Ein teilweise ein-, ja, zugewachsener und dornenreicher Fußweg nach Santa Maria sowie ein steiles Teersträßchen nach Revine.

Hinweise zur Wanderskizze des 24. Tages

1 Belluno: Vorgeschichtliche Siedlung, 184 v.Chr. von Römern erobert, Einfälle germanischer und gotischer Stämme, unter den Franken regierten gräfliche Bischöfe, dann oberitalienische Herrschergeschlechter; 1404 freiwillig zu Venedig, 1814–1866 österreichisch.

2 Nevegal: 1000 m, Hotelsiedlung, Touristenzentrum im Sommer und Winter, 12 km Straßenverbindung von Belluno, Linienbus, alljährliches Autorennen, Lifte zum Kamm des Col Visentin, Gebiet für Höhlenforscher.

3 Berghütten auf der Kammlinie des Col Visentin:

a) Rif. Brigita Alpina Cadore, 1610 m, CAI, 40 Betten, in der Nähe botanischer Alpengarten mit über 1000 Pflanzenarten.

b) Rif. Angelo Bristot, 1616 m, privat, 20 Betten, geöffnet bis ca. 20. 9., Tel.: 04 37/29 81 74.

c) Rif. 5° Art. Reg. Alp., Tel. 04 37/2 71 10.

4 Lago di S. Croce: 386 m, an der Strada d'Alemagna am Fuße des Fadaltopasses (488 m, klassischer Übergang vom Piavetal nach Vittorio Veneto), zwischen Col Visentin und der Hochfläche des Cansiglio gelegen; 4,5 km lang, 2 km breit, am Südende Ferienort S. Croce del Lago, Buslinie von Belluno (18 km).

5 Bergdörfer Olivi und Menegon: 658 m, abseits der Wanderroute am Abstieg nach Vit. Vèneto, Einkehr- und Übernachtungsmöglichkeit im Café Pavan (Zufahrt von Longhere (schmales Bergsträßchen).

6 Vittòrio Vèneto: 139 m, 30 000 Einwohner, verkehrsreicher Talkessel zu Füßen der Belluneser Voralpen; malerische Altstadt mit Laubengängen, sehenswerten Kirchen und Palästen, besonders der Dom (15. und 18. Jahrh.) mit Altarbild von Tizian (1547), Castell San Martino (Bischöfliche Residenz), Loggia von Sansovino (Kriegsmuseum); Motorrad- und Zementfabrik; östlich der Stadt in Fregona eindrucksvolle Calieron-Höhlen; 24. 10. bis 4. 11. 1918 letzte Schlacht des Ersten Weltkrieges an der italienisch-österreichischen Front.

7 San-Boldo-Pass (Passo di San Ùbaldo): 706 m, 1917/18 von österr. Pionieren hinter der Piavefront erbaut; einzigartig durch die beidseitig in die Felsen gebauten Kehren.

8 Santa Maria di Revine Lago: 275 m, Dorf oberhalb des Lago S. Maria; Campingplatz.

25. Wandertag: S. Maria – Ponte Priula

Über die letzten Hügel

Die erste Wanderung südlich der Alpen erschließt eine reich gegliederte Landschaft. Sie ist angefüllt mit kleinen Feldgehölzen, verträumten Bachtälern und entlegenen Bauernhöfen. Versteckt zwischen Weingärten und lose aufeinandergeschichteten Steinhaufen liegen sie meilenweit entfernt von den belebten Asphaltstraßen und lauten Städten. Der flüchtig auf den großen Touristenwegen Dahineilende ahnt nicht die intime und ursprüngliche Atmosphäre dieser ausgeprägt schönen Hügellandschaft. Landsträßchen schlängeln sich durch geschlossene Täler, klettern auf Anhöhen zu ein paar Häusern oder zu irgendeinem alten Schloss. Dort herrscht noch Friede, und die Stille wird nur vom Gesang der Vögel unterbrochen. Künstler, Heilige und Dichter liebten dieses Land; von Venantius Fortunatus bis zum hl. Martin, von Pietro Bembo zu Robert Browning und von Giorgione bis zu Tizian. Es ist eine Landschaft wie sie Eichendorffs Taugenichts auf seinem Weg nach dem Süden durchwanderte.

Touristische Hinweise: 25. Tag: 27 km, 354 Hm Aufstieg, 511 Hm Abstieg, Einkehrmöglichkeiten am Weg; anstrengende Hügelwanderung. Die Route benützt fast ausschließlich untergeordnete Straßen und Wege, die ein schnelles Vorankommen auf dieser Tagesetappe ermöglichen.

Karten: Wie unter 24. Wandertag.

Literatur: Prospekte des Provinzial-Fremdenverkehrsamtes Treviso und des staatlichen Fremdenverkehrsamtes.

Da es vom Fuß des Schneeberges vorbei am Mondragon und den

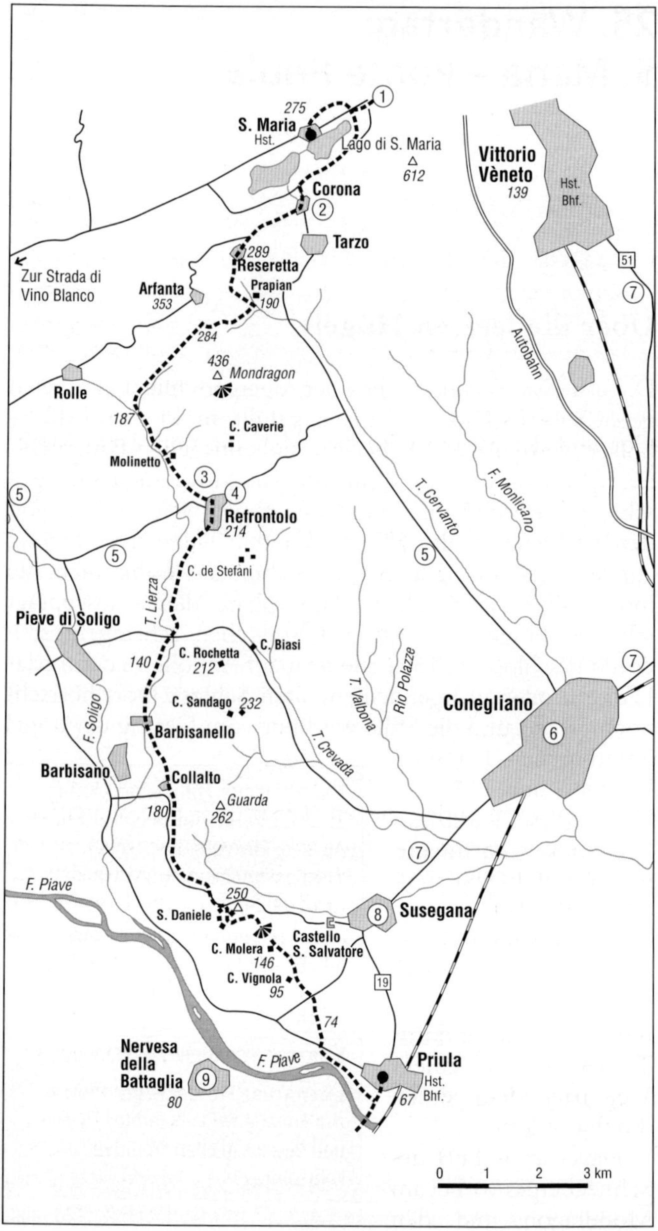

S. Maria
Hst.
275
Lago di S. Maria
612
Corona
Tarzo
289
Reseretta
Prapian
190
Zur Strada di Vino Blanco
Arfanta
353
284
436
Mondragon
Rolle
187
C. Caverie
Molinetto
Refrontolo
214
C. de Stefani
T. Lierza
Pieve di Soligo
C. Biasi
C. Rochetta
212
140
C. Sandago
232
Barbisanello
F. Soligo
Barbisano
Collalto
Guarda
262
180
F. Piave
250
S. Daniele
Castello S. Salvatore
C. Molera
146
C. Vignola
95
74
Susegana
19
Nervesa della Battaglia
80
Priula
Hst.
Bhf.
67
Vittorio Vèneto
139
Hst.
Bhf.
51
Autobahn
F. Monlicano
T. Cervanto
T. Valbona
Rio Polazze
T. Crevada
Conegliano
0 1 2 3 km

vielen Hügeln bis hin zur Ebene bei Priula ein weiter Weg ist, brechen wir zeitig auf. Nordwestlich vorbei am Lago di S. Maria vermeiden wir am Beginn der Wanderung möglichst die Autostraße. Bald aber lässt sich dies nicht mehr einhalten. An den Straßengabeln südlich des Sees wählen wir immer die linke (mehr nach Süden führende) Straße und gelangen so zu der Villensiedlung Corona. Der Ort schmiegt sich an den Hügeleinschnitt, durch den die Straße über Tarzo nach Conegliano führt. Gleich nach dem Geländeeinschnitt verlassen wir nach rechts die belebtere Verkehrsader, und vorbei an einem Krankenhaus und hübschen Landhäusern marschieren wir einige Straßenkehren aufwärts. Jenseits der breiten Talsenke des Fiume Soligo, der von den beiden Seen gespeist wird, begrenzen den Blick nach Norden der Monte Cor und der Monte Cimone. Über die dort 1300 Meter hohe Kammlinie – nach Nordosten steigt sie zum Col Visentin an – verläuft die Grenze zwischen der Dolomitenprovinz Belluno und der Provinz Treviso. Nachdem wir auf dem Asphaltsträßchen an die 100 Höhenmeter überwunden haben, zweigen wir beim Höhenpunkt 337 Meter zum Dörfchen Reseretta ab. Kleine, weiß getünchte Häuser säumen die nach Süden abfallende Dorfstraße. Durch Laubgehölz und entlang eines Baches senkt sich der Weg hinunter zum Gehöft Prapian. Dort wenden wir uns nach Westen und steigen fast hundert Höhenmeter hinauf zur Einsattelung zwischen dem Dorf Arfanta und der Anhöhe des Mondragon. Er bleibt links (im Süden) liegen. Wir behalten die allgemeine Richtung Südwesten bei. Ein Nebensträßchen leitet hinunter zum munteren Bach Lierza. Unterwegs verlocken im September zahlreiche große und fast schwarze Brombeeren zu stärkenden Verschnaufpausen. An der Lierza liegt versteckt die weithin bekannte kleine Mühle (Molinetta della Croda). In Refrontolo, das einen Verkehrsverein hat, stoßen wir auf die Weißweinstraße. Grund genug, in einem der Lokale einen der mundenden Hügelweine zu kosten. Der Weiterweg hält sich in der Nähe des stärker gewordenen Baches Lierza. An der Straße Pieve–Conegliano überqueren wir ihn und streben dann auf der Autostraße Barbisanello zu.

Hinauf zur Burg Collalto und nach S. Daniele lässt der Kraftfahrzeugverkehr wieder nach. Dann heißt es rechtzeitig das Fahrsträßchen nach Castello S. Salvatore verlassen, um auf stillen Feldwegen, vorbei an den Höfen Molera und Vignola, an den Piavedamm unterhalb von Nervesa zu gelangen. Er führt uns zum Tagesziel Priula. So können wir wenigstens auf größeren Teilstrecken den lästigen Autoverkehr meiden.

Auf den Höhen um den Mondragon treffen wir auf Brachland, sich selbst überlassene Weiden und Mischwald, in den Taleinschnitten auf wasserreiche Auen und an den südlich geneigten Hängen auf Weingärten, Mais- und Getreidefelder.

Äußerst beeindruckend endet die Wanderung über die Berge und Hügel. Weit erstreckt sich vor unseren Augen die große Tiefebene bei Priula hinunter bis zur Lagune und an die Adria. Mittendrin durchströmt sie der Piave. Für die Italiener ist er der heilige Fluss des Vaterlandes. Beim Verlassen der Hügel begrenzt das Tal im Westen der im Ersten Weltkrieg heiß umkämpfte Montello. Gegenüber flankiert unseren Blick das aus dem 14. Jahrhundert stammende trutzige Schloss San Salvatore. Nach den Kriegszerstörungen von 1917/18 wurde es wieder aufgebaut. Vom ursprünglichen Bau sind nur zwei Türme und Mauerreste sowie Stücke aus dem 18. Jahrhundert erhalten. Nachdem sich die Augen an der großartigen Weite sattgesehen haben, steigen wir schließlich die allerletzte Anhöhe hinunter. Auf den restlichen Tageskilometern vor Priula umfängt uns erstmals ganz die große südliche Tiefebene.

Auszug aus dem Bericht einer Venedigwanderin: »Priula ist ein schrecklicher Ort. Das von Ihnen angegebene Gasthaus liegt fast an der Kreuzung zweier Hauptstraßen. Da ich es nicht mag, wenn mir die Lastautos durchs Bett fahren, setzte ich mich in die Bahn nach Conegliano, wo es mehr und bessere Übernachtungsmöglichkeiten und es außerdem nachmittags und abends noch etwas zu sehen gibt. Am nächsten Tag ging es wieder zurück nach Priula (eine Haltestelle) und von dort aus weiter nach Bocca Callalta ...« (S. a. Seite 28).

Hinweise zur Wanderskizze des 25. Tages

1 Revine: Malerischer Kreuzweg zur reizvoll am Berghang gelegenen Kirche. – Revine Lago: Charakteristisches Dorf mit steilen Gässchen und alten Steinhäusern; Sanktuar von San Francesco da Paola; zum Weihnachtsabend und Dreikönigsfest werden als volkstümliche Aufführungen die »lebende Krippe« und die »Passion des Herrn« dargeboten.

2 Corona und Tarzo: Ferienorte auf den ersten Hügeln gegenüber den venezianischen Voralpen mit schönen Villen und Parks.

3 Molinetto della Croda: Eindrucksvolle kleine Mühle, landschaftlich schön an einem Felsen nördl. von Refrontolo gelegen.

4 Refrontolo: 216 m, ca. 1700 Einwohner, hübsch gelegener Weinort an den Hügeln südlich des Mondragons (436 m), Schnittpunkt des Traumpfades mit der Weißweinstraße.

5 Weißweinstraße: Erste in Italien geschaffene Weinstraße, 35 km lang, verläuft am Fuß der venezianischen Voralpen durch das Hügelland von Conegliano nach Valdobbiádene.

6 Conegliano:75 m, ca.31 000 Einwohner, malerische Stadt mit historischen Gebäuden und Brunnen zu Füßen der Hügellandschaft; das Schloss ist Ausgangspunkt der Weißwein- und Rotweinstraße; Fachschule und Institut für Weinbau; in beiden Weltkriegen schwer beschädigt.

7 Strada d'Alemagna: Historischer Straßenzug, führt von Venedig über Conegliano–Vit. Vèneto, durch das Cadore und das Pustertal über den Brenner nach Tirol und Deutschland. Auf ihm zogen im Mittelalter die deutschen Kaufleute zu ihrer Niederlassung (Fondaco dei Tedeschi) am Rialto.

8 Susegana: 76 m, ca. 7200 Einwohner, landwirtschaftliches Zentrum am Fuße des Hügels San Salvatore; mit der grandiosen Ruine des gleichnamigen Schlosses (158 m) der Grafen Collalto; wurde im Ersten Weltkrieg schwer beschädigt; herrliche Lage am Rand der Tiefebene unfern des Piave.

9 Nervesa della Battaglia: 80 m, stark umkämpfter Ort im Juni 1918; am Fuße des im Norden und Osten vom Piave umflossenen Hügels Montello (371 m); früher ganz mit Eichen bestanden, jetzt Ackerland mit Waldtälern und Dolinen sowie schönen Ausblicken; am Südosthang oberhalb des Ortes Krieger-Ehrenmal mit Beinhaus; Ruinen der Abtei v. S. Eustachio, Canale d.Victoria.

26. Wandertag: Priula – Fagarè (Bocca Callalta)

Zwischen Wildfluss- und Kulturlandschaft entlang des Piave

Von Priula aus sind es nur noch 49 Straßenkilometer bis nach Venedig. Ein tüchtiger Marschierer schafft dies an einem Tag. Doch wer will schon auf der Autostraße durch das hässliche Industriegebiet Mestre und über den verkehrsreichen Damm in die Lagunenstadt marschieren? Da die großen Verkehrswege quer zum Piave verlaufen, bleibt man bei

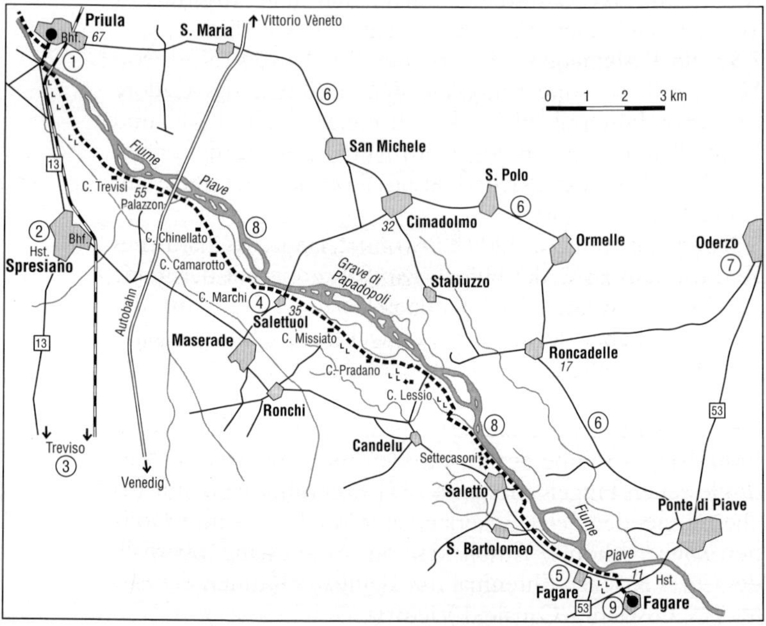

einer Wanderung entlang des Flusses weitgehend unbelästigt von Lärm und Benzingestank. Dafür ist allerdings die Strecke an die Lagune und entlang des Strandes von Cavallino wesentlich weiter. Mit drei Wandertagen müssen wir hier schon noch rechnen.

Zu Beginn des ersten Wandertages in der Ebene deckt sich einen Kilometer lang unser »Traumpfad« mit dem »Spazierweg« von Johann Gottfried Seume. Auf seinem Weg von Leipzig nach Syrakus war er am 1. März 1802 von Conegliano nach Treviso unterwegs gewesen. Nach Überschreiten des Piave wenden wir uns flussabwärts, gehen unter der Eisenbahnbrücke durch und anschließend auf dem Hochwasserdamm weiter. Nach einem Kieswerk halten wir uns erneut an den Damm. Zum Flussbett fällt er mit einer hohen Betonmauer ab. Getragen von mächtigen Betonpfeilern, überquert die Autobahn Venedig–Vittorio Vèneto den Fluss. Achtung! Danach nicht am Fluss bleiben! Sackgasse! Auf dem Asphaltsträßchen unter der Brücke weitergehen, bis diese einen Wasserlauf (Kanal) überquert hat und dann erst wieder nach links in Richtung Hochwasserdamm einschwenken. Sofern wir nicht auf dieser künstlichen Erhöhung dahinwandern können, halten wir uns möglichst im Grenzbereich zwischen Wildfluss- und Kulturlandschaft. Im Schatten von Gehölzreihen und entlang von Wassergräben und Dämmen finden sich hier immer wieder längere Wiesen- und Feldwege. Zwischen Mais- und Getreidefeldern taucht da und dort ein Gehöft auf. In der Aue wächst wie an der Isar die Purpurweide. Ansonsten ist aber der Bewuchs wesentlich üppiger. Wir treffen auf Walnussbäume, Haselnusssträucher, Robinien, Platanen, Maulbeerbäume, Linden und Pappeln. Das bei uns seltene und geschützte Federgras (Stipa pen-

Touristische Angaben: 26. Tag: ca. 26 km, ebenes Gelände, nachmittags Einkehrmöglichkeit.

Karten: Tourist Map Wanderkarte 1:50 000 mit Begleitheft »Treviso ed il Piave« Belletti Editore, 47843 Misano, Adr. (Rn) – Italy; erhältlich bei Geo-Buchhandlung, München.

Literatur: J. G. Seume, Spaziergang nach Syrakus, Verlag J. Friedrich Hartknoch, Leipzig 1839 (Neuauflagen erhältlich).

nata) – es wächst nur im Weinbauklima – glänzt im Gegenlicht. Die Landschaft wird belebt durch zahlreiche Vogelarten wie Pirol, Nachtigall, Wiedehopf, Kuckuck und verschiedene Schwalbenarten. Vor uns fliegen Fasanen auf, und Hasen suchen das Weite. Allerdings wird werktags die Stille in der Flusslandschaft an einigen Stellen vom Lärm der Kieswerke unterbrochen. Um nicht von den Lastwagen eingestaubt zu werden, meide man die Kiesstraßen in der Flussaue. In Richtung Piave enden sie durchwegs in Kieswerken. An den schützenden Betondamm geschmiegt, taucht nach etwa neun Kilometer das Dörfchen Salettuòl an der Piavebrücke auf. Um den Flussübergang bei den Inseln von Papadopoli wurde im Oktober 1918 heftig gekämpft. An die für beide Seiten verlustreichen Kämpfe erinnert das Kriegerdenkmal unmittelbar am Fluss: Auf einem achteckigen Fundament ruht ein Quader; darauf eine Säule mit den Namen der Einheiten, den wichtigsten Daten und Ortsangaben. Daneben ziert eine Marmorplatte und ein Stern die Steinpyramide.

Nach Salettuòl folgen wir dem kurzen Damm, dann begleitet unseren Weg ein Weingarten und schließlich folgt ein etwa zwei Kilometer langer Wiesenweg. Im weiteren Verlauf berühren wir ein Kieswerk, benützen ein kurzes Wegstück eine Teerstraße, gehen an einer Feldahornhecke und Häusern entlang und treffen wieder auf Wiesenwege und Dämme. Draußen im Kulturland liegt die Ortschaft Candelù. Achtung! Ähnlich wie nach der Autobahnbrücke besteht auch nördlich von Candelù, südöstlich vom Weiler C. Lessio, erneut eine Falle durch einen in den Piave mündenden Wasserlauf. Die richtige Route ist der Dammweg nördlich von den Häusern von Candelù. Der schlanke Campanile von Salleto zeigt dann das wieder nahe Piaveufer an. Ein Brunnentrog am Wege gewährt Erfrischung. Vor dem Tagesziel Fagarè fordern einige eintönige Straßenkilometer noch Kraftreserven. Wenn dann rechts die dunklen Zypressen am Kriegerfriedhof von Fagarè zu sehen sind, nähert sich der erste Wandertag in der Ebene seinem Ende. Außer in Fagarè gibt es noch Nächtigungsmöglichkeiten jenseits des Flusses in Ponte di Piave. Der Ort liegt allerdings abseits unserer Route. Abends und in der Frühe sind in diesem Fall zusätzliche 2 Kilometer laute Autostraße in Kauf zu nehmen. Sofern noch Kraftreserven vorhanden sind, ist es da schon günstiger, noch eine Stunde (4 km) bis nach Zenson di Piave weiterzugehen. Der Ort ist hübscher und ruhiger gelegen als die vorhergehenden Ortschaften. Übernachtungsmöglichkeit: Trattoria Al Cacciatore da Adele, Via G. Badini, 26 (Ortsmitte), Tel. 04 21/34 41 78. Wer des Wegesuchens in der südlichen Hitze leid ist, dem sei empfohlen: Mit dem Linienbus ab Maserade (siehe Skizze!) nach der sehenswerten Provinzhauptstadt Treviso fahren und nach der Stadtbesichtigung und einer evtl. Übernachtung den Omnibus weiter nach dem alten, historischen (vecchio) Jesolo nehmen (3 km vor Lido di Jesolo). Nach einer Stärkung evtl. auch mit Nächtigung im Hotel Ristorante »Udinese« da Aldo kann dann die letzte, etwa 24 Kilometer lange Tagesetappe nach Punta Sabbione in Angriff genommen werden. Fremdenverkehrsamt für die Stadt und die Provinz Treviso: I-31100 Treviso, Piazza Monte di Pietà, 8, Tel. 04 22/54 76 32, Fax 04 22/41 90 92.

Hinweise zur Wanderkarte des 26. Tages:

1 Priula: 67 m, Ortschaft an der Ostseite des alten Piave-Überganges (Straßen- und Eisenbahnbrücke) mit einem Gelöbnistempel, der allen Gefallenen an der Piave gewidmet ist. Übernachtungsmöglichkeit: Albergo-Ristorante »San Carlo«, I-31010 Ponte di Priula (Treviso), Telefon: 04 22/2 70 22 (an der Hauptstraße).

2 Spresiano: Holz- und mechanische Industrie, Straßenkreuzungen nach Arcade; die Villa Giustilian-Recanaz ist ein bemerkenswerter Bau vom Ende des 17. Jahrhunderts mit Oratorium.

3 Treviso: 90 000 Einwohner, wasserreiche, mittelalterliche Hauptstadt der gleichnamigen Provinz (660 000 Einwohner, 2477 km²); schon in der Bronzezeit besiedelt, unter den Römern Tarvisium genannt; zur Zeit Karls des Großen besaß Treviso die wichtigste Münzstätte Italiens. Größte Macht als freie Stadt im 13. Jahrh., ab 1339 venezianisch; starke Zerstörungen im Ersten Weltkrieg (durch Fliegerbomben) und erneut im Zweiten Weltkrieg; Dom aus dem 12. Jahrh., Rathaus aus dem 13. Jahrh.

4 Salettuòl: 35 m, Dorf an unserer Wanderroute und unmittelbar am Piave gelegen; Flussübergang bei den Inseln Grave di Papadopoli.

5 Fagarè: Monumentaler Kriegerfriedhof (Beinhaus), geschaffen vom Architekten de Fasco, um die in der Schlacht am Piave gefallenen 15 000 Soldaten aufzunehmen; 80 m langer, 28 m breiter und 15 m hoher Säulengang sowie acht Kapellen.

6 Rotweinstraße: Siehe »Weinstraßen im Vèneto...«, die Wanderroute zu Beginn des vorletzten Wandertages verläuft vom Übernachtungsort Fagare bis Fossalta di Piave entlang der Rotweinstraße.

7 Oderzo: 16 m, ca. 12 200 Einwohner, 88 v. Chr. römische Kolonie, 49 v. Chr. von Pompeus zerstört und von Julius Cäsar wieder aufgebaut; sehenswerter, antiker Stadtkern; Endpunkt der Rotweinstraße.

8 Piave: Siehe auch »Isar und Piave ...«, als Wildwasser für Kajakfahrer ab Perarolo di Cadore empfehlenswert bis Quero, Schwierigkeitsgrade von I-IV.

9 Fagarè: Übernachtungsort vom 26. auf den 27. Wandertag, Albergo-Pizzeria Melody, I-31048 San Biagio di Callalta, Fagarè/TV, Via Postumia Est 160, Tel.: 04 22/79 00 01, Fax: 04 22/89 01 01.

27. Wandertag: Fagarè (Bocca Callalta) – Jesolo

Vom Piave an die Lagune

Der 2. Wandertag in der Ebene ist zugleich der vorletzte der ganzen Wanderung. Während gestern noch die Weite der einsamen Wildfluss- und einer entlegenen Kulturlandschaft das Bild am Wege prägte, überwiegen heute in der intensiv bewirtschafteten Flur die vielen kleinen Ortschaften. Der Fleiß und die menschliche Betriebsamkeit haben die Auwälder bis auf einen Reststreifen entlang des Flussufers verdrängt. Der Piave selbst ist sichtlich gealtert. Von der Frische und der Munterkeit aus dem Cadore und dem Val Belluno ist kaum mehr etwas zu spüren. Das fehlende Gefälle und der Rückstau vom Meer lassen ihn nur noch träge seinem Bestimmungsort, der Adria, zufließen.

Bei unserem Marsch halten wir uns vorerst wieder möglichst an den Fluss, ohne aber dabei all die zahlreichen Schleifen auszulaufen. Gestern konnten wir teilweise den Hochwasserdamm nicht benützen, da er völlig mit Gestrüpp eingewachsen war; heute dagegen trägt er auf lange Strecken ein geteertes Sträßchen, welches uns schnell vorankommen lässt. Über Zenson di Piave bis Fossalta verläuft parallel mit unserem Weg die Rotweinstraße. In den Weingärten reifen in der zweiten Septemberhälfte die Trauben, und da und dort ist die Weinlese schon im Gange. Die Reben werden ent-

TOURISTISCHE HINWEISE: 27. Tag: ca. 31 km, ebenes Gelände, Einkehrmöglichkeiten am Wege.

KARTEN: Wie unter 26. Wandertag und zusätzlich die Karte 1:50 000 mit Beiheft »Litorale di Jesolo«; erhältlich bei Geo-Buchhandlung, München.

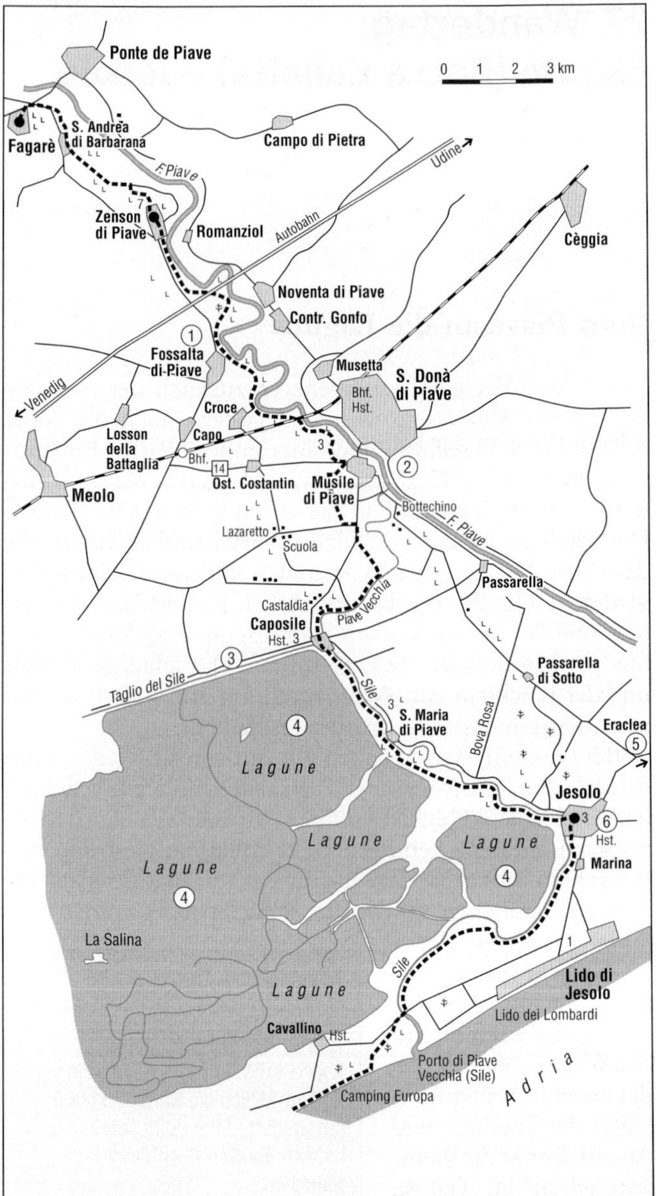

Ponte de Piave
0 1 2 3 km
Fagarè
S. Andrea di Barbarana
Campo di Pietra
F. Piave
Udine
Zenson di Piave
Romanziol
Autobahn
Cèggia
Noventa di Piave
Contr. Gonfo
Fossalta di Piave
Musetta
S. Donà di Piave
Bhf. Hst.
Venedig
Croce
Losson della Battaglia
Capo
Bhf.
14
Ost. Costantin
Musile di Piave
Meolo
Bottechino
F. Piave
Lazaretto
Scuola
Passarella
Castaldia
Piave Vecchia
Caposile
Hst. 3
Taglio del Sile
Passarella di Sotto
Sile
S. Maria di Piave
Bova Rosa
Eraclea
Lagune
Jesolo
Hst.
Marina
La Salina
Lido di Jesolo
Cavallino
Lido dei Lombardi
Porto di Piave Vecchia (Sile)
Camping Europa
Adria

weder an Spalieren gezogen oder nach dem System Belusci in Laubenform kultiviert. (Belusci wurde in Maria di Piave geboren und lebte dort um die Jahrhundertwende.) Die fruchtbaren Äcker geben Erträge an Mais, Weizen, Hafer und Hanf. Aus dem Weizen werden die beliebten Maccaroni hergestellt. Und das Nationalgericht, die Polenta, besteht aus Maismehl, das in Salzwasser gekocht wurde. Zusammen mit Hülsenfrüchten bildet es die Hauptnahrung der ärmeren Volksschichten. Zahllose kleine Kanäle bewässern das Land, und die Wiesen können so bis zu achtmal im Jahr gemäht werden.

Einen Kilometer nach Zenson verlassen wir die Provinz Treviso. Seit der Kammlinie des Nevegals durchwanderten wir sie. Die erste Ortschaft in der Provinz Venezia ist Fossalta di Piave. In der Nähe dieses Weinortes wurde der amerikanische Schriftsteller Ernest Hemingway (1899–1961) am 8. Juli 1918 von einer Mine schwer verwundet. Es war am siebenten Tag seines Fronteinsatzes. Um die rund zweihundert Splitter aus seinen Beinen herauszuholen, wurde er zwölfmal operiert und lag als Verwundeter längere Zeit im Mailänder Lazarett. Diese Erlebnisse am Piave schlugen sich in Hemingways Roman »In einem anderen Land« nieder. Den Ort der Handlung verlegte er dabei an den benachbarten und mächtigeren Tagliamento. Auch sein Roman »Über den Fluss und die Wälder« handelt dort.

Die eingezeichnete Route benützt Nebenstraßen, dann Feldwege am alten Piave. Nach der Karte müsste es auch möglich sein, auf ruhigen Seitenwegen bereits von Croce aus nach Caposile oder über Musile nach Passarella di Sotto an das Tagesziel nach Jesolo zu kommen. Die erste Variante hat den Vorzug, dass sie etwa 10 Kilometer zwischen dem Flüsschen Sile (Piave vecchio) und der verschilften Lagune dahinführt; wohingegen man im anderen Fall länger am Piave bleibt und Musile durchquert. Bedauerlicherweise ist das Kiessträßchen, auf dem wir 1974 zwischen Caposile und Jesolo beschaulich dahinwanderten, auf der Straßenkarte der Provinz Treviso – die im selben Jahr herauskam – als »strada in construzzione« eingezeichnet. Eventuell verbleibt noch eine ganz andere Fortbewegungsart: nämlich mit einem Faltboot auf dem Piave vecchio und dem Sile nach Jesolo zu paddeln. Das zusammengelegte und verpackte Boot könnte bahnlagernd nach S. Donà di Piave geschickt werden. Von besonderem Reiz müsste es sein, die Inseln in der Lagune nach genauem Kartenstudium und mit Hilfe des Kompasses anzufahren, vielleicht auf der geschichtsträchtigen Insel Torcello zu übernachten und am nächsten Tag über Burano und Murano Venedig anzusteuern. Bei einem größeren Faltboot lässt sich auch ein Segel setzen. Am Ende der Wasserreise, nach einer Fahrt durch die Kanäle Venedigs, könnte dann das verpackte Boot vom Bahnhof Venedig aus wieder per Bahn nach Hause geschickt werden. Für einen derartigen Abschluss dieses Aktiv-Urlaubes vergesse man aber nicht, ein Fliegennetz und entsprechende Einreibemittel mitzunehmen.

Auf den schweißtreibenden, flachen Kilometern wünschte ich mir einen Esel als Tragtier. Besser, da pflegeleichter und schneller und doch sportlich und umweltfreundlich wäre ein Drahtesel. Mit ihm ließen sich die zwei anstrengenden Wandertage von Priula bis Jesolo bequem auf einen reduzieren. Andererseits waren es aber gerade die mühevollen Kilometer in der heißen Ebene, das Bad im Meer, der anschließende Gang entlang des Strandes und die Überfahrt mit dem Schiff zum Markusplatz, die die Ankunft in Venedig zu einem besonderen Ereignis machten.

Hinweise zur Wanderskizze des 27. Tages

1 Fossalta di Piave: Weinort an der »Strada del Vino Rosso«; südlichster Punkt der Rotweinstraße, die weiter nach Pralongo und Monastier di Treviso verläuft.
2 Musile und San Donà di Piave: Doppelort, beidseitig des Flusses gelegen; Zentrum für Landwirtschaft, Handel und Industrie (Farmacia, Textilien, Mechanik); Produktion bekannter Weine (»Der Weiße von Donà«). Der Ort wurde im 13. Jahrh. von Fischern und Bauern gegründet, im 15. Jahrh. kam er zu Venedig, 1808 zur Zeit der napoleonischen Besatzung Sitz der Verwaltung des adriatischen Bezirks.
3 Sile: Ca. 80 km langer Fluss in der Provinz Treviso; entspringt in ihrem südwestlichsten Teil, fließt durch die Pro-

vinz Treviso und entlang der östlichen Lagune; Mündung in den Golf von Venedig zwischen Jesolo und Cavallino; früher mündete er bei Mazurbo gegenüber von Burano.

4 Lagune: Flache Buchten und Meeresarme, die durch langgestreckte Landzungen und Inseln vom offenen Meer getrennt sind; ausgefüllt mit Brackwasser; ohne menschliche Eingriffe würden die Wasserflächen versanden und verlanden und die Lagune würde sich weiter in das Meer hinausschieben.

5 Eraclea: Uralter Ort nördlich von Jesolo. Einstmals ein römisches Inselstädtchen in der Lagune von Oderzo; wie Jesolo und Torcello nahm es während des Ansturms der Germanenstämme Bewohner von Concordia, Altino und Aquilea auf. Im 7. Jahrh. flüchtete der Bischof von Oderzo nach Eraclea. Umbenennung in Cittanova; mit dem Aufstieg Venedigs verfiel der Ort (wie Torcello und Jesolo); durch Anschwemmungen verschwand die Insel. In der Nähe Pinienwald und fünf Kilometer langer Badestrand von Eraclea Mare (von der Piavemündung bis Caorle).

6 Jesolo: 3 m, am Rande des heutigen Städtchens Reste der römischen Hafenstadt Jesulum mit den Ruinen des Domes Santa Maria Assunta und den Außenmauern der Basilika San. Mauro (9. Jahrh.). Durch Vertreibung aus verschiedenen Städten Veneziens während der Völkerwanderung starker Zuzug besonders aus Oderzo, um 864 Bischofssitz mit 42 Kirchen; der Mosaikboden der Kathedrale diente als Beispiel für den von San Marco. Mit dem Einfall der Franken begann der Verfall, völlige Zerstörung durch die Ungarn, Ende der Stadt im 15. Jahrhundert.

Gutes Speise- und Übernachtungslokal in Alt-Jesolo: Hotel Udinese da Aldo (3 km vor Lido di Jesolo), Tel. 04 21/95 14 09-7.

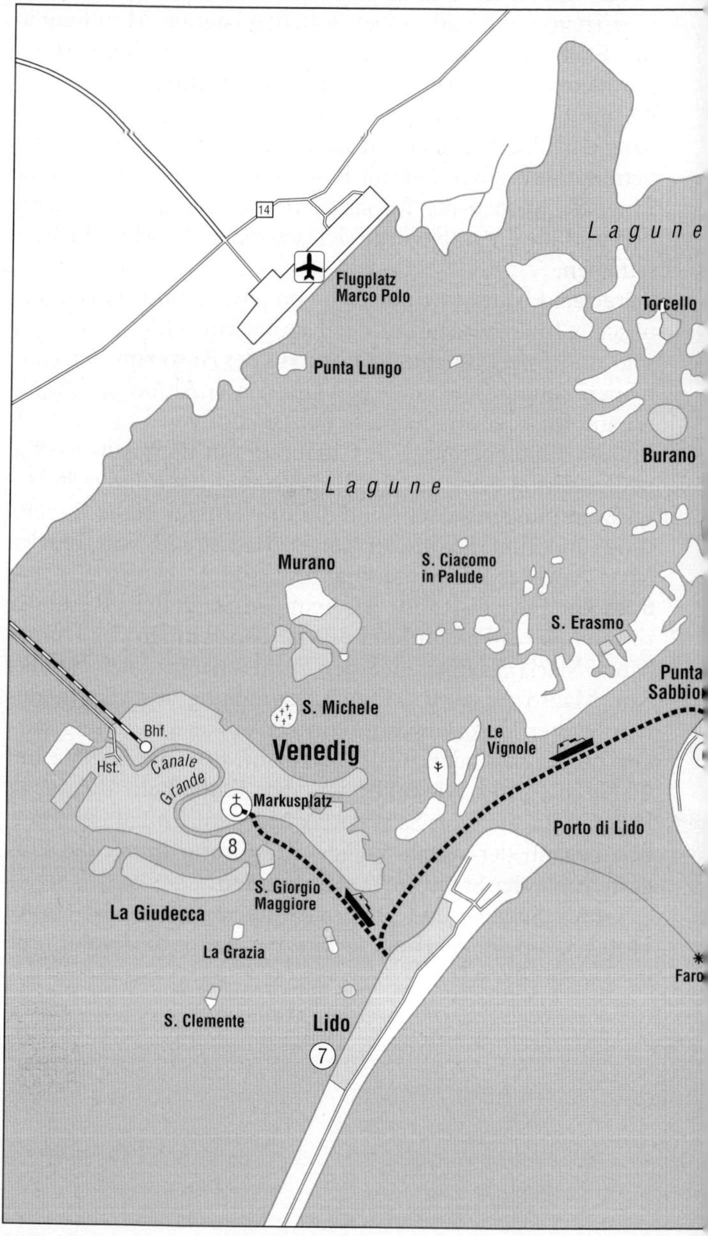

Lagune
Torcello
14
Flugplatz
Marco Polo
Punta Lungo
Burano
Lagune
Murano
S. Ciacomo
in Palude
S. Erasmo
Punta
Sabbio
S. Michele
Bhf.
Le
Vignole
Venedig
Hst.
Canale
Grande
Markusplatz
Porto di Lido
8
S. Giorgio
Maggiore
La Giudecca
La Grazia
Faro
S. Clemente
Lido
7

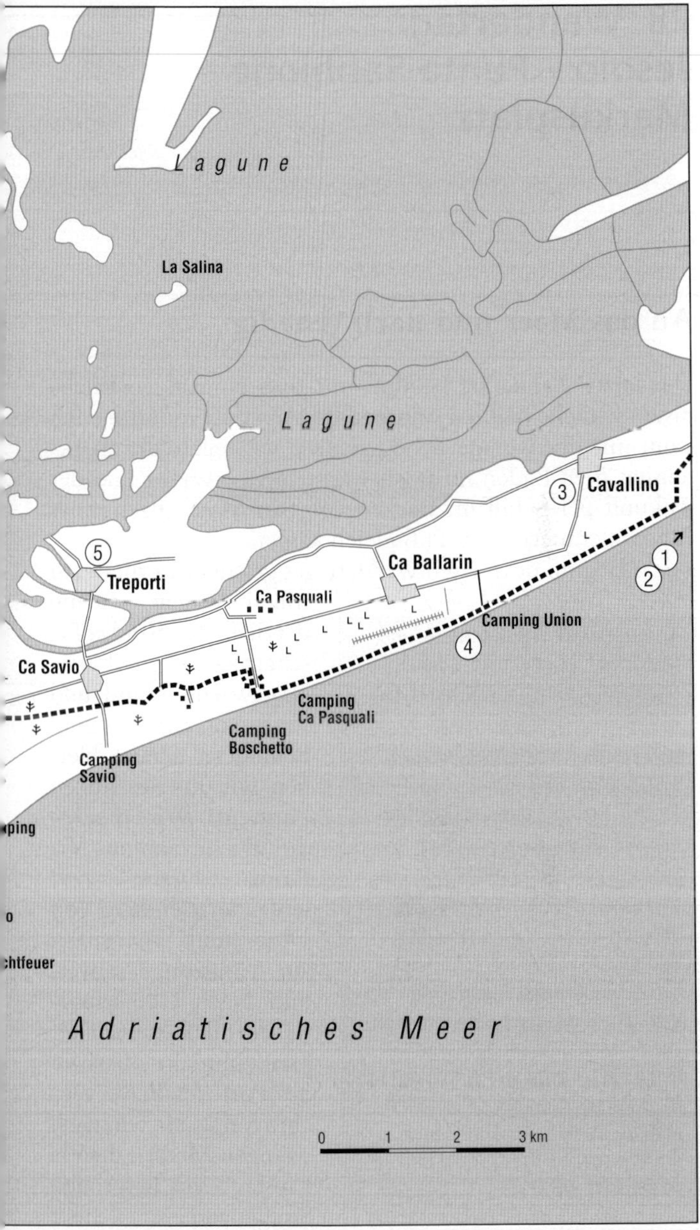
Lagune
La Salina
Lagune
Cavallino
Ca Ballarin
Treporti
Ca Pasquali
Camping Union
Ca Savio
Camping
Ca Pasquali
Camping
Boschetto
Camping
Savio
ping
o
chtfeuer
Adriatisches Meer
0
1
2
3 km

28. Wandertag: Jesolo – Punta Sabbione – Markusplatz

An das Meer und nach Venedig

Der letzte Wandertag belohnt mit zwei einmaligen Erlebnissen manche Mühen während der Alpenüberquerung. Ich kann mir nur wenige Lebensgenüsse vorstellen, die an Intensität dem Baden im noch warmen Meerwasser und der Ankunft per Schiff im Becken von San Marco nach einer Alpenüberquerung zu Fuß gleich kämen.

Zu Beginn des letzten Wandertages gehen wir erneut auf stillen Wegen entlang der Sile. Meist sind es Fischerpfade, die teilweise eingewachsen sind und so das Vorwärtskommen behindern. Heute bleiben wir auf der linken Flussseite. Wir meiden die vielbefahrene Via Roma Destra und schlendern entlang von Obst- und Weingärten zur Landzunge Cavallino. Nach Überschreiten des Sileflusses auf der Straßenbrücke oberhalb des Porto di Piave vecchio verlassen wir nach wenigen Metern die Via Fausta – sie leitet den Straßenverkehr über

Touristische Angaben: 28. und letzter Tag: 24 km Fußwanderung und neun Kilometer Schifffahrt. Einkehrmöglichkeiten am Wege.

Karte: Tourist Map Wanderkarte 1:50 000 mit Begleitheft »Litorale di Jesolo« Belletti Editore 47843 Misano Adr. (Rn) – Italy; erhältlich bei Geo-Buchhandlung München.

Literatur: *Eugenio Vittorio, Tour Venedig–Jesolo, Verlag Benedetti Edizioni, 30122 Venezia, Castello 5252; *Löbl/Hocke, Bummel durch Venedig, Süddeutscher Verlag, München; *Marianne Langewische, Venedig, Geschichte und Kunst, Verlag M. DuMont Schauberg, Köln; Merianhefte: Venedig Nr. 10/VIII und 9/XXVII sowie »Triest, Friaul und Venezien« Nr. 4/XXL.

Cavallino geradlinig nach Punta Sabbione –, biegen ein in die Via Fontana und stehen endlich beim Campingplatz Silva am offenen Meer. Ende September ist das emsige Treiben der vielen Sommergäste längst vorbei, und viele menschliche Spuren haben die Wellen des Meeres bereits verwischt. Sein Rauschen begleitet uns auf den nächsten Wanderkilometern entlang des Strandes von Cavallino. Dort wo der Sand vom Meerwasser noch angefeuchtet ist, sinken wir am wenigsten ein, und so halten wir uns an diese magische Grenze, die Land und Wasser voneinander scheidet. Dies ist auch der Streifen, der laut einem italienischen Gesetz und trotz mancher privater Verbotstafeln von jedermann betreten werden darf. Ermüden vom anstrengenden Sandgehen die Füße, laden nahegelegene Trattorien oder Ristorante zur Stärkung ein. Die intensivste Erfrischung bietet das Baden und Schwimmen im offenen, salzhaltigen Meer. Die nackten Füße, die so lange in den schweren Bergschuhen eingesperrt waren, genießen den feinen hellen Sand. Sofern man noch Zeit hat, ist die Versuchung groß, hier ein paar faule Tage anzuhängen. Das Hotel Lido des Union Campingplatzes ist dazu eine geeignete Bleibe.

Für die meisten aber geht der Jahresurlaub nach der langen Wanderung zur Neige, und so schultern wir erneut die Rucksäcke. Zu den letzten Kilometern schrieb mir die bereits erwähnte Venedigwanderin: »Ich glaube es ist besser am Strand entlang um die Landspitze bei Punta Sabbioni zu laufen. Die von Ihnen beschriebenen Wege konnte ich nicht finden, alles asphaltiert und starker Verkehr. Dabei ist es so schön, am Strand entlang zu laufen, auch wenn es etwas langsamer geht …«

Nachfolgend noch meine ursprüngliche Schilderung vom Jahr 1977 für den Abschluss der Wanderstrecke: Nach dem Lido Union stapfen wir noch an die drei Kilometer entlang des Strandes, vorbei an den Campingplätzen Germania, Adriatico, Mercedes, Stella Mares und Ca'Pascuali. Nach letzterem biegen wir ein in den Sandweg, der in Richtung der gleichnamigen Ortschaft führt und wenden uns dann nach einem knappen halben Kilometer wieder nach Westen, berühren an der Landseite den Platz Boschetto und die südlichen Häuser der kleinen Ortschaft

Ca'Savio. Weitere zwei Kilometer entlang eines kleinen Kanals haben wir auf weichem Sandweg zurückgelegt, und der allerletzte Kilometer hat bereits begonnen, als unser Nebenweg die verkehrsreiche Via Fausta überquert. Nach ungefähr 500 Metern stehen wir dann schließlich am Canale di Treport, der nach links zur Porto di Lido sich öffnet. Er ist eine der großen Wasserverbindungen von der Lagune in das offene Meer. Durch ihn fahren die stolzen Hochseeschiffe von der Adria nach Venedig. Hier am Wasser enden alle Wege, auch unser »Traumpfad«. Wir besteigen eines der regelmäßigen und in kurzen Zeitabständen zur neun Kilometer entfernten Lagunenstadt verkehrenden Schiffe. Damit durchfahren wir den Haupteingang der ehemaligen Beherrscherin der Meere und nähern uns vom Wasser her dem Becken von San Marco; ein weiterer Höhepunkt und zugleich ein Abschluss, wie er eindrucksvoller nicht sein könnte! Zuerst passiert das Schiff zwischen San Nicolò, am Lido und der Inselgruppe Vignole (Certosa und San Andrea) den Canale di San Nicole. Die mächtige Festung auf San Andrea ließ die Republik von dem großen Architekten San Micheli anlegen, um diesen strategisch wichtigen Punkt verteidigen zu können. Früher stand ein reiches Kloster auf der Insel. Einmal auf der Überfahrt, und zwar in Lido di Venezia, legt das Schiff an. Die Entwicklung dieser Insel zum weltberühmten Fremdenort begann erst am Anfang des 20. Jahrhunderts. Vorher war die lange und schmale Insel, die Venedig vor dem Meer schützt, mit dichtem Pflanzenwuchs bestanden, und die jungen Venezianer kamen hierher, um zu reiten, zu jagen und sich im Bogenschießen zu üben. Am Tag Maria Himmelfahrt pflegte der Doge auf dem Bucintoro bei der Kirche San Nicolò zu landen, um die »Hochzeit mit dem Meer« zu feiern.

Heute ist die Attraktion das alljährlich im August/September stattfindende internationale Filmfestival. Nach Passieren der Insel Sèrvolo und vorbei am ersten Hafen Venedigs – der bis ins 19. Jahrhundert ausgebaut wurde – mit seinen Werften und Lagerhäusern, wird die unvergleichliche Silhouette mit den Türmen von San Giorgio, der Kirche S. Maria della Salute und dem Campanile immer deutlicher. An der Riva degli Schiavoni legt unser Schiff an. Nach

Überschreiten einiger Brücken und einem Blick auf die Seufzerbrücke öffnet sich die Piazetta und diese wiederum zur Piazza San Marco. Der »Traumpfad« endet im »schönsten Salon der Welt«, wie Napoleon den Markusplatz einmal bezeichnete. Hier verströmt in der Lagune das letzte Bergwasser. Und so wie am Ausgangspunkt München ist auch von den Türmen Venedigs bei Föhnwetter die Alpenkette klar zu erkennen.

Aufgebrochen sind wir in der Fußgängerzone der Kunststadt München. Wir beenden die Wanderung in einer Stadt, die fast nur aus Kunst und Wasser besteht und in der nie Rad und Wagen herrschten. Nach der langen Wanderung über einsame Bergpfade, abseits der großen Zivilisation, sind die Sinne offen für die Atmosphäre dieser einmaligen Stadt. Zwei Abende und einen vollen Tag lang nehmen wir sie durch alle Poren auf. Dann besteigen wir das Vaporetto, durchfahren den ganzen Canal Grande, und hinaus geht es mit dem Omnibus zum Flugplatz Marco Polo. Mit einer Flugschleife über der Lagune setzen wir zur zweiten Alpenüberquerung hoch in den Lüften an. Nach 45 Minuten – bei Rückenwind sogar nach 40! – landen wir am Aufbruchsort in München. Ein »Erlebnis des Lebens« ist zu Ende.

Hinweise zur Wanderskizze des 28. Tages

1 Lido di Jesolo: Bedeutendes Seebad, flacher Sandstrand mit 15 km Länge; Institut für die Kurbehandlung mit Sand.
2 Porto di Piave Vecchio (Sile): Mündung des alten Piaveflusses, als Folge eines Durchbruchs verlegte der Piave 1863 seine Mündung nach Porto Lazzo, östlich von Jesolo. Der Sile wurde daraufhin in das alte Flussbett des Piave abgeleitet.
3 Cavallino: Name für die Ortschaft und den Küstenstreifen südwestlich von Jesolo, leitet sich ab vom Equilinum (lat. kleines Pferd).
4 Camping Union-Lido (früher NSU); 60 ha großer Campingplatz, fünf ha Strand, Kapazität: ca. 11 000 Besucher, 3000 Zelte, 1350 elektrische Anschlüsse für Wohnwagen,

230 Bungalows; verbunden damit ist das vierstöckige Hotel Union-Lido mit 70 Zimmern (160 Betten), erbaut 1964. Tel. 0 41/96 80 43 + 96 80 44.

5 Treporti (früher Saccagnana): Kleine Ortschaft in der Lagune östlich von Venedig, gleichnamiger Kanal zwischen der Insel S. Erasmo und der Küste von Cavallino; früher waren hier drei Häfen. Sie wurden zugunsten des Hafens Lido di Venezia aufgegeben. Verkehrsverbindungen nach Jesolo, zu den Laguneninseln und nach Venedig.

6 Punta Sabbione: Westlicher Teil der Landzunge von Cavallino, Buslinie von Lido di Jesolo und Schiffsverbindung einschl. Vaporetto, über Lido di Jesolo zum Markusplatz und zur Piazzale Roma. Pferde- und Rinderzucht, Obstanlagen, Weinbau.

7 Lido Venedig: Langgestreckte Insel südöstlich von Venedig, Begrenzung der Lagune zum Meer; Weltbad mit feinem Sandstrand, Spielkasino und Palazzo del Cinema; regelmäßige Schiffs- und Fährverbindungen (auch für Autos).

8 Venedig: Hauptstadt der gleichnamigen Provinz und der Region Venezien, erbaut auf 120 Inseln der Lagune; erste Besiedlung infolge Vordringen der Germanen- und Hunnenstämme durch die Veneter um die Mitte des 1. Jahrtausends. See- und Weltmacht im Mittelalter, bis 1797 selbständiger Stadtstaat, reiche Geschichte, zahlreiche weltberühmte Kunstwerke.

Politische Gemeinde: 370 000 Einwohner, davon in der Altstadt nur noch 36 000, Hochschulen für Architektur und Wirtschaft, Kunstakademie, Fremdenverkehr, handwerkliche Glas- und Textilverarbeitung, Hafen, Industrievorstädte Mestre und Marghera; die Altstadt ist von Luft- und Wasserverschmutzung sowie von Überflutung bedroht.

Quartiertipp eines Polizisten auf dem Markusplatz: »Sechs Brücken weiter auf dem Platz Sankt Stephano gibt es einige Pensionen.« In der preiswerten Pension Fiorentin klang schließlich der letzte Wandertag aus.

Das Traumpfad-Lied

Text: R. Putz 1977; Melodie: E. Becker (nach dem Frankenlied von Scheffel)

1. Wohlauf, die Luft geht frisch und rein,
heraus, ihr Trägen, Müden!
Ein Buch* soll heut der Führer sein,
der Traumpfad nach dem Süden!
Ein Mann nahm einst den Wanderstab,
um uns den Pfad zu schildern:
Quer durch Tirol bergauf, bergab
in leuchtend bunten Bildern.

2. Auf Fotos, ganz bezaubernd schön
mit Meisterschaft gestaltet,
zeigt er uns, wie in Tal und Höh'n
des Schöpfers Allmacht waltet.
Wir wandern heut auf seiner Spur
von München nach Venedig
und wünschen uns das Eine nur:
Sankt Petrus, sei uns gnädig!

3. Wer selber so nicht wandern kann
– sei's Alter, sei's Gebrechen –
Der schaut sich Text und Bilder an
die so lebendig sprechen.
Und Mancher, der dort selbst einmal
schritt fröhlich auf und nieder
erkennt beglückt im Bild nochmal
die schönsten Punkte wieder.

* *Zu Fuß über die Alpen*
von Ludwig Graßler, erschienen im Bruckmann Verlag, München

Notizen

Tourenbegleiter

ZILLERTALER ALPEN

DIE GEFÜRCHTETEN »GLÄSERNEN BERGE« DER DOLOMITENSAGEN

Wo das Chaos herrscht … Urgesteinsblöcke auf dem Pfitscher Joch.

Marschieren … Laufen … Wandern

Einige Male wurde ich gefragt, ob ich jener sei, der nach Venedig marschierte? Meine Antwort war dann immer: »Marschiert bin ich nicht, sondern gewandert!« Auch kam es vor, dass mir gesagt wurde: »Ich musste im vergangenen Krieg durch halb Russland marschieren: das reicht mir!« Wer so spricht, vergisst ganz, dass Marschieren und Wandern nur die Art der Fortbewegung mit den Füßen gemeinsam haben. Auf diese Art, zwar mit vier Füßen, bewegen sich auch die Tiere. Marschieren hat etwas Einförmiges. Teerstraßen und die aufgeschotterten Wirtschaftswege der Forst- und Wasserwirtschaftsämter verleiten zum Marschieren. Der gleiche Gehrhythmus stellt sich ein. Es fehlt dann nur noch: »Drei … vier … ein Lied!« Dies kann helfen, die letzten Kilometer einer überlangen Tagesetappe leichter zu überwinden. Der Mensch ist aber dann zu einer »Gehmaschine« geworden. In Reih und Glied, rechts und links einen Nebenmann, so ist kaum noch ein Kontakt zu den Schönheiten am Weg möglich; meist wohl auch gar nicht erwünscht.

Gebirgstruppen, die sich mehr hintereinander auf Bergpfaden fortbewegen mussten, kannten das eintönige Marschieren der Infanterie nicht. Individuelle Bewegungs- und Entscheidungsfreiheit und ein gewisser Kontakt mit der Natur ist in den Bergen notwendig, um in kritischen Situationen überleben zu können. Doch auch dieses militärische Bergsteigen ist bei weitem noch kein Wandern. Heinrich Harrer, der Eigernordwand-Bezwinger und Himalaja-Kenner, sagte einmal: »Wer nur und nichts als Bergsteiger bleibt, der hat sich nicht weiter entwickelt ... « Noch heute bedaure ich es, dass ich während der vielen Monate als Gebirgsjäger in den Alpen und in den Bergen Skandinaviens sowenig Augen und Verstand für die Vielgestaltigkeit der Bergwelt hatte. Das Wissen über Flora, Fauna und Geologie zählte eben nicht zu den soldatischen Tugenden und so wurde es uns auch nicht nahe gebracht.

Als italienische Sportfreunde von meiner Wanderung München-Venedig erfuhren, planten sie daraufhin diese Entfernung in umgekehrter Richtung zurückzulegen. Allerdings sollte abwechselnd jeweils einer der Gruppe auf der Straße laufen, und ein anderer sollte ihn in einem Kombiwagen mit dem Gepäck der Gruppe begleiten. Mit diesem Staffettenlauf wären sie sicher bereits nach wenigen Tagen am Ziel angelangt. Ein anderer empfahl mir eine Winterbegehung des Weges. Ohne die interessanten Steine, die artenreiche Bergflora, die zahlreichen Tierbegegnungen und plätschernden Bergwasser – bliebe da von einem »Traumpfad« noch viel übrig? Gehen und Laufen ist zweifellos die naturgemäßeste Form der Fortbewegung. Im richtigen Verhältnis zum Leistungsvermögen betrieben, fördern sie die Gesundheit, stärken die Herzmuskulatur und regen den Kreislauf an. Neuerdings stellten sogar Mediziner fest: Körperliche Bewegung baut einen angsterzeugenden Stoff ab, der vor allem im Stress des Alltags gebildet wird. Mit Recht sind also Laufsportarten eine beliebte Freizeitbeschäftigung.

Wandern ist aber mehr als nur Gehen, Laufen oder Bergsteigen. Heinrich Harrer bemerkte dazu: »... Die Bergvölker, die Landschaft, ihre Menschen, die Blumen geben mir längst mehr als das vielberedete, ganz sicher sehr relative Gipfelglück«. Zum richtigen Wandern muss man sich Zeit nehmen. Als erstes schon für die Planung,

In der Kapelle auf dem Pfitscher Joch. »Maria mit dem Kinde«, eine Skulptur aus dem Grödner Tal.

und erst recht dann, wenn man in einer schönen und interessanten Landschaft unterwegs ist. Ohne Straße, nur mit einer Spur im Gras, dem Feld- oder Waldrand folgend, denkt man weniger in Kilometern. Der mit Steinen und Baumwurzeln durchsetzte, aber doch weiche Pfad lässt keinen einförmigen Rhythmus und auch kaum Müdigkeit aufkommen. Der unmittelbare Kontakt mit allem, was wenige Zentimeter neben dem Fuß kreucht und fleucht, verscheucht jede Langeweile. Eine Wanderung ist der Schlüssel zu einer Landschaft. Erwandert man sie, wird man sicher heimischer als wenn man sie ein dutzendmal und öfter mit dem Auto durchfährt. Seume bereits sagte: »Wer geht, sieht anthropologisch und kosmisch mehr, als wer fährt«.

Beim Gehen verschwinden Alltagsängste und der Geist wird wach. Wandern ist also nicht nur eine Tätigkeit der Beine, sondern auch ein Zustand der Seele. Fritz Straßner, der Wandertipps im Bayerischen Rundfunk gab, schreibt in seinen »Überlegungen eines alten Wanderers«: »Wir brauchen das Wandern, wenn wir auf die Dauer mit uns selbst und mit der Welt in Einklang bleiben wollen«. Wer wirklich wandert, lebt nach dem Goethewort: »Zum Schauen geboren, zum Sehen bestellt«.

Mit Koffern, Schachteln, Reisesäcken
Dein Glück zu suchen ziehst Du aus?
Freund, nimm den leichten Wanderstecken,
Du bringst es wahrlich eh'r nach Haus!

Friedrich Rückert

Anschluss an die Technisierung: das Pfitscher-Joch-Haus mitsamt der kleinen Kapelle vor den Pfunderer Bergen.

Das harte Los der Bergbauern

Verlässt man die Fels- und Mattenregion und steigt hinunter in den schützenden Bergwald, so trifft man in steilen Wiesen auf einsame Bergbauernhöfe. Von ihnen bis zum ersten Bergdorf ist oft noch ein weiter Weg. Beim Aufstieg wiederum lässt man mit ihnen den Bereich dauerhafter menschlicher Siedlungen zurück; oberhalb der Waldgrenze ist der Mensch nur ein zeitweilig geduldeter Gast.

Wie ein Teil der Bergnatur ducken sich die von Sonne und Sturm verwitterten Höfe an die Bergflanken. Auf klobigem Quadergestein ist das dunkle, massive Holzgebälk aufgesetzt. Zum Ernst der Szene kontrastieren bunte Blumen in Töpfen und Blechbehältern. Im Schutz des Söllers sind sorgsam große Holzstöße aufgeschichtet. Den weiteren Hofbereich grenzen Steinmäuerchen und einfachste Holzzäune ab. Eine kleine Kapelle oder ein Wegkreuz zeugen von der Frömmigkeit der Bergbewohner. Auf den Stadtmenschen, der fast nur noch Beton, Glas, neonlicht- und lärmerfüllte Autostraßen kennt, wirkt der Bergbauernhof wie ein archaisches Idyll oder wie ein Mythos aus einer längst vergangenen Zeit. Der körperlich hart mit der Natur um sein bescheidenes Dasein ringende Bergbauer hingegen hat kaum Verständnis dafür, wie man freiwillig mit schwerem Rucksack über die steilen Jöcher und Scharten steigen kann. Er nimmt solche Mühen höchstens bei einer Wallfahrt auf

Das schmalblättrige Weidenröschen vor dem Gasthof Villpeder und der Kapelle Maria Hilf. Dahinter beginnt der Rodenecker Wald.

sich, oder in früheren Zeiten beim Schmuggeln oder Wildern. Ob zwischen diesen beiden Welten ein gegenseitiges Verstehen überhaupt noch möglich ist? Für den einen ist die Natur das bestimmende und harte Schicksal, beim anderen geht der notwendige Kontakt mit ihr in den Großstädten der Industriegesellschaft mehr und mehr verloren.

In Südtirol liegen zum Teil die Höfe bis knapp unterhalb der Waldgrenze. Die Besiedelung der hochgelegenen Flächen reicht bis in das frühe Mittelalter zurück. Sie entwickelte sich teilweise dadurch, dass einige freiheitsliebende Bauern der sklavischen Fronarbeit unter einem Feudalherren in diesen unwirtlichen Höhen zu entrinnen suchten. Sie rodeten Wald und errichteten mit dem Holz ihre bescheidenen Behausungen. Später wurden sie verbessert und erweitert. Davon zeugen die in dunkle, rußgeschwärzte Balken eingravierten Jahreszahlen. Das germanische Gesetz der Unteilbarkeit des Hofbesitzes galt von jeher auf den sogenannten geschlossenen Höfen, den Erbhöfen. So konnte das Eigentum nicht zersplittert werden. Im 18. Jahrhundert wurde dieses überlieferte Gewohnheitsrecht mit den Theresianischen Gesetzen schriftlich fixiert. Den weichenden Erben – meist waren und sind es noch über ein Dutzend – bleibt nichts anderes übrig, als entweder als Knecht oder Magd unter ärmlichsten Verhältnissen auf dem Hof zu arbeiten, oder in der Fremde ihr Brot zu suchen. Auf den entlegenen Bauernhöfen ist die Einsamkeit Schicksal und Erbe. Heute noch gibt es allein in Südtirol rund 5000 abgelegene Höfe, die nur zu Fuß oder mit primitiven Seilbahnen aufgesucht werden können. Auf ihnen wohnen ungefähr 20 000 Menschen, also soviel wie in einer mittleren Kleinstadt. Sie leben wie in einer Kampfregion, im steten Ringen um das Überleben. Ihr karges Dasein an oder bereits unterhalb der Grenze des Existenzminimums mitten in Europa ist eine Mahnung an unsere gedankenlose Konsumgesellschaft. Was würden die Bergbauern zu unserer »Fit for fun-Bewegung« sagen?

Mit Freude erfüllte mich deshalb der Ausspruch eines Südtiroler Bergbauern. Im Jahr 1988, also 11 Jahre nach Erscheinen der Erstausgabe dieser Zeilen, meinte er zu mir: »Ihr Buch ist unser Brot!« Die übernachtenden Weitwanderer tragen mit dazu bei, seine kleine Fremdenpension zu erhalten.

Auf unserer ersten Alpenüberquerung im Jahr 1973 stiegen wir mit dem Gasser Bauern am Osthang des Pfunderertales hinauf nach Kammerschien. Der Hof liegt isoliert zwischen zwei Lawinengebieten etwa 500 Meter über der Talsohle und ist nur zu Fuß erreichbar. Wie manch anderer Hof ist auch er im Winter oft tagelang von der Außenwelt abgeschnitten. Zufällig arbeitete im selben Jahr eine Tochter des Hofes in einer Ausflugsgaststätte am Starnberger See. Bevor wir auf dem Höhenweg nach Terenten weiter wanderten, bot man uns erfrischende Getränke an. Eine unkomplizierte Gastfreundschaft schlug uns entgegen. Es war genau das Gegenteil zur kalten Profitgier, wie man sie oft in den Städten und in den Fremdenverkehrszentren antrifft. Von Kammerschien aus geht der Blick zurück an die Hänge des inneren Pfunderertales. In diesem Seitental des Pustertales gab es rund 115 Bergbauernhöfe. Im Jahre 1951 waren davon noch 94 übriggeblieben. Die Wiesen sind so steil, dass die Bewohner zur Arbeit – und auch im Winter zum Kirchgang – Steigeisen anlegen müssen. Ein Witzbold meinte, dass dort sogar die Hühner Steigeisen tragen.

In dem ausdrucksstarken Buch »Die Erben der Einsamkeit« (1973) von Aldo Gorfer werden der Mitterhofer-Hof (1525 m hoch, seit dem Jahr 1309) und der Hauer-Hof vom Rieglberg oberhalb Pfunders ausführlich beschrieben, ebenso der Laseider-Hof (1500 m hoch) im hinteren Lüsener Tal. Wir erreichen diese Gegend am zweiten Tag nach der Übernachtung in Pfunders. Das Pfunderertal mit seinen entlegenen Höfen wurde des öfteren von schweren Naturkatastrophen heimgesucht. So tötete 1689 eine Lawine beim Kramerhof an der Eggen 27 Personen, im Jahre 1888 wurde der Weiler Dun – er ist die erste menschliche Dauersiedlung nach dem Gliederschartl – verschüttet, und am selben Tag vernichtete eine vom Schmansner Berg niedergehende Lahn elf Wohnhäuser, wobei es neun Tote gab. Der Eisbruggsee – auf dessen Zuweg wir nach den Duner Höfen stoßen – schwappte 1901 infolge plötzlicher Schneeschmelze über, und seine ausbrechenden Wasser richteten im ganzen Tal gewaltige Schäden an. Am Ende des zwölften Wandertages lädt eine Erinnerungskapelle am Weg oberhalb von Pfunders zur besinnlichen Einkehr. Auch hier hat 1951 eine Lawinenkatastrophe Menschenleben gefordert.

Der Glittnersee, etwa 2000 Meter hoch auf der Lüsener Alm gelegen. Er ist benannt nach Bauernhöfen in Lüsen/Petschid.

Wenn wir zur warmen Spätsommerzeit an den malerisch gelegenen Bauernhöfen vorbeiwandern, denkt kaum einer daran, dass wenige Monate später mancher dieser Höfe tagelang vom Tal abgeschnitten sein wird, dass dann der Schneesturm durch feine Ritzen die Eiskristalle oft bis in die Schlafkammern weht und bei Krankheit eine ärztliche Hilfe dort oben fast nicht möglich ist. Wir aber werden dann längst wieder von den Bequemlichkeiten der modernen Zivilisation verwöhnt und auch verweichlicht werden.

DOLOMITEN

»BLEICHE BERGE« – SAGENHAFTER LEBENSRAUM DER SALWANS UND GANAS

Peitler-Tee

Die Einheimischen nennen jenen felsigen Doppelgipfel, der unter den Dolomitenbergen am weitesten nach Norden vorspringt und daher ein bekannter Aussichtsgipfel ist, kurz und liebevoll: »Peitler«; im Schriftdeutsch gehört noch ein Kofel darangehängt.

Nach dem Gang durch das schattige Lasankental oberhalb von Lüsen haben wir bald darauf auch die weichen Matten der Gungganwiesen hinter uns gelassen. Der Weg wird steiler und anstrengender. Da sehen wir weit oben, unterhalb der Peitlerscharte einige Menschen, die sich wohl bewegten, aber doch nicht vom Fleck kommen. Sollten sie auf dem steinigen Boden etwa nach wertvollen Mineralien suchen? Beim Näherkommen erkennen wir bäuerlich gekleidete Frauen. Of-

Der Große (links) und der Kleine Peitlerkofel mit ihren Schauseiten – den Nordwestwänden – vom Würzjoch aus gesehen. Während durch sie anspruchsvolle Kletterrouten führen, lässt sich der Große Peitlerkofel von der Schlüter-Hütte aus auf einem gesicherten Steig erreichen.

fensichtlich sammeln sie bestimmte Kräuter. Wie wir feststellen, sind es die Blätter der bodendeckenden Silberwurz (Dryas octopetala).

Der Gattungsname Dryas steht im Griechischen für Eiche. Er bezieht sich auf die eichenähnliche Form der Laubblätter. Sie sind an der Oberseite glänzend und unten silberweiß filzig. Dies schützt sie vor zu starker Strahlung an den extremen Standorten. An den typischen Einkerbungen sind sie leicht zu erkennen. Diese unverwechselbaren Blätter finden sich als Versteinerungen in eiszeitlichen Ablagerungen, den sogenannten »Dryas-Tonen«. Eine erdgeschichtliche Zeituhr und zugleich ein Hinweis auf die jeweils herrschende Vegetation und damit auch auf das Klima stellen die abgelagerten Blütenstaubkörner in den Moorschichten dar. So findet sich unter der Torfmoorschicht, welche die Pollenkörner der Bäume enthält, eine

Bild rechts:
Die Schlüter-Hütte (Rifugio Genova; 14./15. Wandertag) wurde 1898 erbaut und 1907 umgebaut. Links im Hintergrund die Geislerspitzen mit ihren Nordwänden.

Bild Seite 81:
Blick über das Campilltal zur Gardenaccia-Hochfläche, zur Sella- und zur Marmoladagruppe (15. Wandertag). Links oben die Civetta, an deren Nordwestwand die Wanderetappe des 15. Tages entlang führt.

weitere mit jenen der Silberwurz, der Weiden und Seggen. Ein Beweis dafür, dass die Flora Mitteleuropas vor dem Aufkommen der Wälder aus einer Pflanzengesellschaft bestand, wie sie heute noch in größerem Ausmaß im hohen Norden Skandinaviens, in Island und in Schottland vorkommt. In Grönland reicht das Verbreitungsgebiet der Silberwurz bis zum Breitengrad 83°, 24'. Dort bildet sie noch ausgedehnte und dichte Kolonien. Der ebenfalls aus dem Griechischen stammende Artname verweist auf die acht geäderten Kronblätter. Aus der Blüte entwickelt sich eine Sammelfrucht, die aus kleinen Nüssen besteht, auf denen noch die flaumigen Griffel zu erkennen sind. Hübsch sind diese Federbüschel der Samenstände, wenn sie im Gegenlicht aufblitzen. Der Volksmund in Tirol nennt sie »Petersbart« oder »Wild-Mann«. Dieses Zwergsträuchlein gehört wie die Erdbeere und auch

das Dolomitenfingerkraut zur großen Familie der Rosenblütler. Im Gegensatz zu diesen Pflanzen gibt es bei der Gattung Dryas nur eine einzige Art. Sie nimmt mit den ärmsten Böden vorlieb, hat aber dennoch leuchtende Blütensterne, die ganze Steinwüsten in ein Blütenmeer verwandeln, wenn sie den Frühling einläutet.

Von den ersten Wandertagen auf den kargen Schotterböden der Isar, besonders zwischen Bad Tölz und Lenggries, sind sie uns wohl vertraut. Dort sind sie von hohem, aufbauendem Wert für den Boden des später folgenden erikareichen Föhrenwaldes. Hier wie dort ist die Silberwurz eine Pionierpflanze auf Kalkschutt und bewahrt mit ihren tiefreichenden Wurzeln das Geröll vor weiterer Verfrachtung und Erosion. An geeigneten Standorten kann sie über hundert Jahre alt werden. Von den Wildflusstälern steigt sie bis 3000 Meter hoch hinauf. Nach ihrer weiten Wanderung um die Arktis erreichte sie mit der Eiszeit die Alpen und ist uns seitdem treu geblieben.

Doch nun zurück zu den Kräutersammlerinnen: Unsere Neugierde und der Wissensdurst des mitwandernden Apothekers bringt bald ein Gespräch mit den Frauen in Gang. Dabei erfahren wir von der Heilkraft des Silberwurztees bei Lungenkrankheiten und Herzschwäche. Gegen letztere ist eine Mischung mit Gemswurz (Doronikum) ebenfalls günstig. Auch sei der Tee, der von den Blättern und Blüten gewonnen wird und fünf Minuten zu kochen ist, leicht urintreibend. In Notzeiten dient er wegen ähnlicher Farbe und Geschmack als Ersatz für den

Bild links:
Am 15. Wandertag steht man im Crespeinajoch vor diesem Bergkreuz aus Zirbelholz.

Bild Seite 82:
Das Langental mit Wolkenstein an der Einmündung in das Grödner Tal. Links oben der Langkofel (15. Wandertag).

schwarzen Chinatee. In dem lehrreichen Heftchen von Schwingshackel über »Die Heilkräuter Südtirols« wird er schließlich besonders bei Bergtouren empfohlen, da er, wie es heißt, wohltätig auf das Herz wirkt und leichten Atem macht. Was nimmt es da Wunder, wenn wir später bei anstrengenden Aufstiegen mit den schweren Rucksäcken, die den Atem kürzer werden ließen, oft von jener Begegnung am Peitler sprechen! Aus dem Silberwurztee wird so für uns der »Peitler-Tee«.

Da dieses liebenswerte Pflänzchen vor allem auch in der Gegend des Heiligkreuzkofels massenhaft vorkommt, hat es in Südtirol auch den Namen Heilig-Kreuz-Tee. Im Salzburgischen dagegen nennt man es Kaisertee und in der Gegend von Bern Schwizertee.

Im Reich der Sagen

Die Wanderung an der Isar, durch Tirol und Ladinien bis hinunter in die Stadt am Meer ist zugleich ein Gang durch ein geheimnisvolles Sagenreich.

Wenn der Spätsommer im Isartal seinen Einzug hält und damit die hohe Zeit des Wanderns beginnt, soll der einsame Wanderer – vermischt mit dem Glucksen des Wassers – die Lockrufe der Isarnixe hören. Hierzu passt die Geschichte, die bald nach der glanzvollen Hochzeit des Bayernherzogs Albrecht IV. mit Kunigunde, einer Tochter Kaiser Friedrichs III., im Jahre 1487 geschehen sein soll. Danach spielte im Schloss Grünwald ein schon

Bild links:
Die Nacht hat die Dämmerung abgelöst. In der Boèhütte findet man Geborgenheit.

Seite 84 links oben:
Faszinierend ist die Überquerung des kargen Sellaplateaus, doch man freut sich auch wieder auf grüne Talböden.

Seite 84 links unten:
Der Boèseekofel, ein beliebter Kletterberg, von der Pisciadùhütte aus gesehen.

Seite 84 rechts oben:
Die Boèhütte – aller Illusionen beraubt …

bei den Hochzeitsfeierlichkeiten bekannt gewordener blonder Geselle den Rittersleuten mit der Sackpfeife auf. Ein keckes und schönes Edelfräulein fragte ihn, ob er den Mut besäße, sein Leben zu wagen. »Es sei!« rief dieser und forderte eine Gelegenheit zur Tat. Da riss das übermütige Fräulein ihr Geschmeide vom Hals und warf es in die Isarfluten. Ohne Besinnen stürzte sich der junge Spielmann in das rauschende Wasser. Die Isar aber gab ihn nicht mehr zurück. Drei Tage danach war auch das Edelfräulein spurlos verschwunden. Seit jener Zeit soll der geisterhafte Ruf »Tutli-i-i-i« durch die Auen tönen.

Am zweiten Wandertag passieren wir ein paar Stunden oberhalb des Roten Kreuzes an der waldreichen Weißleiten die Gegend, wo sich einst ein armer Floßknecht aus der Jachenau zum letzten Mal verstohlen mit der schönen und reichen Müllerstochter Philomena traf. Nach dem glücklichen Beisammensein auf der Burg oben am steilen Isarufer wurde er auf der Flucht erdolcht.

Am Oberlauf der Isar, nahe bei Bad Tölz, erzählt man sich, dass der Teufel einmal die Isar abgraben wollte. Durch die List eines Messners, der die Gebetsglocke früher als üblich läutete, wurde der Teufel bei seinem Vorhaben gestört. So blieb der Graben unvollendet und heißt bis zum heutigen Tag Teufelsgraben.

Weit drinnen im Tirolerischen, wo wir über große Urgesteinsblöcke der

Ausblick von der Sella: zartes Abendlicht auf der Punta Serauta (links); rechts der Marmoladagletscher.

Friesenbergscharte, die den Übergang vom Tuxer in den Zillertaler Hauptkamm vermittelt, zusteigen, hausten in uralter Zeit in den steilen Flanken der Gefrornen Wand die »Wilden Fräulein«. Da erschien einst ein schrecklicher Riese von jenseits der Berge und wollte sich im Tuxer Tal niederlassen. Er fraß den Bauern fast alles weg, was sie hatten. Zudem mussten sie ihm noch schwere Steine für seine Behausung – es sollte ein großes Schloss werden – zusammentragen. Als einige Bauernburschen zur Wand hinaufstiegen, um einige von den großen Blöcken für den Schlossbau herunter zu schleppen, begegneten sie den »Wilden Fräulein«. Diese versprachen den Bauern zu helfen. Kaum war die Burg fertig, schickten sie Sturm, Blitz und Donner, und es blieb nichts mehr von ihr übrig. Der Riese bemerkte die Urheber seines Unglücks oben an der Gefrornen Wand. Mit seiner kräftigen Pranke kratzte er voll Wut über die Felsen, doch die Fräulein waren schneller. Sie hatten sich bereits in den Berg zurückgezogen. Daraufhin stapfte er über das Joch wieder nach Süden und ward nie mehr gesehen.

Entlang des ganzen Weges über die Alpen treffen wir immer wieder auf verfallene Stollen sowie auf Namen und Sagen, die auf den Reichtum an wertvollen Mineralien hinweisen. Erinnert sei nur an Arz(Erz)bach an der Isar, den Karwendelhang »Silberner Hansl«, Hinterriß, das Halltal, den Fin-

Am 18. Wandertag geht man durch die Serrai di Sottoguda, die Durchbruchschlucht des Pettorinabaches im Marmoladakalk. Die Schlucht ist fast zwei Kilometer lang, zwischen fünf und 20 Meter breit und über 50 Meter tief. Das Sträßchen wurde im Ersten Weltkrieg von den Italienern als Zuweg zum Frontabschnitt an der Marmolada erbaut.

Alleghe am gleichnamigen See, darüber der Col Rean, auf dem die Tissihütte steht und – beherrschend – die berühmte Civetta-Nordwestwand (18./19. Wandertag).

singboden in den Tuxer Bergen und an Caprile im Cordèvoletal.

Zwei Tage nach der Gefrornen Wand stoßen wir nach dem weglosen und mineralreichen Gliederschartl zum erstenmal wieder auf eine Wegmarkierung. Sie führt hinauf zur Weitenberger Alpe. Dort war einmal ein Goldbergwerk. Wegen eines gewaltigen Naturereignisses, bei dem viele Knappen ums Leben kamen, musste es aufgelassen werden. Der Steig, den wir hinaus nach Dun und Pfunders gehen, ist demnach ein alter Knappensteig. Heute noch sind Mauerreste von Schmelzhütten sichtbar, und Pfunders soll von Knappen aus Dun besiedelt worden sein.

Auf den Almen von Puez, der Hochfläche von Gardenazza sowie am Ufer des Crespeiner Sees und am Viel del Pan stehen wir dann mitten drin im Reich der unerschöpflichen Sagenwelt Südtirols. Mit den »Gläsernen Bergen« – gemeint ist der vergletscherte Hauptkamm – haben wir die Grenzen einer mythischen Außenwelt überschritten und sind eingedrungen in das Reich der »Bleichen Berge«. Die Sage von den »Gläsernen Bergen« war in den Südalpen weit verbreitet. Die vergletscherten Berge galten als unheimlich und furchtbar, bei den Ladinern sogar als das Ende der Welt. Die mineralkundigen »Venedigermandln« holten einst Gold und Edelsteine aus dem Gebirge heim in ihre große und reiche Stadt am Meer.

»Fernab der Zeit«: Kämpfe in Fels und Eis

Der mächtige Bergstock der Marmolada scheidet das Agordo, wo einst die kriegerischen Trusaner wohnten und durch das die Wege von Venezien heraufführten, von den bäuerlichen Siedlungen des Fassatales. Wie die Sage erzählt, hielten sich die Bauern einst zur Verteidigung die aus der Langobardenzeit zurückgebliebenen Kriegsmannen, die Arimannen. Vom Nachtlager am Fedajasee und Kämpfen entlang des Saumpfades Viàl del Pàn, dem heutigen Bindelweg, kündet eine ladinische Sage. Am Südfuß des himmelstürmenden Marmoladafelsens sollen vergoldete Mauerzinnen die reiche Königsstadt von Contrin umgürtet haben. Nach der Eroberung durch die Trusaner sang einst König Odòlghes auf ihren Trümmern das Totenlied der freien Contriner. Für die 9424 Gefallenen der Dolomitenfront aus beiden Weltkriegen, die in der Nähe des Pordoijoches begraben liegen, ist dort in eine schwere Eisentüre des Ehrenmals der Totenvers eingraviert.

Die Coldaihütte (Rifugio Adolfo Sonino al Coldai), 1905 erbaut und 1980 umgebaut, gehört der Sektion Venezia des Club Alpino Italiano (CAI). Man erreicht die Hütte am 19. Wandertag. Im Hintergrund der Torre Coldai.

»Fernab der Zeit, hoch über der
Berge Firn,
Nahe bei Stein und Gestirn,
spüren wir Eure Ewigkeit«.

Während der Rast am Pordoijoch sehen wir jenseits der Kriegsgräberstätte den Col di Lana aufragen. Er wurde in den Kriegsjahren 1916/17 zum »Col di sangue«, zum Blutberg Ladiniens. Bei den ersten Angriffskämpfen im Oktober 1915 erkannten die Italiener: Auf herkömmliche Weise ist dieser beherrschende Gipfel über dem Cordèvoletal nicht zu erstürmen. Daraufhin kam dem Ingenieur und Leutnant Caitani der Gedanke, den Gipfel des Berges mitsamt seinen Verteidigern in die Luft zu sprengen. Um sich nicht zu verraten, wurde anfangs beim Stollenbau keine Bohrmaschine eingesetzt.

Später feuerte die Artillerie, um jegliche verdächtige Geräusche zu übertönen, auf die Sekunde genau mit den notwendigen Sprengungen im Berginnern auf den Gipfel; es wurden auch Handgranaten geworfen. Anfang Januar 1916 erkannte jedoch ein österreichischer Beobachter vom Pordoijoch aus große Schuttablagerungen am Col di Lana. Doch erst Mitte März hatten die Verteidiger durch die näherkommenden Bohrgeräusche die Gewissheit, dass ihre Gipfelstellung unterminiert werde. Daraufhin versuchten die Österreicher mittels eigener Bohrungen den italienischen Stollen zum Einsturz zu bringen. Vergeblich! Am 12. April beendeten die Italiener ihre fieberhaft betriebene Arbeit an dem nun insgesamt 105 Meter langen Stollen. Mit 5000 Kilogramm Nitrogelatine wurden die beiden Minenkammern gefüllt. In der beklemmenden Stille war sich die Gipfelbesatzung be-

Morgenstimmung am Zustieg von der Coldaihütte zur Via ferrata Alleghesi, die auf den Civetta-Hauptgipfel führt. Ein lohnender Tourenabstecher für an Klettersteigen geübte Traumpfad-Begeher. Bildbeherrschend der Monte Pelmo.

wusst: Jeden Augenblick können wir in die Luft gesprengt werden. Punkt 23 Uhr und 30 Minuten, am 17. April 1916, drückte auf italienischer Seite eine Hand auf den elektrischen Knopf, und mit 10 000 Tonnen Felsblöcken wirbelten zerfetzte Menschenleiber durch die Luft.

Entlang des Bindelweges, jener herrlichen Panorama-Promenade, auf der wir nachmittags in Richtung Fedàjasee dahinschlendern, liegt die Marmolada wie auf einem Präsentierteller vor uns. Zu Beginn des Ersten Weltkrieges hielt man ein Kämpfen in diesen menschenfeindlichen Regionen nicht für möglich. Doch besetzten bereits im Frühjahr 1916 Deutsche und Österreicher die wichtigsten Punkte oben am Gletscher. Der Gegner, der sich im Rücken der Col-di-Lana-Front bedroht fühlte, eroberte daraufhin die östlich gelegene Serauto-Stellung. Oben am Gipfelgrat der Marmo-

Bild oben: *Die Civettagruppe von Südosten. Rechts der Torre Trieste, links der Torre Venezia, an dessen Fuß der »Traumpfad« entlang führt.*

Bild oben rechs: *1974 bei der Case Bortot (Schiara). Die Dame ist Signora M. Tissi, die Witwe des berühmten Kletterers Attilio Tissi.*

lada in einer Höhe von 3300 Meter, von wo wir heute die Wanderroute nach Norden und Süden weit überschauen, feuerte damals ein Geschütz hinunter zu den italienischen Stellungen. Wie Maulwürfe hatten sich die Kaiserjäger und das bayerische Alpenkorps – insgesamt 1500 Mann – in das Gletschereis eingegraben. Nach den Entwürfen des Innsbrucker Ingenieurs Leo Handel bauten sie acht Kilometer lange Stollen. In einer Tiefe von 30 bis 50 Meter errichteten sie eine »Eisstadt« mit Vorrats- und Munitionsräumen. mit Fernsprechzentrale, Bataillonsgefechtsstand sowie mit Sanitäts-, Mannschafts- und Offiziersunterkünften. Da kam der schneereiche Winter 1916/17. Nach heftigem, nassem Schneefall verschütteten die weißen Massen eine große Baracke mit 50 Soldaten. Doch das sollte erst der Auftakt zu noch größeren Katastrophen sein. Anfang Dezember schneite es tagelang. In der Nacht auf den 13., es war ein Freitag, setzte Tauwetter ein, und rund eine Million Kubikmeter Schnee kam ins Gleiten. In Sekundenschnelle zerdrückte er ein ganzes Barackenlager. An die 300 Tote forderte diese gewaltige Lawine, und noch im März barg man 40 Leichen unten im Kar. Die Italiener verloren durch eine Lawine im oberen Petorinatal 200 Menschen. Der ganze Winter kostete über 10 000 Menschenleben durch Lawinen. Hingen aber dann bei lachender Sonne wieder weiße Schönwetterwolken am südlich blauen Himmel und strich ein klares Berglüfterl um die Gipfel, so schien der Krieg wie ein böser Traum.

Laufen einem nicht heute noch Schauer über den Rücken, wenn man liest, wie mehrmals Talstellungen auf beiden Frontseiten durch herunterdonnernde Lawinen zu einem Hexenkessel wurden, wie die sich Bekämpfenden ihre Schützengräben verließen, in die Talmitte flüchteten, um dort wie verängstigte Tiere, in Haufen gedrängt,

mit Entsetzen auf die tobenden Naturgewalten zu starren?

Ohne die schweren Opfer und die großen Leistungen der Kriegsteilnehmer mindern zu wollen, sei an einen Ausspruch des großen Leonardo da Vinci erinnert. Er sagte vor 500 Jahren: »Der Krieg ist die tierischste aller menschlichen Dummheiten«. Ein Verhaltensforscher oder Tierfreund wird sich das Wort »tierisch« in diesem Zusammenhang verbitten. Mag der Krieg so alt wie die Liebe und der Hunger sein (wie Gunther Langes in seinem Buch »Die Front in Fels und Eis« einleitend schreibt), die Möglichkeit, mit ABC-Waffen die gesamte Menschheit gleich mehrmals in Sekundenschnelle zu vernichten, gab es früher nicht. Heute steht am Ende jedes Kampfes auf Leben und Tod in jedem Fall – der Tod.

Durch oder über die Alpen?

Die Entscheidung, ob man lieber durch die Alpentäler wandert oder aber über Jöcher, Scharten und auch mal auf einen Gipfel steigt, muss bei der Planung jeder größeren Alpenwanderung getroffen werden. In früheren Jahrhunderten aber, vor dem

Ausblick von der Moiazza nach Süden. Ganz im Hintergrund die Schiaragruppe. Sie wird auf dem »Traumpfad« überquert.

Bild oben:
Das Rifugio 7° Alpini (Rif. Settimo Reggimento Alpini) am Fuß der Schiara-Südwand. Die Hütte wurde erst 1951 erbaut und 1975 vergrößert. Sie ist beliebter Stützpunkt für das Klettersteigenetz der Schiara.

Bild rechts:
Auf der Via ferrata del Marmòl, dem anspruchsvollsten Abschnitt der gesamten Wanderroute (man kann ihn natürlich auch umgehen). Im Hintergrund die steilen Wände des Monte Pelf.

Aufkommen des Alpinismus, wurden solche Überlegungen nicht angestellt. Die Rom-Pilger und Kunstreisenden in früherer Zeit benutzten die leichtesten Übergänge. Sie waren vorgezeichnet durch die alten Handelswege. Das Gebirge abseits dieser Routen war für die meisten der damals Reisenden eine furchterregende Landschaft, wo Teufel und Geister hausten. Der religiöse Mensch des Mittelalters mied die Bergwelt, nicht nur aus Angst. Der italienische Dichter Petrarca (1304 bis 1374) musste sich Vorwürfe seiner »weltlichen Begierden« wegen machen, als er im Jahre 1335 aus reinem Forscherdrang und Freude an der Schönheit der Natur den 1908 Meter hohen Mont Ventoux bestieg. Am Gipfel schlug er willkürlich das Buch der Bekenntnisse des Hl. Augustinus auf und – wie's der Zufall oder die Fügung will – las demütig die ermahnenden Worte des Kirchenvaters: »Da gehen die Menschen, die Höhe der Berge zu bewundern und die Fluten des Meeres, die Strömungen der Flüsse, des Ozeans Umkreis und der Gestirne Bahnen und verlieren sich dabei selber!« Erst Jahrhunderte später wandelte sich diese Einstellung.

Heute sind die Berge zum großen Erholungsparadies geworden. Doch viel zu sehr gilt das Interesse dem Bezwingen und Ersteigen und viel zu wenig dem Erkennen und Schauen. Leistungsdenken aus dem Alltag statt Freude an der geistig-seelischen Bereicherung bestimmt meistens das Tun. Wie viele Stunden sie bis zum Gipfelkreuz gebraucht haben, wissen fast alle, die wenigsten aber, über welche Gesteinsarten sie aufgestiegen sind oder was am Wege alles blühte.

Die Entscheidung der Frage: durch oder über die Alpen? ist allerdings nicht nur eine Frage des Zeitgeistes oder der persönlichen Beziehung zur Bergwelt, sondern hängt natürlich auch vom individuellen Leistungsvermögen ab. Grundkenntnisse in Geologie und Botanik bereichern wesentlich das Erlebnis einer Alpenüberquerung.

Die großen Täler und die klassischen Übergänge sind das ganze Jahr hindurch erfüllt von Autolärm und Benzingestank. Der Weitwanderer, der die Ruhe und das Naturerlebnis sucht, der eintauchen will ins Unberührte und Ursprüngliche, ist gezwungen, in entlegene Täler und auf Scharten auszuweichen. Besonders die für den Durchgangsverkehr erschlossenen Täler und Jöcher meidet er. Unser »Traumpfad« über die Alpen führt deshalb über 33 Jöcher und Scharten. Selbst am Grödner- und Pordoijoch, beide sind über 2100 Meter hoch, steigen wir von oben auf den Sattel der Passstraße hinunter und verlassen diesen wieder bergwärts. Neben den vielen Bergbahnen, Lifts und »Metros« hat zur Übererschließung der Alpen vor allem auch der Ausbau von Militärstraßen und Wirtschaftswegen beigetragen. So führt auf das Pfitscher Joch, wo unsere Route die orographische Linie des Alpenhauptkammes überquert, bereits von Süden her eine alte Militärstraße. Sollte auch noch vom Stausee im Schlegeisgrund die Straße zum Joch weiter gebaut werden, müsste der naturliebende Weitwanderer in noch extremere alpine Bereiche ausweichen. Für mich ist die 2000-Meter-Höhenlinie eine magische Grenze beim Wandern. In der Zone zwischen Wald- und Baumgrenze faszinieren die fotogensten Landschaftsbilder. Der Blick wird frei in eine abwechslungsreich gestaltete Ferne und findet im Vordergrund noch Halt an markanten Baumveteranen. Bereits im Karwendel erreichen wir diese ideale Wanderlandschaft, erneut dann wieder am Glungezer oberhalb des Inntals. Und ab der Peitlerscharte endlich wandern wir tagelang oberhalb dieser Traumwanderlinie. Bei schlechtem Wetter, ungenügenden Markierungen und mangelhafter Bergerfahrung birgt dieser Höhenbereich jedoch auch verschiedene Gefahren.

Durch plattentektonischen Druck vom Süden mit Widerlager im Norden wurden die Alpen aufgefaltet. Es schoben sich die geologischen Formationen zusammen und übereinander. Bei der Wanderung von Norden nach Süden erkennen wir so hinsichtlich der Bergformen und des Bewuchses große Unterschiede und Gegensätze. Zum großen Teil beruhen sie auf den verschiedenen geologischen Verhältnissen. Bewegt man sich innerhalb der Ostalpen in ost-westlicher Richtung, verweilt man unter Umständen tagelang in einer Landschaft mit gleichen Bergformen, Talfurchen, gleicher Flora und unveränderten Wirtschaftsformen. Beim Auf und Ab über die Berge erleben wir mit dem Wechsel der Höhenlagen des öfteren die verschiedenen Jahreszeiten und damit den Blütenreigen vom Frühjahr bis zum Herbst. Beim Abstieg vom Nevegal umfängt uns dann endgültig der Süden.

Die Nacht von Furio Bianchet

Nach sieben verregneten Dolomitentagen funkeln endlich über der Pra della Vedova an der Rifugio Pramperet die Sterne vom blankgefegten Berghimmel. Doch wir – in unserem Falle sieben Alpenwanderer auf dem Weg von Bad Tölz nach Belluno – haben uns zu früh gefreut. Verhangene Berge und Dauerregen auch am nächsten Morgen!

Schlechtwettereinbruch: Eine Gruppe im Aufstieg zur Forcella Sud del Van de Città in den südlichen Dolomiten (22. Wandertag).

Vergeblich warten wir auf Wetterbesserung. Gegen zehn Uhr brechen wir dennoch auf. Nach Überwindung der ersten hundert Höhenmeter werden die Regentropfen größer. Einzelne Schneeflocken mischen sich darunter. Wie in den Kindertagen stimmen sie zuerst etwas fröhlich. Man summt: Leise rieselt der Schnee. Als aber das Schneetreiben zunimmt und die Markierungen in dem fremden und einsamen Bergland langsam unter der Schneedecke verschwinden, wird die Stimmung ernster. Zum Glück haben Bergfreunde außer den Farbklecksen da und dort noch Steinmännchen errichtet. Mit dem Aufwärtssteigen klettert der Höhenmesser auf 2000, 2100, ja über 2300 Meter. Der Pfad wird noch steiler und das Schneetreiben heftiger. Sturm peitscht die Regenumhänge über die Köpfe und nimmt einem fast den Atem. Die Brillenträger klagen über beschlagene Gläser.

Bild oben links: *München-Venedig-Wanderer in der Gipfelhütte des Col Visentin (1763 m). Am 24. Wandertag wird dieser letzte alpine Höhenrücken südlich von Belluno erreicht.*

Bild oben rechts: *Kreuzweg mit Kirche am Südfuß des Nevegals oberhalb von Revine. Im Hintergrund die Autobahnbrücke bei Vittorio Vèneto (24. Wandertag).*

Neben dem glitschigen Steig gähnen rechts und links im Nebel unbekannte Tiefen. Ein unachtsamer Schritt kann zum Verhängnis werden. Nur jetzt nicht nervös werden! Vor allem muss die Gruppe beisammen bleiben. Angestrengt versuche ich nach der Geländeform den Verlauf des Steiges auszumachen. Endlich verliert er an Höhe. Immer wieder suchen wir gemeinsam nach den Markierungen. Die Schneeflocken werden größer und gehen endlich wieder in Regen über. Froh, der kritischen Situation entronnen zu sein, doch triefend vor Nässe, die sowohl von außen wie unter den luftundurchlässigen Ponchos auch von innen kommt, gelangen wir zu einer verlassenen Alm. An der rußgeschwärzten Wand zwischen ein paar Steinen versucht Josef, unser »Feuermeister«, mit dem herumliegenden Holz Wärme in den Raum zu bekommen. Doch die Scheite sind zu feucht. Eingehüllt in Rauch und Qualm zieht es durch die Ritzen, und die Kälte kriecht uns langsam den Körper herauf. Es ist viel zu ungemütlich für eine längere Brotzeit. So setzen wir den Weg über einen tief eingeschnittenen Bach und hinauf zum Varettajoch fort. Mina hat ihre Grippe noch nicht ganz überwunden, und auch meine Fußverletzung von der Civetta beginnt wieder zu schmerzen. An ein Übersteigen der verschneiten Schiara ist unter diesen Verhältnissen nicht zu denken. Also Abstieg durch den Bergwald zur tief unten im Val Vescova gelegenen Hütte Furio Bianchet! Ein weit auseinandergezogenes Häufchen Wanderer erreicht gegen 15.00 Uhr dieses Tagesziel.

Fenster und Türen stehen sperrangelweit offen. Vor der Hütte steht ein Jeep, in dem sogar der Zündschlüssel steckt. Weit und breit aber ist keine Menschenseele zu sehen. Das Haus scheint neu zu sein. Die Küche ist modern ausgestattet und bei den reichlich vorhandenen Speisen und der vollen Hausbar wächst unser Appetit noch mehr. Im Kamin schwelen Holzscheite. Josef entfacht sie zu lodernden

Flammen. Wir genießen die Wärme, hängen die Kleider und stellen die Schuhe zum Trocknen auf. Die Stunden vergehen. Von einem Hüttenwirt ist noch immer nichts zu sehen. Uns wird eigenartig zumute. Schließlich schreiben wir mit großen Buchstaben auf ein Blatt: »Wir sind keine Räuber, sondern sieben Alpini, bitte nicht schießen!« Den Zettel heften wir vorsichtshalber an die Eingangstüre.

Mehr Nacht als Tag ist es schon, als dann zwei bärtige Männer die Hütte betreten. In der Art, wie sie zielstrebig auf die Verpflegung in der Küche zugehen, erkennen wir: sie gehören zur Hütte! Wie sich später herausstellt, ist der eine der Hüttenwirt und Bergführer und der andere sein Bruder, ein Forstarbeiter. Unsere Frauen helfen beim Zubereiten des Abendessens. Bei Rotwein und Grappa lockert sich vollends die Atmosphäre, und beschwingte Melodien aus einem alten Grammophon fordern zum Tanz. Die Bilder verschwimmen und auch die Erinnerung. Es ist bereits spät in der Nacht, als die letzten von uns die breite Treppe ins Obergeschoss hinaufklettern.

Wie alle in die Betten kamen, bleibt ebenso ungeklärt wie ein nächtlicher Spuk. Beim gemeinsamen Frühstück ist nämlich von einem Geist mit Lampe, von einem Krach und von verrutschten sowie verhangenen Betten die Rede. Ein Dritter erzählt, sein Schlafsack ist mit Löchern versehen. Die ulkigsten Sachen waren passiert. Mich beispielsweise brachte ein Bärtiger zum Lachen. Als ich mich bei Dunkelheit entlang der Wand zum Klo vortastete, wurde ich plötzlich umarmt. Doch als jener Geist merkte, dass ich ein Mann bin, war er weg, bevor das Licht anging.

Gezeichnet von der langen Regenwanderung, doch bestens erholt und randvoll mit Erlebnissen, endet für den größten Teil der Gruppe noch am selben Tag die dreiwöchige Alpenwanderung auf der belebten und sonnenüberfluteten Piazza dei Martiri in der reizvoll gelegenen südlichen Bergstadt Belluno.

Bild oben links:
Das interessante Städtchen Conegliano – Ausgangspunkt der Rot- und der Weißweinstraße, liegt eine Bahnstation vom Ziel des 25. Wandertages, Ponte Priula, entfernt.

Bild oben rechts:
Die »Molinetto della Croda« (Mühle auf dem Felsvorsprung) stammt aus dem 17. Jahrhundert und liegt direkt an der Route des 25. Wandertages, zwei Kilometer vor Refrontolo.

VÈNETO

REGION ZWISCHEN DOLOMITEN UND ADRIATISCHEM MEER

Bild oben: *Der Glockenturm des Domes zu Belluno (1743), im Vordergrund der Stadtturm.*

Bild oben rechts: *Römischer Sarkophag mit griechischer Inschrift »Ruhe im Gedenken an Deine Berge« (3. Jh. n. Chr.)*

Kunst am Wege

Wie eine gewaltige Architektur säumen unseren »Traumpfad« senkrechte Kalkwände, breite Bergkegel und schlanke Felstürme. In Form und Farbe wechseln diese von der Natur geschaffenen Werke vom hellen Karwendel über das dunkle Schiefergebirge bis zu den rötlichen Dolomitenzinnen. Geschmückt werden sie von den Silberadern der Bergbäche, vom glänzenden Firnschnee und von den in allen Farben leuchtenden Bergblumen. Künstler aller Zeiten empfingen Inspiration und Kraft aus der geheimnisvollen und formenreichen Natur der Alpenwelt.

Aus dem oberbayerischen Alpenvorland kamen die Künstler des Wessobrunner Kreises und die Gebrüder Asam. In den Tälern der Ammer, des Grödnerbaches und Maèflusses sind seit Jahrhunderten die Holzschnitzer zu Hause. Albrecht Dürer fand in der Stadt am Meer Vorbilder und Anregung für sein Gemälde »Das Rosenkranzfest«. Am Anfang und am Ende unserer Route stehen zwei in der ganzen Welt berühmte Kunststädte: München und Venedig.

Gleich am ersten Wandertag erlebten wir in der Schäftlarner Klosterkirche alle Pracht des bayerischen Barocks. Zahllos sind die Werke der Volkskunst am Wege. Erinnert sei nur an die verwitterten oberbayerischen und Tiroler Bauernhöfe mit kunstvollem Bundwerk und Lüftlmalerei sowie an die bunten Tölzer Bauernschränke. An den Zillertaler Höfen fielen uns die beidseitigen Erker auf, in Südtirol die steinernen Treppen zu den runden Haustüren und im Agordino der Vorbau des Fogher (offener Kamin). Im-

Bild rechts:
Teil des Kreuzrippengewölbes im berühmten Kreuzgang am Brixener Dom mit Fresken aus dem 14. bis zum Beginn des 16. Jahrhunderts.

Bild auf Seite 101:
Auf dem Domplatz zu Brixen. Der Dom wurde 1745 bis 1755 barockisiert. Rechts vorne die Gedenksäule an die Jahrtausendfeier der Stadt.

mer wieder trafen wir auf Marterln, Wegkreuze, auf Haus- und Bergkapellen. Sie erinnern oberhalb Pfunders wie auch vor den Berghütten auf dem Halleranger, an der Civetta und Schiara an die Opfer der Berge. Moderne, geschmackvolle Kunst in der 1958 erbauten Wattener Himmelfahrtskirche regte uns am ersten Ruhetag zu besinnlichen Minuten an, nachdem wir vorher in Sankt Martin oben im Gnadenwald die Bilder aus dem Leben des Heiligen bewundert hatten. Der Innsbrucker Michael Ignaz Milldorfer hat mit diesen Fresken zwischen reichem Stuck die Kirche auf der Terrasse über dem Inntal im Jahr 1743 geschmückt. Im selben Jahr vollendete Filippo Juvara am Dom in Belluno einen der schönsten Barocktürme Italiens. Der Ruhetag in Belluno, dieser schönen Stadt am Piave zwischen Schiara und Nevegal, reicht nicht aus, um die hier bereits voll in Erscheinung tretende venezianische Kunst an den Palästen und Kirchen zu bestaunen. Er lässt aber ahnen, was an Schönem in Venedig auf den Wanderer wartet. Wohl einmalig im ganzen Alpenraum ist das fast 2000 Jahre alte, steinerne Zeugnis einer Liebe zu den Bergen, das heute im Innenhof der Bibliothek in Belluno zu bewundern ist. Noch zu seinen Lebzeiten ließ der Römer Caio Flavio Ostilio für sich und seine Ehefrau Domitia einen Sarkophag bauen (siehe Abb. S. 100). 1480 wurde er wieder entdeckt. An den Seiten schmücken ihn Jagdszenen und die griechische Inschrift: »Ruhe, im Gedenken an Deine Berge!«

Aus dem 16. Jahrhundert stammt der Dom Mariä Himmelfahrt. Erbaut hat ihn Tullio Lombardi, derselbe Künstler, der auch die Plastik des im Jahre 1501 bei Imola gefallenen Ritters Guidarelli – des Vielgeküssten – in Ravenna schuf. Im Innern birgt der Dom unter anderem Werke von Andrea Brustolon, Cesare Vecellio, Ixopo da Bassano und Andrea Schiavone. Auch in der Kirche St. Stephanus finden sich Werke des »Michelangelo der Holzbildhauerei«, wie Honorè de Balzac den Schnitzer Brustolon aus dem Zoldano einst bezeichnete. Vergessen sei nicht die Kirche San Pietro (1326), ebenfalls mit Werken von Brustolon und Malereien von Ricci und Schiavone.

Atmosphäre schaffen die alten Brunnen vor dem prachtvollen Renaissance-Palast dei Retori (1491) und der auf der Piazetta del Mercato. Jener mit der Bischofsfigur stammt aus dem Jahr 1410. Noch wesentlich älter sind der Stadtturm, ein Teil des alten Bischofspalastes aus dem Jahre 1190 und die Porta Rugo mit Resten antiker Mauern. Archäologische Funde, eine Münzensammlung und bedeutende Gemälde sind im Städtischen Museum zu besichtigen. Mittelpunkt des geschäftlichen und auch gesellschaftlichen Lebens aber ist die weitläufige Piazza dei Martiri mit den gepflegten Parkanlagen, der zierlichen Kirche San Rocco (1530) und dem klassizistischen Palazzo Cappellari della Colomba.

Weithin über die Stadt, das Piavetal und bis hinein ins Zoldano schaut ihr Felswahrzeichen, die schlanke Gusèla an der Schiara. Sie hat schon Tizian begrüßt, als er in seine Bergheimat, das Cadore, hinaufzog. Die Legende beschreibt die Kunst Tizians schöner als alle exakte Wissenschaft: Der große Maler habe seinen Pinsel in den Regenbogen eingetaucht, bevor er seine unvergleichlichen Werke schuf.

Der Kreuzgang am Dom zu Brixen wurde an Stelle eines früheren Kreuzganges um 1200 erbaut. Die Arkaden werden von zierlichen Doppelsäulen mit unterschiedlichen Kapitellen getragen.

Weinstraßen im Vèneto

Selbst wenn man nicht zu den absoluten Weinkennern und Feinschmeckern zählt, so sollte man es doch nicht versäumen, die Spezialitäten der venezianischen Bauerngerichte und die Weine aus Venetien zu kosten. Beim wochenlangen Übersteigen der Alpenkette wurden Muskeln, Herz und Lunge – und natürlich auch der Geist strapaziert. Nach dieser Leistung genießt man mit Recht und besonders intensiv die lukullischen Genüsse Venetiens; schließlich kreuzen wir während der letzen Wandertage vor Venedig die Weißweinstraße – sie ist die älteste Weinstraße Italiens –, und außerdem wandern wir ein Stück entlang der Rotweinstraße. Beide Weinstraßen haben ihren Ausgangspunkt in der alten Weinstadt Conegliano. Sie besitzt bereits seit 1877 eine bedeutende Fachschule für Weinanbau und Weinaufbereitung. Genau gesagt beginnen die Straßen der Weine – wie kann es auch anders sein – bei einer Schänke (»posto di ristoro«) in der Turmruine des alten Schlosses. Sie liegt gegenüber des massiven Wachturms, in dem das Museum von Conegliano untergebracht ist. Die Türme gewähren eindrucksvolle Rundblicke sowohl zum Piave und der Ebene als auch gegen die Hügel der Landschaft um Treviso, die ebenfalls von beiden Weinstraßen durchzogen wird.

Die Weißweinstraße

Sie führt in nordwestlicher und westlicher Richtung über eine Länge von 35 Kilometern durch das Hügelgelände bis hin zum Fuß der venezianischen Voralpen (Monte Cesen, 1569 m). Zuerst steigt die Weißweinstraße zwischen Weingärten und Bauernhöfen auf den Kamm der Hügel hinauf und berührt die Rua di Feletto. Von einem Karmeliterkloster sind hier nur vier Zellen und das Haus des Abtes übrig geblieben. Heute findet es als Rathaus Verwendung. In San Pietro di Filetto lohnt sich ein Besuch der Kirche. Sie besitzt romanische Fresken und einen Bogengang, der sich zu einem wunderschönen Ausblick zu den

Bild oben:
Aus den Trauben, die im Bereich der Weißweinstraße gedeihen, werden die besten Schaumweine Italiens hergestellt.

Bild rechts:
Blick über Arfanta zum Mondragon (436 m). In der Mitte des Bildes quert die Wanderroute von links nach rechts um bald danach die romantische Mühle und die Weißweinstraße bei Rofontolo zu erreichen (25. Wandertag).

Hügeln öffnet. Nach San Pietro macht die Straße eine große Schleife und führt dann hinauf nach Refrontolo. Hier auf der Höhe, wo sich ein weiter Horizont dem Auge darbietet, kreuzt unser »Traumpfad« München-Venedig die Weinstraße. Diese geht weiter, zuerst hinunter nach Pieve di Soligo, steigt dann zu den Sonnendörfern Solighetto und Soligo an, um anschließend in das Herz des Weißweinanbaues nach Farra und San Martino vorzustoßen. Alljährlich im Frühjahr findet hier eine Ausstellung der besten Hügelweine statt.

Die süßen Trauben in den Weingärten von Soglio reifen unter dem Schutz der Wallfahrtskirche von San Gallo, jene vom Col San Martino im umliegenden Bereich der kleinen Kirche von San Vigilio. Das »Allerheiligste«, gemeint ist damit die in Norditalien allseits bekannte Anbauzone des »Cartizze«, der vom Typ her trocken und lieblich sein kann, beginnt bald nach dem Col San Martino, zwischen den Hügeln von Guia und San Stefano. In den charakteristischen Gaststätten an der Weinstraße kann man

Am unteren Piave trifft der Wanderer auf die Rotweinstraße. Gegen Ende September ist dort die Weinlese in vollem Gange.

noch Brot »de casada« bekommen. Gemeint ist damit ein würziges Bauernbrot, das in den noch erhaltenen Holzöfen gebacken wird. Dazu schmeckt vorzüglich die vom Schwein gewonnene Salami Sorpressa. Wer keine Wurst und kein Fleisch isst, für den stehen exquisite Käsesorten zur Wahl. Schließlich führt uns die Weißweinstraße durch San Pietro di Barbozza und, den Piave im Angesicht, an das Ziel nach Valdobbiàdene.

Um einen großen Platz versammelt und überragt von den weißen Säulen der Arcipretale-Kirche, liegt es in einem voralpinen Kessel. Die Kirche von Valdobbiàdene weist bemerkenswerte Werke venezianischer Künstler auf. Wegen ihres angenehmen Klimas ist die Stadt ein vielbesuchter Ort von Sommerfrischlern und Weinkennern; von den letzteren wird sie besonders im September aufgesucht, wenn in der Villa dei Cedri, genannt nach den sie umgebenden Bäumen, die nationale Schaumweinausstellung eröffnet wird. Am schönsten beschließt man den Ausflug entlang der Weinstraße mit einer Sesselliftfahrt auf den 1465 Meter hohen Monte Barbaria. Wie von einem großartigen Balkon aus ist der Blick geöffnet auf die weite Ebene hinunter zum Piave und hinüber zum Grappa und Montello sowie auf die sanft gewellte Hügelkette, die die Weißweinstraße abseits des hektischen Verkehrs durchquert. Zurück zum Ausgangspunkt, der venezianischen Festung Conegliano! Die Stadt der beiden Weinstraßen bewahrt neben dem Schloss weitere bemerkenswerte Zeugnisse vergangenen Glanzes. So stehen im alten Zentrum entlang der schönen Via Venti Settembre Gebäude aus dem 15. und 16. Jahrhundert, und im Dom wird aus dem 14. Jahrhundert eine prächtige Altartafel von Ciambattista Cima (etwa 1459–1518) aufbewahrt.

Die Rotweinstraße

Im Gegensatz zur Weißweinstraße durchquert sie auf einer Länge von etwa 70 Kilometern ausschließlich ebenes Gelände. Sie führt ebenfalls zu zahlreichen historischen und künstlerisch wertvollen Sehenswürdigkeiten. Nach Passieren der Orte San Vendeminao, Mareno (mit venezianischer Villa) und Tezze muss man auf jeden Fall in San Polo di Piave verweilen. An leuchtend klarem Wasser, das von den Quellen des Lia gespeist wird, lädt ein stimmungsvoller Park mit grünen Lauben an einem Weinlokal zur Rast. Als bodenständige Stärkung werden frisch gefangene Aale und rote Krebse angeboten. Die Tradition dieser Speisen zeigt anschaulich ein Abendmahl-Fresko aus dem 16. Jahrhundert im nahe gelegenen Kirchlein San Giorgio. Auf dem Tisch, um den Jesus und die zwölf Apostel versammelt sind, liegen neben Brot und Wein Platten mit Fischen und feuerroten Krebsen.

Wenige Kilometer nördlich träumt von längst vergangenen Jahrhunderten die Turmruine Rai. Sie ist der Rest einer antiken Befestigung aus den Zeiten der Patrizier von Aquileia und der Geschlechter von Ezzelini und derer von Collalto. Ormelle glänzt mit einem romanischen Kirchenportal. Bei Ponte di Piave geht die Fahrt, nach einem Abstecher auf das rechte Flussufer, über Campo di Pietra nach Cessalto. Damit sind wir zu den am weitesten im Süden gelegenen Orten der Weinstraße vorgedrungen, wo in Donegal di Cessalto die Villa Zeno von Andrea Palladio steht. In einem weiten Bogen nach Osten über Chiarone und Malintrade gelangen wir über eine Allee zur orientalisch anmutenden Basilika Santa Maria von den Wundern. Hinter einer eleganten weißen Fassade mit einem Säulengang verbergen sich zwei Kreuzgänge mit Bildern aus dem Leben des hl. Franziskus und Antonius. Hier hat das Hochwasser von 1966 viel zerstört. Über Gorgo al Monticano sind es dann nur noch gut acht Kilometer an das Ziel, zur antiken Stadt Oderzo, die in ihrer langen Geschichte wiederholt zerstört worden ist. Das kleine Museum in Oderzo mit Zeugnissen romanischer Ausgrabungen und verschiedenen Mosaiken dokumentiert die lange Geschichte der Stadt. Um den Domplatz stehen antik bemalte Häuser.

Wollte ich alle Zeugen der großen kulturellen Vergangenheit, die an oder in der Nähe der Weinstraßen stehen, beschreiben, so würde der Platz zwischen diesen beiden Buchdeckeln nicht ausreichen. Außerdem war ja zu Beginn dieses Abschnittes auch noch die Rede von den verdienten leiblichen Genüssen.

Den Weißwein »Cartizze« habe ich schon erwähnt. Mit einer besonderen Qualität kann der »Superiore di Cartizze« aufwarten, der allerdings nur in einer sehr begrenzten Gegend angebaut wird. Da er sich besonders für leichte Vorspeisen eignet, könnte man dazu Brühwürste in Weißwein essen. Eine weitere passende Vorspeise könnte auch aus Seemuscheln, Venusmuscheln, Scampi, Tintenfischen und Krabben bestehen. Das Ganze wird mit Öl, Zitrone, Salz, Pfeffer, Petersilie und Knoblauch zubereitet. Auch der Weißwein »Tocai del Piave« mit seiner typischen, nicht sehr intensiven Blume, oder der trockene und würzige »Verduzzo del Piave« würden hierzu harmonieren. Und wie wäre es anschließend mit dieser Hauptspeise: Schweinebauch, grobe Wurstwaren mit Polenta oder auch Kartoffeln auf venezianische Art? Dazu bestellen wir den rubinroten »Merlot del Piave«, der beim Altern in Granatrot übergeht und dabei ätherischer und noch angenehmer wird. Als Nachtisch seien empfohlen: gebackene Küchlein (Fritole) oder gebratene Creme, beides »alla Veneziana«. Und nachdem eine geglückte Alpenüberquerung zu Fuß ein festlicher Anlass ist, lassen wir dazu einen Prosecco »Spumante« aus Conegliano und Valdobbiàdene auffahren. In diesem Sinne: Prost oder besser Salute!

Menschliche Begegnungen

Am unteren Piave stehen wir nun dort, wo im Juni und im Oktober 1918 die Italiener und die Deutsch-Österreicher sich noch einmal heftig bekämpften. Von der Wanderroute auf dem Damm sehen wir hinein in die Weingärten bei Fossalta di Piave, in denen gerade ein Weinbauer mit Kind und Kegel mit der Weinlese beschäftigt ist. Uns läuft das Wasser im Mund zusammen und so fragen wir, ob wir Trauben kaufen können. Darauf erwidert der Bauer: »Kaufen nicht, aber essen!« Dieser gut gemeinten Aufforderung kommen wir natürlich gerne nach.

Ein Bauer vom unteren Piave. Der älteren Generation sind die harten Kriegstage am Piave von 1918 noch gegenwärtig. So kam uns ein älterer Mann mir vorgestreckter Hand und den Worten entgegen: »Sempre pace, sempre amici!« (»Immer Friede, immer Freunde!«).

Die menschlichen Begegnungen auf der Wanderschaft in den Süden waren meist freundlicher Art. In der Nähe von Nervesa della Battaglia kam uns ein alter Mann mit vorgestreckten Händen und den Worten: »sempre pace, sempre amici« entgegen. Und als wir oben in der Hotelkolonie Nevegal in einem Café zahlen wollten, antwortete der Wirt, es wäre schon erledigt. Unser Besuch sei für ihn ein »Spettacolo«, ein Ereignis gewesen. Anscheinend hatte er aus der Zeitung erfahren, dass einige Deutsche mal nicht mit dem Auto, sondern per pedes nach Italien kommen.

Südlich der Alpen wird allerdings der Anblick eines Rucksackträgers oft nicht mehr mit bewusster sportlicher Betätigung oder einer gesunden Wanderung in Verbindung gebracht, sondern es besteht die Gefahr, dass man für einen Landstreicher gehalten wird. Dies natürlich umso mehr, je mitgenommener man von langen Strapazen und Schlechtwetterperioden aussieht. So waren wir nach der ersten Alpenüberquerung 1973 nach tagelangem Regenwetter in den Verkehrskessel von Vittorio Vèneto abgestiegen. Wegen einer leichten Fußverletzung, die ich mir beim Springen an der Civetta zugezogen hatte, ging ich am Stock, und der Bart war erst zu dreiviertel ausgereift. Meine Frau wurde von Blasen an den Füßen geplagt. Während der Herbergssuche in der Abenddämmerung regnete es erneut in Strömen. Uns erging es wie Josef und Maria: Wo wir auch anklopften und nach Quartier fragten, immer hieß es: »tutto occupato!« Vielleicht wäre unser Eindruck besser gewesen, hätten wir unser Gepäck nicht selbst auf dem Rücken getragen, sondern dafür wenigstens einen Esel mitgeführt. Zum Schluss waren wir froh, in einer viertklassigen Wirtschaft an einer äußerst verkehrsreichen Straßenkreuzung eine Bleibe für die Nacht gefunden zu haben.

Zwei Jahre später: Noch in der Dunkelheit suchten wir den mit Brombeeren zugewachsenen Weg durch den Bergwald talwärts. Die Hütte auf dem Gipfel, in der wir übernachten wollten, hatte wegen Renovierungsarbeiten geschlossen. Im Bergwald hatte Wochen vorher ein Waldbrand gewütet und die Stämme waren angekohlt. Endlich tauchten die Lichter eines Dorfes auf.

Auf unsere Fragen hin verwies man uns – drei Frauen und zwei Männer – an die einzige Gast- und Übernachtungsstätte. Die Wirtin und ihre Mutter – sie waren allein in der abgelegenen Wirtschaft – wollten uns zuerst weder bewirten noch für die Nacht aufnehmen. Große Lire-Scheine, ein Spiel auf der Mundharmonika und die Ankunft des Wirtes wendeten die Stimmung. Zu guter Letzt wurde bei den Melodien der Musikbox sogar getanzt, gemeinsame Gruppenbilder geknipst, und am nächsten Morgen begleitete uns der Wirt ein Stück des Weges. Aus manchen dieser Begegnungen wurden Dauerbekanntschaften; noch nach Jahren schreibt man sich. Sehr herzlich war die Begrüßung nach dem Abstieg von der Schiara durch Vertreter des Alpenclubs von Belluno. Bis an das Ende des Bergsträßchens oberhalb von Bolzano Bellunese waren sie uns entgegengefahren. Nach einer Einladung zu Cappuccino und Grappa transportierten sie unsere schweren Rucksäcke voraus in das Hotel nach Belluno und während eines gemeinsamen Abends bemühten sich beide Seiten nach besten Kräften und erfolgreich, die Sprachschwierigkeiten zu überwinden.

Eine vollkommene Überraschung gelang den Pressefotografen von Lido di Jesolo mit den Vertretern des dortigen Fremdenverkehrsamtes. Wir überlegten an jenem Abend, ob wir nicht bereits in Jesolo übernachten sollten. Außerdem waren wir an einer Straßenkreuzung unschlüssig, welchen Weg wir weiter wählen sollten. Bei völliger Dunkelheit wanderten wir schließlich am Straßenrand auf Lido di Jesolo zu. Da flammten die Blitzlichter der Fotografen auf und man lud uns für den nächsten Tag auf einen Drink zur Fremdenverkehrsverwaltung ein. Die Geschenke in Form von hübschen Bildbänden und einer schriftlichen Sammlung venezianischer Gerichte und Weine erinnern die Teilnehmer der Wanderung noch heute an jene Gastfreundschaft in Belluno und Lido di Jesolo.

Unvergessen bleiben auch die kameradschaftlichen Begegnungen während der Wanderung und abends auf den Berghütten. Wie all dieses zeigt, hilft selbst ein nord-süd-verbindender Wanderpfad, Vorurteile abzubauen. Wir haben dabei menschliche Begegnungen erfahren, die dem Autofahrer auf der Straße weitgehend verschlossen bleiben.

Bild oben:
Krönender Abschluss der intensiven und lang anhaltenden Erholung, die dieser Wanderurlaub vermittelt, ist das Baden im Meer. Spuren, die mit der nächsten Welle schon wieder verschwunden sind...

Bild Seite 108:
Blick auf die Lagune südöstlich von Caposile (vorletzter Wandertag).

Wo Land und Wasser ineinander übergehen

Die Lagune

Jeder Venedigbesucher kommt mit der Lagune in Berührung. Nähere Bekanntschaft mit ihr macht jedoch nur derjenige, der den historischen Eingang von der See her benützt und nicht den finsteren Hintereingang über den Festlanddamm. Die Lagune und Venedig bilden eine untrennbare Einheit. Beide haben sich in beständiger Wechselbeziehung in ihrer Eigenheit gegenseitig am Leben erhalten. Die Lagune ist ein salzarmes, fischreiches Wattenmeer, etwa von der Größe des Bodensees. Der nördliche Teil, mit brackigem, stehendem Wasser, daher die »laguna morta«, die »tote Lagune« genannt, unterscheidet sich vom südlichen Teil, der »laguna viva«, der »lebenden Lagune«. Dieser Teil ist durch drei Kanäle, die sogenannten »porti«, mit dem offenen Meer verbunden. Dadurch werden Ebbe und Flut wirksam. Der Wasserspiegel ändert sich dabei um rund 85 Zentimeter. Die Landschaft, mit flachen Inseln und Sandbänken, wirkt wie eine Urlandschaft: ohne Wald und Baum, ohne Feld und Acker, eine grenzenlose Öde soweit das Auge reicht. In vorgeschichtlicher Zeit soll sich hier der Höhenzug einer Gletschermoräne erstreckt haben, dessen Reste – nach der Senkung der Po-Ebene – die Inseln und Kuppen der Lagune sind. Die einstigen Flüsse sind heute die Schifffahrtslinien. Der Canale Grande in Venedig ist das Ende eines Brenta-Armes. Er führt noch immer fließendes Wasser.

Ohne Lagune wäre Venedig vermutlich nicht entstanden. Die ersten Siedler waren auf der Flucht vor Attila, dem Hunnenkönig. Die Lagune gewährte den gesuchten Schutz, denn die Eroberer hatten keine Schiffe. Die Beschützten dankten es ihr, denn sie erhielten nun ihrerseits die Lagune am Leben, lenkten den Lauf der Flüsse von ihr ab und verhinderten damit die Verlandung. Außerdem hielten sie die Gewalt des Meeres durch Dämme in Schach und ließen durch die offen gehaltenen Pforten Ebbe und Flut wirken.

Ravenna und Adria, ehedem ebenfalls Seestädte, waren nicht so weitschauend und wurden deshalb bald zu unbedeutenden Landstädten. Ohne Lagune würde auch Venedig heute nicht die liebenswerte Stadt sein, die wir kennen; sie wäre wahrscheinlich eine ungewöhnliche Stadt mit einigen interessanten Bauten, aber ohne all den Zauber, der eigentlich die Stadt zu dem macht, was sie ist.

Dem »Stadtmörder« Verkehr wäre sicherlich schon früher ein wesentlicher Teil dessen, was sich so für alle Zeit mit dem Begriff »Venezia« verbindet, zum Opfer gefallen. So aber haben die Venezianer sich selbst, die Stadt, die Lagune und uns, die wir das Ganze lieben, vor dieser Trostlosigkeit bewahrt.

Vieles in Venedig ist heruntergekommen, schaut nach Verfall aus. Der Verputz bröckelt von den Häusern, die Feuchtigkeit vernichtet einfache Mau-

Die Rialto-Brücke am Canale Grande. Sie ist eines der Wahrzeichen der Beherrscherin der Meere. Ihr Fundament bilden jeweils 6000 Holzpfähle an beiden Seiten.

ern und Kunstwerke, und Fensterläden hängen schief. Aber wir nehmen es eigentlich gar nicht so recht wahr. In jeder anderen Stadt würde uns dies befremden – nicht so in Venedig. Auch dies ist die Wirkung der Lagune; denn Wasser stimmt weich, Wasser glättet harte Konturen, Wasser überzieht alles mit einem zarten Schleier der Täuschung, der Illusion. Kanäle und Brücken ohne Zahl bewirken dieses Wunder, und so fühlt man sich vom Verfall eher angezogen denn abgestoßen.

Nach diesem Lobgesang auf die Lagune müsste man Venedig eigentlich in erster Linie als »Tochter der Lagune« bezeichnen und dann erst als »Königin der Meere«.

Die Inseln der Lagune

Im 15. Jahrhundert waren es noch ca. 500 Inseln, die sich über die ganze Lagune verteilten, heute sind es vielleicht noch 40. Der riesige Rest ist verschwunden, vom Wasser überspült, mit anderen Inseln zusammengewachsen oder zu Festland geworden. Die klangvollsten, die geschichtsträchtigsten sind geblieben. Venedig selbst ist eine Ansammlung von 100 bis 200 kleinen Inseln. Aus dem historischen Namen »Rivus altus« (hohes Ufer) wurde später der Name Rialto gebildet. Der heutige Stadtteil Giudecca, aus acht Einzelinseln bestehend, war früher Wohnsitz der Juden, dann des Adels und heute der Arbeiterschaft. Ausgesprochenen Inselcharakter haben die im Weichbild der Stadt liegenden Inseln Giorgio Maggiore, San Servolo, San Clemente und San Lazzaro.

Bild rechts:
Blick über den Canale Grande auf die Basilika Santa Maria della Salute.

Bild Seite 113:
Ausblick vom Turm der Kirche San Giorio Maggiore in Richtung Markusplatz (28. Wandertag).

Am Markusplatz. Rechts ein Teil des Dogenpalasts, im Hintergrund die Basilika San Marco.

Giorgio Maggiore prägt das Bild von Venedig entscheidend mit. Die Kirche dort birgt Gemälde von Tintoretto und Jacopo Bassano. San Servolo und San Clemente waren früher Klosterinseln und werden heute als Krankenanstalten benützt. Bedeutend ist die Insel San Lazzare degli Armeni. Ursprünglich Asyl der Aussätzigen, wurde sie 1717 Domizil der vor den Türken fliehenden armenischen Mönche. Sie drucken noch heute Bücher in 36 Sprachen. Der romantische Dichter Lord Byron lebte dort, und König Ludwig I. von Bayern, der Insel und Kloster sehr liebte, bezeichnete die (seinerzeitige) Abgeschiedenheit als »wahres Asyl für den Gelehrten«. Nicht weit ist es bis zum Lido von Venedig. Er ist weltbekannt als Seebad und Kunststätte. Am südlichen Ende des Lido liegt das Städtchen Malamocco, das bis zum 9. Jahrhundert Sitz der Dogen von Venedig war. Ein weiterer Lido (eigentlich eine Nehrung) folgt nach der »Porto di Malamocco« mit dem Örtchen Pellestrina. Als Abschluss der Kette liegt am südlichen Ende der Lagune das reizvolle Chioggia, mit Venedig durch eine Schiffslinie verbunden. Heute ist es der größte Fischereihafen der nördlichen Adria und es ist noch so romantisch verträumt wie Venedig früher war.

Aber wenden wir uns nun den Inseln der nördlichen Lagune zu. Hier tauchen die berühmten Namen auf, an die man ja zunächst denkt, wenn von den Laguneninseln die Rede ist. Murano, Burano und Torcello sind die

Namen, die den Ruf Venedigs mitbegründen halfen. Doch zuerst gibt es da noch die Insel San Michele, zwischen Venedig und Murano gelegen. Sie ist die Friedhofsinsel, Ruhestätte bedeutender Künstler aus aller Welt. Was San Michele für die Toten, ist San Francesco für die Eheleute, denn dort wird traditionsgemäß geheiratet. Und zwischen den beiden wird, falls notwendig oder gewünscht, ein Aufenthalt auf San Clemente eingeplant, denn dort sind die Irren. Von der Insel Vignole kommen Obst und Gemüse. So erfüllt eben jedes Eiland seinen Zweck.

Murano ist die Insel der Glaskunst. Sie ist im Sommer während der Saison laut und geschäftig. Dabei wird viel Kitsch verkauft. Im Spätherbst kehrt die große Ruhe ein. Diese Ruhe schätzten auch die Adeligen, die im 15. Jahrhundert hier ihre Villen und Gärten hatten. In Weiterführung dieser Gärten entstand auf Murano der erste botanische Garten Italiens. Heute ist Murano wegen seiner Glaskunst bekannt. Ursprünglich standen die Glasöfen in Venedig selbst, wegen der Brandgefahr wurden sie aber nach Murano verlegt. Bemerkenswert ist der Dom der Heiligen Maria und des Heiligen Donato im venezianisch-byzantinischen Stil. Wesentlich ruhiger als in Murano geht es auch im Sommer auf der Fischer- und Spitzeninsel Burano zu. Berühmt geworden ist Burano durch seine Klöppelspitzen, die einst in Europa große Mode waren; angeblich besitzt es auch den allerschiefsten Campanile Italiens. Torcello, die entfernteste der Inseln, ist der vielleicht einsamste und stillste Ort im belebten, weiten Rund der oberen Adria. Man schlendert zwischen Kanälen und Weingärten und kann Kirchen und Häuser an zwei Händen abzählen. Die Harmonie zwischen Erde, Himmel und Wasser ist vollkommen. Hemingway liebte diese Insel sehr. Hier umweht einen der große Hauch früher Geschichte. Torcello war vor Venedig Hauptstadt der Veneter, erste Siedlungsstätte der vor Attila Flüchtenden. Neben dem 639 begonnenen Dom steht die breite, mächtige Kirche Santa Fosca. Eine Inschrift im Dom ist das älteste Zeugnis der venezianischen Geschichte. Es wird dort der (angebliche) steinerne Thron Attilas gezeigt. Torcello war schon nicht mehr reich und mächtig und von Venedig längst überflügelt, als im 15. Jahrhundert die Katastrophe kam. Die Malaria soll Torcello völlig entvölkert haben. Wie immer es auch gewesen sein mag, die Stadt starb und diente dem blühenden Venedig nur mehr als Steinbruch für seine Bauten. Der Campanile, der zwischen wucherndem Grün und dem Wasser steht, erinnert an diese längst vergangene Zeit.

Der schönste Salon der Welt

Von Münchens »Guter Stube« spannt sich der Bogen zur Piazza San Marco, dem »schönsten Salon Europas«. Napoleon nannte ihn so, nachdem er 1797 Venedig widerstandslos erobert und damit die alte Seerepublik, »die Königin der Meere«, ausgelöscht hatte. Da dem »schönsten Salon Europas« als Decke zu dienen nur der Himmel würdig sei, wie Napoleon meinte, legte er selbst Hand an, den Platz so zu gestalten, wie er sich heute noch dem Besucher zeigt. Er ließ auf der dem Markusdom gegenüberliegenden Seite die Kirche San Geminiano abreißen und ersetzte sie 1810 durch den sogenannten »Napoleonischen Flügel«. Dass der Zauber des Platzes durch die Jahrhunderte wirkt, beweist der Dichter Petrarca (1304–1374), der ihn schon zu seiner Zeit als einzigartig pries; und Petrarca war im damaligen Europa wahrlich weit herumgekommen! Noch heute, oder erst recht heute, wird jeder, der das Glück hat, den Markusplatz und seine angrenzende Umgebung zu sehen, tief beeindruckt sein. Diesen Platz würdig zu beschreiben ist ein schwieriges Unterfangen. Der Glanz der Markuskirche im tiefstehenden nachmittäglichen Sonnenschein, das Leuchten und Glitzern der Mosaiken und Fenster, die Bronzepferde im fast goldenen Glanz, die Säulen, Türmchen und Kuppeln darüber, rechts der Dogenpalast, der Uhrturm linker Hand: dieser Anblick wird einem unvergesslich bleiben. Dreht man sich dann vollends nach links, bestaunt man den überaus abwechslungsreichen Uhrturm. Die Uhr, groß und bunt, zeigt all die geheimnisvollen astrologischen und astronomischen Dinge an, die heute kaum mehr jemand versteht. Über der Uhr thront die Madonna mit dem Kind und darüber noch – wie bezeichnend – der geflügelte Löwe, das Sinnbild der Macht und Größe der Republik Venedig. Besteigt man den Turm, hat man einen herrlichen Blick auf das Vorderprofil des Domes und des Dogenpalastes, die Alte Bücherei (Libreria vecchia), die

Die Palazzi am Canale Grande bestechen mit ihrer venezianischen Gotik.

beiden Säulen an der Mole, auf die Insel San Giorgio und ganz im Hintergrund im Süden auf die Weite der Lagune: eine Traumansicht Venedigs. Näher sind uns die »Mohren«, nachgedunkelte, überlebensgroße Bronzefiguren, welche, notdürftig bekleidet, auf dem Turmdach die Stunden an die große Glocke schlagen. Unter dem Turm beginnt die »Merceria«, eine Marktgasse, die eng und über viele Brücken zur Rialto-Brücke führt. Am Markusplatz folgt dann die »Alte Prokuratie«, der Hundertbogen-Bau, und im Hintergrund der »Napoleonische Flügel«, gekrönt mit klassischen Statuen. Weiter nach links, das Karree fortführend, folgt die »Neue Prokuratie«, unter anderem mit dem Museum Correr. Und schließlich der einzig nach oben strebende Bau des Platzes, der Campanile. Mit seinen rund 90 Jahren das weitaus jüngste Bauwerk des Platzes. Nach einem Einsturz war er 1902 wieder genau nach dem alten Plan aufgebaut worden. An seine Ostwand schmiegt sich elegant und zierlich die Loggetta mit Veranda, reich mit Skulpturen verziert. Sie diente einst als Aufenthaltsort der Ratsmitglieder.

Der Platz selbst ist gar kein Platz im eigentlichen Sinn, denn sichtbar münden oder entspringen hier keine Gassen und Straßen, was der ursprüngliche Zweck eines Platzes war. Dass dennoch versteckt einige Gassen abzweigen, ändert nichts am Raum-, am Saloncharakter des Platzes. Blickt man auf den Boden mit seinen Steinplatten und Marmor-Ornamenten oder auf die Arkaden der umgrenzenden Bauten, glaubt man sich in einem alten Ballsaal zu befinden. Hinzu kommt, dass auch kein Denkmal – wie meist üblich – diesen Eindruck zerstört. Oben, vom Campanile aus betrachtet, wird dieser Eindruck weiter verstärkt. Nicht nur, dass die Zeichnung der Marmormuster erst jetzt in ihrer ganzen Komposition wirkt und der Parkett-Eindruck offenkundig wird, nein, durch die sich bewegenden winzigen Menschen und Menschengruppen entsteht nun tatsächlich der Eindruck einer sich im gemessenen Tanze bewegenden Menge; und das obwohl dort oben von der gleichsam wie zum

Tanze aufspielenden Café-Kapelle nicht mehr viel zu hören ist. Früher war der Markusplatz ja wirklich der Ballsaal Venedigs, für seine unzähligen Feste und Karnevalsfeiern. Sicher wurde er auch aus dem Wunsche heraus geschaffen, sich frei und ungehindert bewegen zu können – denn eines hatten die Venezianer nie: Platz! Und bis zum heutigen Tage kann man sich hier, am Mittelpunkt Venedigs, frei bewegen, denn alle, Einheimische und Touristen, müssen ihre Autos weit, weit draußen lassen. Auch diese ungewohnte Autolosigkeit macht heute einen großen Teil des unwiderstehlichen Reizes von ganz Venedig aus.

Die Geschichte des Markusplatzes wollen wir hier nur kurz streifen. Einstmals war er ein kanalreicher Klostergarten der Nonnen von San Zaccaria mit Gemüse und Weinbau. Um 930 wurde die St. Markuskapelle als Grabstätte für die Gebeine des Heiligen erbaut, wenig später datiert der Baubeginn für den Campanile. Mitte des 11. Jahrhunderts wurde die Kirche in der heutigen Form eines griechischen Kreuzes mit fünf Kuppeln errichtet, im Jahre 1094 wurde sie unter dem Dogen Vitale Falier eingeweiht. Anfang des 13. Jahrhunderts erlebte der Platz eine erhebliche Vergrößerung, aber der Klostergarten blieb noch bestehen. Unter der Regierung des Dogen Ziani wurde der Kanal Batario – an der Stelle des jetzigen »Napoleonischen Flügels« – zugeschüttet. Ende des 15. Jahrhunderts bekam die Markuskirche ihr heutiges Aussehen, ebenso der Platz, der nun Staats- und Prunkplatz der Republik wurde. Fronleichnamsprozessionen wurden von nun an in prunkvoller Weise abgehalten (siehe das Gemälde von Gentile Bellini in der Akademie), phantasievolle Kostümfeste prägten das Leben der Stadt, Budenstädte wurden zum Verkauf von gekauften, getauschten und gestohlenen Wunderdingen des Orients errichtet, Feste wurden zu jeglichem Anlass abgehalten. Gründe zum Feiern gab es genug: Siege, Empfänge fremder Gesandter, Turniere usw. Venedig wurde zur Stadt der Feste. Die alten Prokuratien wurden 1514 durch Bartolomo Bon vollendet. Sie dienten als Amtswohnungen für die Prokurato-

Einer der zahlreichen verträumten Winkel zwischen Markusplatz und Rialto-Brücke mit dem typischem Fußgängersteg und Bootsanlegestellen.

ren, die das Vermögen des Heiligen Markus verwalteten und nach dem Dogen die höchsten Staatsbeamten waren. Die neuen Prokuratien wurden 1583 von Scamozzi begonnen und 1640 von Longhena vollendet. 1722 wurden die heutigen Steinplatten verlegt.

Heute wimmelt der Platz von »stranieri«, von Fremden, und er ist voller Tauben. Geschäftstüchtig sind sie, die Futterverkäufer, die Andenkenverkäufer, überhaupt alle Venezianer, denn die Stadt lebt heute fast ausschließlich vom Fremdenverkehr. Berühmt sind die Andenken: Muranoglas in allen erdenklichen Gestalten und Formen, die Spitzen von Burano und Schmuck zu horrenden Preisen, verkauft unter den Arkaden der Prokuratien.

Müde vom Stehen, Umhergehen und Schauen lassen wir uns auf einem schattigen Cafèplatz nieder. Wir trinken einen Espresso oder Cappuccino und genießen die wuchtigen Töne der traditionellen Sechs-Mann-Kapelle. Der Blick kreist in Muße über den Platz, die schweren, leinenen Vorhänge der Arkadenbögen stechen uns ins Auge. Jeder von ihnen ist anders drapiert, mal nach außen als Vordach abgestützt, mal in der Mitte hochgezogen, wie der Vorhang des Teatro la Fenice. Und manches, was vor und hinter den Vorhängen zu sehen ist, scheint theaterreif: Touristen aus aller Welt, Rubensfiguren in hautengen Shorts, bei deren Anblick die Torwächter des Doms – gäbe es sie noch – in Panik geraten würden. US-Kostüme von erlesenem Geschmack, welche an ein Aufleben des alten venezianischen Karnevals denken lassen, und dazu Bergfexe mit Bundhosen, müden Schrittes in schwe-

Ein Novemberabend angesichts San Giorgio Maggiore.

ren Bergstiefeln, mit Bärten und Rucksäcken wie Uhrenschmuggler.

Um 21 Uhr findet ein Konzert der »Banda municipale«, der Städtischen Kapelle statt. Der Dirigent muss einen wahren Feldherrnhügel von Pult ersteigen, nein, erklettern. Das Orchester besteht nur aus Bläsern mit drei Streichbässen. Die Oboen und Klarinetten ersetzen die hohen und mittleren Streicher. Den Anfang macht eine ebenso langweilige wie endlose Opernphantasie nach Catalani. Unter den Oboenbläsern ist ein angegrauter Musikus, der nur schwer den Blick von einer blonden Touristin wenden kann. Auch während seiner Einsätze siegt im ungleichen Kampfe zwischen Notenblatt und Zuhörerin stets die »bionda«. Dies scheint für den neutralen Betrachter eine körperlich-sportliche Leistung zu sein, denn Notenblatt und »bionda tedesca« befinden sich fast in entgegengesetzter Richtung – ein Umstand, welcher dem städtischen Musikus ständig Drehungen und Windungen abfordert; aber offensichtliche Übung macht's möglich.

Nach einer Pause kommt Wind auf. Die Peer-Gynt-Suite steht auf dem Programm. Die Zeit verrinnt. Spät in der Nacht gehen wir zu unserem Hotel über die Piazetta zur Riva degli Schiavoni. Die Banda spielt das Stück »Stürmischer Abend an der Küste«. Verwundert spitzen Kirche und Paläste die Ohren. Das sind ungewohnte Töne in der sommerlich braven Lagune. Zuletzt hören wir nur noch eine Oboe.

Sie ist gleichsam der Ausklang eines wunderbaren Tages, den uns Venedig zu einem guten Abschluss unserer langen Wanderschaft geschenkt hat.

ANHANG

WANDERTREFF, GEOLOGIE UND DIE FUSSREISE VON ADOLF KOLPING

Als Beleg und zur Erinnerung: Stempel von den Übernachtungs- und Einkehrlokalen.

Alljährlich: Wandertreff am 8. 8. um 8 Uhr am Aufbruchsort des Traumpfades

Die Anfragen um weitere Ratschläge zu der Fernwanderung brachten mich 1987 auf den Gedanken, alljährlich ein Treffen für Wanderer zu veranstalten. Hauptzweck dieser eintägigen Zusammenkunft ist der Austausch von Erfahrungen und Erinnerungen über die Weitwanderungen sowie die Verabschiedung von Fernwanderern, die an diesem Tag nach Venedig oder nach Prag aufbrechen. Sie sind leicht an den großen Rucksäcken zu erkennen. Wer von ihnen am weitesten anreist, erhält ein Traumpfad-Trikot. Im Jahr 1996 ging es an den Bürgermeister der Gemeinde Weimar an der Lahn. Die Herkunft der Weitwanderer, die in München in den letzten Jahren aufbrachen, reicht von England über Nordrhein-Westfalen bis zur Steiermark und von Sachsen bis in die Schweiz. Den Weitenrekord hält ein Vater mit Tochter aus Florida in den USA.

Bereits im historischen Stadtkern von München beginnen die interessanten Eindrücke, zum Beispiel am Denkmal der Julia und mit den Gemälden in den Hofgarten-Arkaden, wo sich Verbindungen zu den fernen Wanderzielen ergeben.

Auch Freunde des Isartales sind bei dem Wandertreff willkommen.

Eine Anmeldung ist nicht erforderlich. Die Teilnahme erfolgt auf eigenes Risiko und um notwendige Übernachtungen kümmern sich die Teilnehmer selbst.

Der Termin 8. 8., 8 Uhr am Marienplatz, im Herzen Münchens, am Aufbruchsort der Weitwanderung ist leicht merkbar und zudem jahreszeitlich passend. Im Spätsommer lässt die Gewitterneigung nach, der Schnee im Gebirge ist weitgehend geschmolzen, das gute Wetter wird beständiger, die Unterkunftshütten sind noch geöffnet und die Linien- und Ausflugsschiffe verkehren.

Nach einem viertelstündigen Aufenthalt in Münchens »Guter Stube« folgt eine Wanderung durch das beliebte Isartal. Einmal ist der schön gelegene Ort Pullach (13 km), das andere Mal das ehemals fürstbischöfliche Ismaning (14 km) das Ziel.

Zur Frage, wann isaraufwärts und wann isarabwärts gegangen wird: In den Jahren mit ungerader Zahl wandert man in Richtung Venedig (ungerade Buchstabenzahl), also flussaufwärts. In den Jahren mit gerader Zahl geht es in Richtung Prag (gerade Buchstabenzahl), demnach isarabwärts.

Der Wandertreff endet gegen 15 Uhr. Beide Routen sind eng an das Münchner Verkehrsnetz angebunden; die Strecke nach Pullach an die S7 (Aying-Wolfratshausen) und die Route nach Ismaning an die S8 (Flughafenlinie). Wer den 8-Uhr-Termin verpasst, kann auch später noch zur Wandergruppe stoßen.

Beim Gang nach Ismaning kehrt die Gruppe von 10 bis 11 Uhr im Gasthof Aumeister am nördlichen Ende des Englischen Gartens ein. Erreichbar ist diese Gaststätte mit der U6 über die Station Studentenstadt. Das Mittagessen wird zwischen 13 und 14 Uhr im Gasthof zur Mühle in der Ortsmitte von Ismaning eingenommen. Von dort sind es 10 Minuten zur S-Bahn-Station.

Bei der Wanderung nach Pullach rasten die Wanderer gegen 11 Uhr am Hinterbrühler See, und zum Mittagessen kehrt man gegen 12.30 Uhr beim Rabenwirt in Pullach ein.

Für die weiter nach Prag bzw. Venedig Wandernden bestehen an beiden Orten Übernachtungsmöglichkeiten. Siehe Angaben im beiliegenden Tourenbegleiter!

Treffen in den Wintermonaten

Geplant sind schließlich regelmäßige Treffen in den Wintermonaten in einem Münchener Lokal (Hofbräuhaus?). Näheres ist beim Buchautor unter der Telefon-Nr. 08171/7942 zu erfahren.

Auf dem Markusplatz, dem schönsten Salon der Welt, ist das Ziel der langen Wanderung erreicht. Ein großes Erlebnis geht zu Ende.

Wandertriathlon von Meer zu Meer

Die Gedanken und Träume über ein Weiterwandern von den jetzigen Zielen Venedig und Prag weiter nach Norden und weiter gen Süden wurden greifbarer, ja zum Teil Wirklichkeit. So erprobte ein Bekannter und ich Radrouten moldau- und elbeabwärts über Dresden, Wittenberg und die Mecklenburger Seenplatte bis zur Insel Rügen. Mein Bekannter will über skandinavische Radrouten in den kommenden Jahren das Nordkap erreichen. Ein Wandern zu Fuß, per Fahrrad und mit dem Schiff bzw. Boot bezeichnet man wohl am besten mit dem Wort »Wandertriathlon«.

Als Verlängerung nach dem Süden bietet sich der Sentiero Italia an. Er durchzieht ausgehend von den Alpen den ganzen »Stiefel« bis zur westlichen Inselspitze von Sizilien. Anbindungen für ambitionierte und erfahrene Hochalpinisten bieten sich entweder an der Lizumer Hütte, der Olpererhütte oder bei der Marmoladahütte an. Dem normalen Fernwanderer empfehle ich, von Venedig aus mit dem Schiff bis Rimini zu fahren und dann den Sentiero Italia östlich von Florenz anzusteuern. Auch über diese weiterführenden Unternehmungen im Nor-

Ludwig Grassler mit dem Wandertreff-T-Shirt.

den und im Süden wollen wir uns in den kommenden Jahren am Tag des Treffs »8. 8., 8 Uhr« unterhalten.

Zur Symbolik der 6 Kreise des Termins 8.8. 8 Uhr

Der Kreis als geometrisch vollkommene Figur ist ein symbolhaftes Zeichen für mehrere Begriffe. Im Zusammenhang mit dem Erlebnis des Alpen-Traumpfades München–Venedig lassen sich die 6 Kreise der drei Achter folgendermaßen deuten:

1. Schönheit

Die ideale Rundung des Kreises steht als Zeichen für alles Schöne. Zahlreich ist all das Schöne, das den Wanderer auf seiner vierwöchigen Reise beglückt. Erinnert sei nur an die zahllosen und besonders leuchtenden Bergblumen. Wunderschön sind die eindrucksvollen Auf- und Untergänge von Sonne und Mond, und nicht minder schön die glitzernden Tautropfen beim morgendlichen Aufbruch. Wie den Kuppeln der Kirchen liegt all diesen Gebilden die Schönheit des Kreises zu Grunde.

2. Harmonie

Die Form des Kreises ist ein Zeichen der Harmonie. Gemäß der Naturreligion der nordamerikanischen Indianer ist die ganze Schöpfung ein Kreis. Alles ist danach ein Teil dieser Harmonie. Diese Harmonie der Schöpfung kann in der Ausgewogenheit der Kreisläufe der Natur erfahren werden. Ausgewogenheit zeigen aber auch die Bauformen der alten Bauernhöfe ebenso wie die Kunstwerke in München, Belluno und Venedig. Und was wäre schließlich eine so lange Fußreise ohne ein Mindestmaß an Harmonie in der Wandergruppe?

3. Gleichheit

Jeder Punkt des Kreises ist gleich weit von seinem Mittelpunkt entfernt. Beim mühevollen Wandern mit Rucksack in den Bergen sind die Menschen alle gleich. Die Unterschiede, wie wir sie von Beruf und Alltag her kennen, sind aufgehoben. Am Kamin der Berghütte oder auf dem Matratzenlager ist es nicht von Bedeutung, ob einer Generaldirektor oder Fließbandarbeiter ist. Diese Gleichheit kommt auch zum Ausdruck, wenn der naturverbundene Bauer den Fremden wie selbstverständlich mit dem Wörtchen »Du« anredet.

4. Freiheit

Das Ideal der Freiheit wird mit der Sonne in Verbindung gebracht. Vier Wochen lang wandern wir südwärts ihr entgegen. Frei von vielen Fesseln des Alltags ähnelt das Leben eines Weitwanderers jenem der Nomaden. Je mehr sich der Fernwanderer von scheinbar unentbehrlichen Gegenständen der Zivilisation loslösen kann, umso leichter und freier steigt er über die hohen Jöcher und Scharten.

5. Gemeinschaft

Der Kreis stellt eine Gemeinschaft vieler gleicher Punkte dar. Bei einer idealen Wandergruppe gibt der Schwächste das Tempo an und die Stärksten gehen am Ende. Jeder hilft dem Mitwanderer in Notfällen. Bewährt sich die Gemeinschaft zweier Menschen während dieser langen und auch teilweise mühevollen Wanderung, so können sie auch getrost den gemeinsamen Weg durch ein hoffentlich langes Leben wagen.

Die Wanderung durch Bayern, Tirol, Ladinien und Italien dient auch einer völkerverbindenden Gemeinschaft. Was für ein schönes Erleben war doch das gemeinsame Singen von deutschen und italienischen Berg- und Wanderliedern am flackernden Kaminfeuer der Tissihütte!

Zu diesen Gedanken über den Kreis als Symbol der Gemeinschaft passen die Worte eines Sioux-Indianers: »Unsere Zelte waren rund wie Vogelnester und immer im Kreis aufgestellt, im Ring des Volkes, ein Nest aus vielen Nestern.«

Scheinbare Bewegungen der Zirkumpolarsterne am herbstlichen Nachthimmel. Fast in der Mitte der 470 Lichtjahre entfernte Polarstern . (Ein Lichtjahr = 9,46 Billionen Kilometer.)

6. Unendlichkeit

Die Linie eines Kreises ist unendlich. Beim Aufbruch in München und zu Beginn der Wanderung in Oberbayern scheint der Weg über all die vielen Berge bis hin an das ferne Meer unendlich. Nach dieser endlichen Wanderung führt unser Weg jedoch weiter. Bis schließlich die menschliche Seele eintritt in den Raum der Unendlichkeit.

Gesang, Klang und Tracht am Traumpfad

In den Bergen ist echtes Volkstum stärker erhalten geblieben als anderswo. Vor dem Aufkommen des Fremdenverkehrs und vor allem vor dem Autozeitalter lebten die Menschen in den entlegenen Alpentälern ohne nennenswerten Einfluss von der Außenwelt. Viel Bodenständiges in Liedern, in der Musik und in der Tracht konnte sich so aus Urväter-Zeiten in unsere Tage herüberretten.

Die Bewohner der verschiedenen Alpentäler entwickelten im Lauf der Jahrhunderte ihre Eigenheiten. Trotz der gemeinsamen bajuwarischen Abstammung unterscheiden sich die Oberbayern von den Nordtirolern und diese wiederum von den Südtirolern; ganz zu schweigen von den Unterschieden zu den Ladinern und den Italienern. Bei den Rätoromanen rund um den Sellastock bilden die Ladiner aus Corvara oder aus dem Buchenstein andere Eigenheiten aus als jene aus dem Grödner- oder aus dem Fassatal. Die Norditaliener aus den Bergtälern des Agordino, des Zoldano und dem Piavetal um Belluno sind anders geprägt als die Einödbauern im Hügelland und in der Ebene um die Weiß- und Rotweinstraße. Ganz offensichtlich wird der Kontrast bei einem Vergleich der Mentalität der Venezianer mit den Münchnern.

Der große Wanderer Johann Gottfried Seume schrieb: »Wer geht sieht anthropologisch mehr als wer fährt«. Und trotzdem ahnt der Dahinwandernde nur die Vielfalt des noch lebendigen Volkstums, wenn er zufällig bei einem dörflichen Fest dazustößt oder die Einheimischen beim Kirchgang sieht. Ein tieferes Eindringen in das jeweilige Volkstum und ein klares Erkennen der Unterschiede ist auch bei einer Wanderung nicht möglich.

Einen farbenprächtigen Überblick und eine aufschlussreiche Vertiefung mancher Wandererlebnisse würde eine Veranstaltung mit dem Thema »Gesang, Klang und Tracht am Traumpfad München-Venedig« gewähren. Die von den jeweiligen Volksgruppen vorgetragenen Lieder und Musikstücke könnten dabei ergänzt werden mit projizierten Bildern von den dazugehörenden Landschaften und Wanderabschnitten. Die Vielfalt des Volkstums zwischen München und Venedig ist allerdings so groß, dass eine Veranstaltung nicht ausreichen würde, um all seine charakteristische Schönheit darzustellen. So könnte man einmal in München, ein andermal in Venedig und weitere Male in Hall in Tirol, Belluno, Brixen oder in Agordo zusammenkommen. Wird der Veranstaltungszeitpunkt außerhalb der Wander- und Fremdenverkehrssaison gewählt, so wäre damit auch die Voraussetzung für ein zusätzliches Zusammentreffen der Wanderer mit den Wirten vom Traumpfad geschaffen.

Eine Veranstaltung mit diesen unterschiedlichen Gesängen und Klängen, dargeboten in bunten Trachtengewändern, ließe den Reichtum, der in der Vielfalt liegt, aufleuchten. Das Erlebte könnte mithelfen, das Andersartige zu schätzen. Somit wäre dies auch ein kleiner Beitrag im Rahmen des europäischen Einigungsstrebens.

Der Wanderweg – geologisch gesehen

Von Walter Stephan

Alpenüberquerung zu Fuß, d. h. intensive Begegnung mit einem Hochgebirgssystem, dessen fortlaufende Ketten den eurasiatischen Kontinent girlandenförmig umspannen. Es stellt sich uns zunächst als Hindernis zu südlichen Ländern in den Weg und ist zugleich Wetterscheide zwischen dem kühleren Mitteleuropa und dem wärmeren Süden. War das immer so in erdgeschichtlicher Zeit? Keineswegs! Im Erdmittelalter umfasste die Tethys (ein Mittelmeer in anderer Umgrenzung als das heutige) zeitweise das Alpengebiet und sogar noch Teile des nördlichen Alpenvorlandes. Noch aus der Tertiärzeit finden sich am Alpennordrand Gesteinsplatten, die von Muscheln übersät sind und uns in ihrer sandigen Einbettung an oberitalienische Strände erinnern. Erst sehr spät wurden all die Ablagerungen, die sich in den Tiefen und Untiefen der Tethys angehäuft hatten, gefaltet und übereinander geschoben, schließlich in einem heute noch andauernden Akt zum trennenden Hochgebirge erhoben.

Mit der Alpenüberquerung wird uns der Weg geöffnet, sowohl zum Verständnis erdgeschichtlichen Geschehens, als auch zum Erkennen des architektonischen Baus der Alpen, der sich uns zwischen München und Venedig in einem idealen Querschnitt darbietet. München, der Startpunkt unserer langen Wanderung, liegt im nördlichen Alpenvorland, dessen geologischer Aufbau eine quartäre Deckschicht (Flussschotter, Moränen) über tertiären Ablagerungen erkennen lässt. Sowohl das Material der Deckschicht

Ein Silikatblock auf dem Gliderschartl in den Zillertaler Alpen (12. Wandertag) mit verschiedenfarbigen Flechten, die einen Indikator für Luftreinheit darstellen.

als auch das ihrer Unterlage besteht aus dem Abtrageschutt des im Süden sich erhebenden Hochgebirges. Ansonsten zeigen sich aber außer dieser Gemeinsamkeit erhebliche Unterschiede zwischen diesen beiden Formationen, die nicht nur durch die Altersunterschiede bedingt sind. Die quartäre Deckschicht ist einige Meter oder gelegentlich einige zehn Meter stark. Erdöl- sowie Erdgasbohrungen erreichten in den tertiären Schichten hingegen sogar mehr als 5000 Meter. So stellt also das Alpenvorland geologisch eine weite und tiefe Senke dar, die als Bauelement dem Außensaum des aufsteigenden Gebirges zugeordnet ist.

Entlang des Weges nach Bad Tölz (1+2) hat die Isar die quartären Deckschichten der Münchener Schotterebene und des Moränenhügellandes durchschnitten und dabei streckenweise nahe der Talsohle auch den tertiären Untergrund erreicht, worauf Hangrutsche und feuchte Füße der steilen Hänge hinweisen. Bei Rimselrain ist vorerst noch unmerklich der

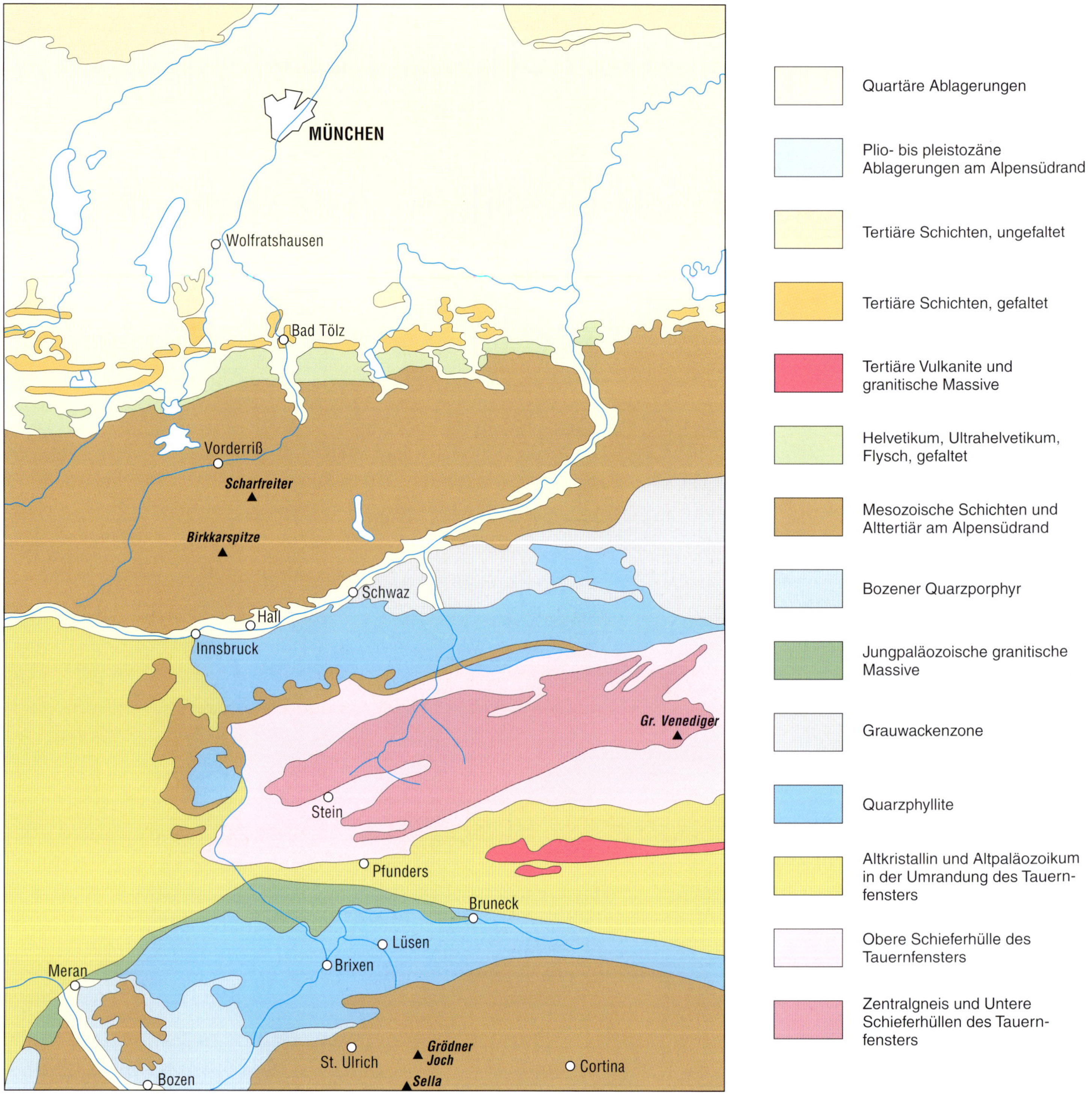
MÜNCHEN
Wolfratshausen
Bad Tölz
Vorderriß
Scharfreiter
Birkkarspitze
Schwaz
Hall
Innsbruck
Gr. Venediger
Stein
Pfunders
Bruneck
Lüsen
Brixen
Meran
St. Ulrich
Grödner Joch
Sella
Cortina
Bozen
Quartäre Ablagerungen
Plio- bis pleistozäne Ablagerungen am Alpensüdrand
Tertiäre Schichten, ungefaltet
Tertiäre Schichten, gefaltet
Tertiäre Vulkanite und granitische Massive
Helvetikum, Ultrahelvetikum, Flysch, gefaltet
Mesozoische Schichten und Alttertiär am Alpensüdrand
Bozener Quarzporphyr
Jungpaläozoische granitische Massive
Grauwackenzone
Quarzphyllite
Altkristallin und Altpaläozoikum in der Umrandung des Tauernfensters
Obere Schieferhülle des Tauernfensters
Zentralgneis und Untere Schieferhüllen des Tauernfensters

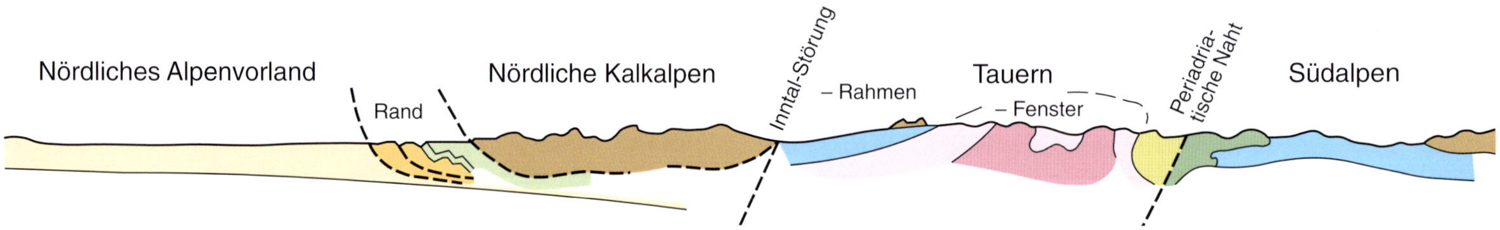
Nördliches Alpenvorland
Rand
Nördliche Kalkalpen
Inntal-Störung
– Rahmen
Tauern
– Fenster
Periadriatische Naht
Südalpen

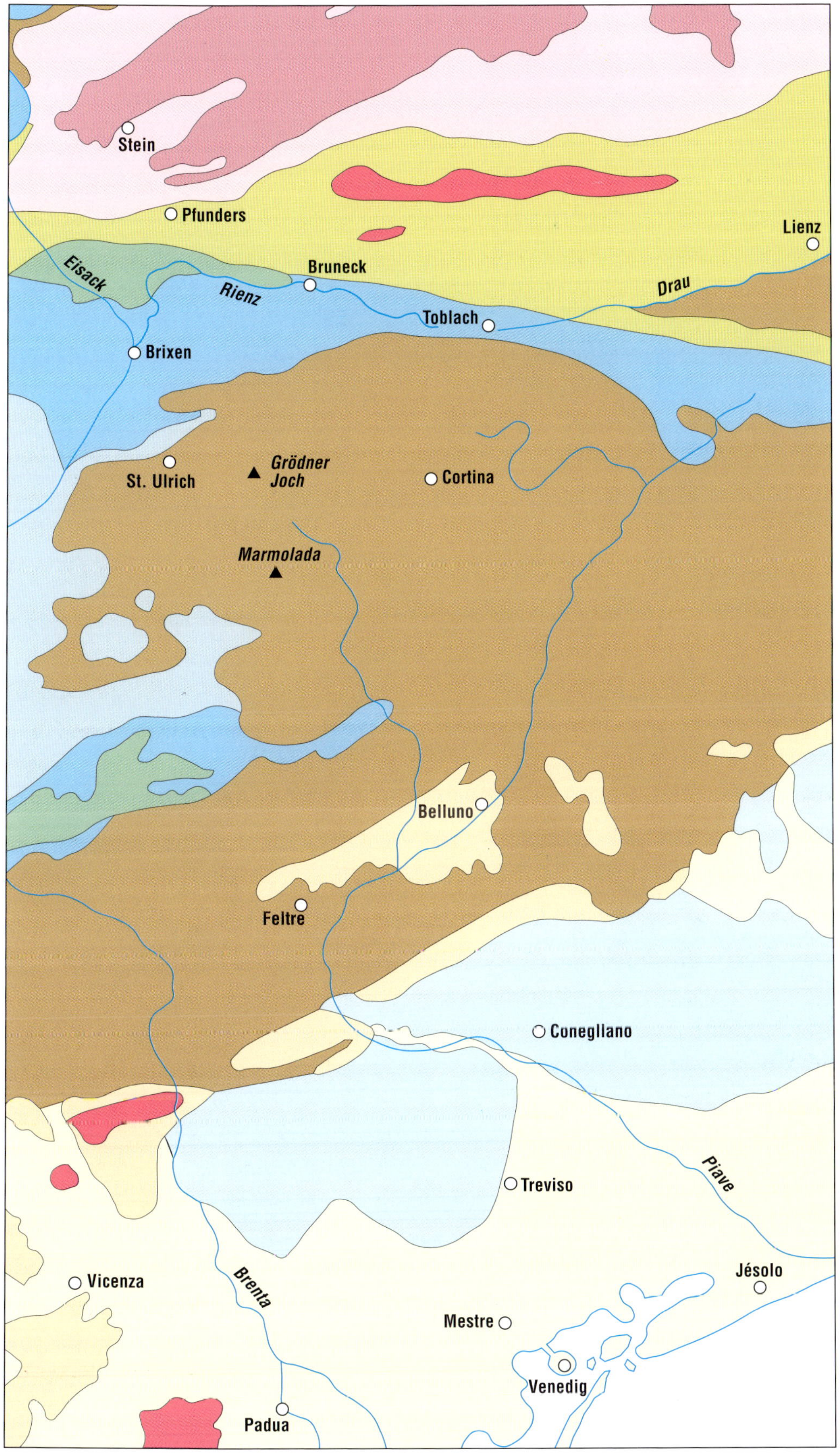

Struktur nach schon der Alpenrand erreicht. Von hier bis über Tölz hinaus finden sich ältere tertiäre Schichten, die durch die Alpenfaltung hochgeschoben und dabei gefaltet worden sind und das bisher angetroffene, ungefaltete Jungtertiär der nordalpinen Randsenke überlappen. Durch den Pechkohlebergbau und tiefe Erdölbohrungen wurde uns der strukturelle Bau erschlossen. Nach Süden zu schließen sich noch stärkere Überschiebungen meist kreidezeitlicher Gesteinsserien an. Sie werden unter den Namen Helvetikum (Tölzer Jodquellen) und Flysch (Blomberg, Zwiesel) zusammengefasst. Vermutlich liegen auch sie noch über dem ungefalteten Jungtertiär der Alpensaumsenke. Damit wird bereits hier der alpine Baustil aufgezeigt: Ursprünglich nebeneinander gelegene Gesteins-Einheiten sind eng zusammengefaltet, verschuppt und dabei auf andere Einheiten, wie hier auf das Molassebecken, von Süden nach Norden überschoben worden (siehe Profil).

Von Lenggries an (3) engen schroffe Felswände das Tal ein, die Nördlichen Kalkalpen sind erreicht: vorwiegend Kalkstein, Dolomite der Trias-, Jura- und teilweise Unterkreidezeit, einst abgelagert in der Tethys, bilden sie heute das oberste Stockwerk im Bau der Ostalpen. Um Lenggries ist noch die Vielfalt triassischer und jurassischer Gesteine vertreten, unter denen der Wettersteinkalk als Felsbildner hervortritt. Vom Isarengtal unterhalb des Sylvensteinspeichers an (4 + 5) begleitet uns über Vorderriß hinaus bis etwa zur österreichischen Grenze der Hauptdolomit. Das meist gut gebankte Gestein,

Anmerkung: Zur Erläuterung der Karten und der Wanderroute können nur stichwortartig Hinweise gegeben werden. Nähere Angaben sind den geologischen Spezialkarten und -arbeiten zu entnehmen. Die Zahlen in Klammern (im Fließtext) weisen auf die einzelnen Wandertage der Route hin.

vermutlich in einer Lagune abgelagert, kann bis über 2000 Meter mächtig werden. Breite Schutthalden stehen oft hoch an den Hängen an. Wir durchqueren dann das Karwendel (6 + 7), geprägt von den hellen, schroffen Felsen des Wettersteinkalkes. Der Abstieg zum Inn wird hoch über dem Fluss durch eine breite Talstufe unterbrochen. Sie liegt über einer erstaunlich mächtigen Schichtenfolge aus Seetonen und Schottern, die vor und vielleicht gleichzeitig mit dem Vorrücken der Gletscher der letzten großen Eiszeit am Hangfuß der Alpennordkette gebildet worden sind.

Das Längstal des Inns folgt einer großen Störungslinie. So tritt jenseits des Flusses (8), fast bis zur Lizumer Hütte, ein Gesteinsverband aus dem Erdaltertum auf: der Innsbrucker Quarzphyllit. Diesseits des Flusses könnte er, längs der Inntalstörung relativ abgesunken, im südlichen Karwendel tief unter den Nördlichen Kalkalpen liegen.

In den Tarntaler Bergen, vor Erreichen der Lizumer Hütte, werden die silber- bis bleigrauen Quarzphylitte unvermittelt von erdmittelalterlichen (mesozoischen) Kalken überlagert, die denen der Nördlichen Kalkalpen gleichen und u. a. die Gipfel des Hippold, der Sonnenspitz und der Torwand bilden.

Von der Lizumer Hütte nach Süden (9) begleiten uns anfangs noch Reste mesozoischer Kalke, die im Reckner einen Serpentinstock enthalten. Dann aber begegnen uns (9–12), den Hauptkamm querend, mineralogisch bunte, kristalline Gesteinsserien im strukturell tiefsten Stockwerk der Alpen. In einer breiten Aufwölbung treten erst Schieferhüllen (9) und schließlich im Zentrum Zentralgneise (10) auf; sie enthalten alte Gesteinsverbände, die mit ihren granitischen Tiefengesteinen intensiv durchbewegt und zu Augen- und Fasergneisen umgeprägt worden sind. Wir durchqueren den vom Olperer beherrschten Bereich des Zentralgneises zwischen Tuxer- und Pfitscherjoch (10–11). Beim Abstieg nach Pfunders (11–12) sind die diesseitigen Schieferhüllen des Zentralgneises erreicht. Von Pfunders ab (13) durchwandern wir den hier ca. 5 Kilometer breiten Südrahmen des Tauernfensters aus kristallinen Gesteinen und erreichen bei Weitental eine sich weit hinziehende Störung, die »Periadriatische Naht«. Mit ihr ist die strukturelle Nordgrenze des südalpinen Bereichs erreicht. An der Störung ist der Brixener Granit emporgedrungen, der uns bis zum Erreichen des Pustertales begleitet. Über Lüsen hinaus (14) steht dann mit dem Brixener Quarzphyllit ein Gestein an, das dem Innsbrucker Quarzphyllit ähnelt. Am Querweg, der nach Osten über das Würzjochhaus nach St. Martin führt, erreichen wir schließlich den Beginn der perm-, trias- und jurazeitlichen Schichtfolgen der Dolomiten.

Die Gesteinsserie der Dolomiten entspricht ihrem Alter und ihren Bildungsumständen nach teilweise der Gesteinsausbildung der Nördlichen Kalkalpen. Im Unterschied zu diesen sind die Schichten der Südlichen Kalkalpen weitaus weniger gefaltet und überschoben worden. Bei meist flacher oder wenig geneigter Lagerung und enormen Schichtmächtigkeiten konnte sich daher eine großartige Schichtstufenlandschaft entwickeln. In ihr bewirkt das Nebeneinander von hellen Korallenriffkalken und dunklen Lava- und Tuffgebilden farbliche Kontraste.

Zu Beginn des Anstiegs (14) zur Schlüter-Hütte stehen zunächst die permischen Schichtfolgen der Gesteinsserie an: zuunterst der meist rötliche, aber auch graue bis grünliche Grödener Sandstein, darüber löcherige Dolomite, Mergel, dunkle Kalke der Bellerophon-Schichten. Im Hangfuß des Peitlerkofel folgen dann in ähnlicher Ausbildung triassische Schichten, zuunterst die Werfener, dann die Gracilis-Schichten und mit dem Sarl-Dolomit schließlich die erste typisch dolomitische Kalkriffbildung. Darüber liegen in einem schmalen Band die Buchensteiner Schichten, zusammengesetzt aus zonenweise verschieden gefärbten Mergelkalken. Abschließend erhebt sich dann in großer Mächtigkeit bis zum Gipfel der Schlerndolomit. Eine ähnliche Schichtenfolge wie hier wird mit einigen Ergänzungen weiterhin anzutreffen sein. So zeigt die Sellagruppe (16) einen breiten Sockel aus Schlerndolomit. Über ihm, getrennt von einem schuttüberdeckten Band aus Raibler Schichten, ist der Sella eine Kappe aus gut gebanktem Hauptdolomit aufgesetzt, mit der die triassische Folge hier abschließt.

Beim Abstieg von der Sellagruppe (17) stehen am Pordoijoch und unterhalb erst die fossilreichen Cassianer Schichten (Kalke, Sandsteine, Mergel) und dann tuffitische Sandsteine und Konglomerate an. Diese begleiten uns auch noch auf der östlichen Talflanke vor und hinter dem Fedaiapass (18), während im Westen das Kalksteinmassiv der Marmolada jäh ansteigt. Mit dem Aufstieg zur Tissihütte (19) wird der Sockel des Monte Civetta erklommen. Der Höhenweg zur Carestiatohütte (20) und zur Pramperethütte (21) nutzt die durch den Gesteinswechsel bedingte Geländestufe, indem er sich an das auch hier von der Unterlage abgesetzte, schuttüberdeckte Band aus Raibler Schichten hält. Darüber liegt wiederum der Hauptdolomit, der jedoch in diesem Bergmassiv wie in seiner Fortsetzung von liassischen Kalken überlagert wird.

Die Fortsetzung des Weges von der Pramperethütte am Fuß des Hauptdolomits und der Abstieg in das Piavetal nach Belluno (22–23) führt in die Gesteinsserien der Südlichen Kalkalpen, d. h. in jura- und kreidezeitliche Ablagerungen (verschiedene Kalke, u. a. rote Ammonitenkalke, Mergelkalke u. a.). In der Umgebung von Belluno durchqueren wir ein tertiäres Becken, dessen älteste Ablagerungen ähnlich dem Flysch der Nördlichen Kalkalpen ausgebildet, jedoch ungefaltet sind. Die Strecke nach Revine (24) bleibt zunächst weiterhin im tertiären Flyschbecken und seinem kreidezeitlichen Südrand. Kurz vor Revine treffen wir noch auf einen schmalen Streifen aus Jura-Gesteinen.

Revine liegt am Rand der Südlichen Kalkalpen. Die Strecke bis Priula (25) führt durch das südliche Alpenvorland. Zunächst ist auch hier eine schmale Zone älterer, jedoch ungefalteter, tertiärer Schichten ausgebildet. Sie tauchen nach Süden unter eine breite Decke aus jüngeren tertiären Schichten. Das weist uns noch einmal auf die strukturellen Unterschiede im Bau zwischen Nord- und Südalpen hin. Auf dem Weg nach Venedig (26–27) treffen wir nur mehr die jungen und jüngsten Aufschüttungen des Piave und anderer Alpenflüsse. Sie füllen mit ihrer Fracht in großer Mächtigkeit die gegenwärtig noch aktive Senke am südlichen Außensaum des Gebirges. Das Ziel unserer Alpenüberquerung bei Jesolo oder am Lido von Venedig bringt den ebenso verdienten wie erfrischenden Kontakt mit den Fluten des Mittelmeeres. In einem Augenblick der Muße sollten wir uns an die Tethys mit ihren Meeresablagerungen erinnern, die wir überquert haben und auch an die Vorgänge, die zur Umbildung der Gesteinsschichten bis zu ihrer Erhebung zum Hochgebirge geführt haben.

»…während im Westen das Kalksteinmassiv der Marmolada jäh ansteigt.« Teil der mehrere Kilometer breiten Marmolada-Südwand im Bereich der berühmten Kletterroute »Weg durch den Fisch«.

Dieses Porträt von Adolf Kolping stammt aus dem Jahr 1841.

Adolf Kolping

Wanderung von München nach Venedig und zurück vom 26. August bis 8. Oktober 1841

Lebensdaten:

Geb. 8. 12. 1813 in Kerpen bei Köln; gest. 14. 12. 1865 in Köln.
Ausbildung als Schuhmacher;
1837– 841 Besuch des Gymnasiums
1841–1845 Theologiestudium in München (3. 5. 41–4. 4. 42), Bonn und Köln
1845–1849 Kaplan in Elberfeld
1849–1862 Domvikar in Köln; ab 1862 für sein soziales Werk freigestellt.

Kolping gründete die Gesellenvereine (Grundlage des späteren Kolpingwerkes zur Förderung kath. Gesellen in religiöser, sozialer und beruflicher Hinsicht) und gestaltete sie familienmäßig aus (Kolpingfamilie, Kolpinghäuser); Sitz: Köln.

Touristische Übersicht nach dem Reisetagebuch Adolf Kolpings:

1. Reise- und Wandertag 26. 8.

Um 12.30 Uhr *München* durch das Sendlinger-Tor verlassen.
18.00 Uhr Ankunft in *Wolfratshausen*.

2. Reise- und Wandertag 27. 8.

Gleich nach 5 Uhr Aufbruch; Besuch der Hlg. Messe in Königsdorf; 13 Uhr am Fuß des Kesselberges; kalte Milch im Dorf Walchensee; 19 Uhr in Krün an; von *Wolfratsh.* bis *Krün* sind es 16 Poststunden.

3. Reise- und Wandertag 28. 8.

5.30 Uhr *Krün* ab; gegen 8.00 Uhr in Mittenwald; $^3/_4$ Std. bis Scharnitz; gegen 12 Uhr in Seefeld (Mittagspause); 17.30 Uhr Ankunft in *Innsbruck*, Einkehr im Gh. Goldener Stern; 15 Poststunden; Auslagen von München bis Innsbruck: 1 Taler und 10 Silbergr.

4. Reisetag 29. 8.

Besichtigungen in *Innsbruck*: Kirche Wilten, Hofkirche, Tiroler Landesmu-

Kolping kam bei seiner Fußreise auch durch Wallgau. Am Haus die Heilige Dreifaltigkeit des Lüftlmalers Franz Karner.

seum (Ferdinandeum), Berg Isel; Warten auf Müller.

5. Reisetag 30. 8.

Innsbruck; Ausflug zur Martinswand; Route zur Höhe verfehlt; zu $^3/_4$ den Solstein erstiegen; schließlich doch noch zur Maximilianshöhle.

6. Reisetag 31. 8.

Innsbruck; mit Müller durch die Stadt; zum Jesuitenkloster an der Universitätsstraße; nachmittags zu den Redemptoristen und auf eine nahe Anhöhe zum Malen.

7. Reisetag 1. 9.

Innsbruck; geschrieben; mittags nochmals zu den Redemptoristen; nachmittags mit Müller zum Malen; Pass in Ordnung machen; Einpacken; ein erwarteter Gefährte aus München traf nicht ein; mit weiteren Rheinländern will man in 10 Tagen in Me-

Bild Seite 135: *Riva am Gardasee (im Hintergrund), links darüber das Bergmassiv der Rocchetta. Vorne ein Teil von Torbole. Adolf Kolping erreichte Riva an seinem 20. Reisetag.*

ran zusammentreffen, Müller hat Empfehlungsschreiben für Leute im Zillertal.

8. Reisetag 2. 9. – 4. Wandertag

Innsbruck ab um 7.30 Uhr; Frühstück in Hall; Besuch der Kirche in Volders; mittags in Weer; Besuch der Hauptkirche in Schwaz; bis zum Abenddunkel nach *Straß*.

9. Reisetag 3. 9. – 5. Wandertag

Von *Straß* nach *Fügen* im Zillertal; 1 Std. Gehzeit; Schüller aus München gesellte sich dazu (in Innsbruck verpasst); Einkehr im Gh. »Zum Reichsadler«; mittags dann auf eine Alm.

10. Reisetag 4. 9.

Fügen; Bergtour; hlg. Messe besucht, dann mit Müller und Schüller einen Bergrücken bestiegen.

11. Reisetag 5. 9. – 6. Wandertag

Nach Kirchenbesuch in *Fügen* Aufbruch; um 14.30 Ankunft in *Zell*; Einkehr beim Neuwirt; Müller will 8 Tage hier bleiben; Kolping ließ Pass nach Trient visieren; Wirtshausabend mit den Einheimischen.

12. Reisetag 6. 9. – 7. Wandertag

In *Zell* Aufbruch um 5.30 Uhr; Müller begleitete Kolping und Schüller 3 Std. lang; Kolping wollte über das Tuxertal nach Sterzing; Schüller setzte sich mit der folgenden Route durch: gegen 11 Uhr in Dornauberg; Übersteigen des Pfitscherjoches; bei einbrechender Nacht im *Pfitschertal*; Ankunft bei einer Kirche mit stattlichem Haus bei Dunkelheit; Bauernkneipe per excellence; Bett oder Heu? Letzteres (ein Stück Wand ausgefallen und ein Quell brauste daher!).

13. Reisetag 7. 9. – 8. Wandertag

St. Jakob im Pfitschertal; Vor Tag aus dem Heu; Rast in Sterzing; Gestern auf dem Joch den Fuß verrenkt; gegen 10 Uhr Aufbruch in Sterzing, in 3 1/2 Std. zum Jaufen; 3 Std. bis *St. Leonhard*, vor Einbruch des Abends Ankunft im Tal; Einkehr im Sandhof bei den Nachfahren des Andreas Hofer.

14. Reisetag 8. 9. – 9. Wandertag

Erholsame Nacht; Enkel von A. Hofer auf dem Sandhof (ein Sohn Hofers ist in Wien); in St. Martin (Passeiertal) zur Messe; Saltaus; 4 gute Std. *bis Meran*; Einkehr in der Krone; Beinschmerzen; nach Tisch zum Schloss Tirol; die erwarteten Studenten waren bereits abgereist und Kolping hofft sie morgen in Kaltern zu treffen.

15. Reisetag 9. 9. – 10. Wandertag

Bis 10 Uhr wegen Ausbessern der Schuhe in *Meran* gewartet; teure Zeche; in Burgstall ca. 10 km von Meran entfernt 1 Std. Mittagsrast; über Gargazon, Vilpian und Terlan; über die Etsch; St. Paulus – Eppan – St. Michael (Südtiroler Weinstraße nördl. von Kaltern); noch 1 Std. bis Kaltern; insgesamt 7 Std. Gehzeit; verabredungsgemäß 2 weitere Freunde getroffen; Nun gehts zu viert weiter!

16. Reisetag 10. 9. – 11. Wandertag

Zum Franziskanerkloster, Messe; dann um 7.30 Uhr zum Haus der Stigmatisierten Maria von Mörle (»Heilige von Kaltern«); mittags in *Kaltern*; um 14.30 Uhr nochmals zur Stigmatisierten dann in ein paar Std. am Nachmittag nach *Neumarkt*.

17. Reisetag 11. 9. – 12. Wandertag

8 Std. Wanderung von *Neumarkt nach Trient;* an der Etsch entlang über Lavis (26 km von Neumarkt und 10 km vor Trient); um 15 Uhr in Trient.

18. Reisetag 12. 9. – 13. Wandertag

Besichtigung der Stadt *Trient*; nachmittags *nach Calliano* (liegt auf halben Weg nach Rovereto).

19. Reisetag 13. 9. – 14. Wandertag

Aufbruch in *Calliano* in der Morgenfrühe; der Etsch entlang; gegen 8 Uhr in Rovereto; Frühstück im Wirtshaus »Zum deutschen Kaiser«; Besuch einer Seidenspinnerei; bis Riva 4 Std.; gegen

11 Uhr erster Blick auf den Gardasee; Ankunft in *Riva* um 12 Uhr; Quartier im Gh. zur Sonne; Kahnfahrt pro Person 6 Kreuzer.

20. Reisetag 14. 9.

Riva; Besichtigung der Stadt; 1 Std. Gang nach Arco; Mittags wieder in Riva.

21. Reisetag 15. 9. – 15. Wandertag

Abfahrt des *Schiffes von Riva nach* 9 Uhr; um 3 Uhr in *Lazise*; Wanderung nach *Verona*.

22. Reisetag 16. 9.

Besichtigung von *Verona*; gegen 3 Uhr wollten sie zum Tor hinaus; doch die Polizei schickte sie wieder zurück; sie hatten bei der Ankunft die Pässe nicht vorgereicht bzw. sie waren ihnen nicht abverlangt worden.

23. Reisetag 17. 9. – 16. Wandertag

Aufbruch in *Verona* um 4.15 Uhr; große Landstraße, sempre dritto (immer geradeaus); gegen Mittag Montebello; Regen; Reisegruppe; mit Kutsche in das 3 1/2 Std. entfernte Vicenza; dann zu Fuß bis *Sokko*.

24. Reisetag 18. 9. – 17. Wandertag

Erste halbe Std. ab *Sokko* Regen; Reissuppe in der Poststation; mit Wagen bis zum 3 1/2 Std. entfernten Padua; zu

Auch das reizvolle Städtchen Bassano lag auf Kolpings Weg. Die alte Holzbrücke ist das Wahrzeichen der Grappastadt.

Fuß durchs Tor in die Stadt; Messe im Dom zum hlg. Antonius; zur Kirche der hlg. Justina; alte Universität, das größte Kaffeehaus Europas; – zum Tor hinaus; 1 Std. bis an das Ufer der Brenta, viele Villen; Dolo (auf halbem Weg zwischen Padua und Venedig) – Mira (ca. 4 km östl. von Dolo); müde und schläfrig in der Gondel von Mira nach *Venedig*.

25. mit 28. Reisetag 19. mit 22. Sept. 4 Tage in Venedig

Besichtigungen; am 20. 9. zum Lido; am 22. 9. nach Murano.

29. Reisetag 23. 9. – 1. Wandertag der Rückwanderung

6.30 Uhr Aufbruch in *Venedig;* Wegfahrt mit einem Pater und einem jungen Theologen; gegen 8 Uhr wieder in Volsin aufs Festland (südl. v. Mestre); im Wagen entlang der Brenta nach *Padua*.

30. Reisetag 24. 9. – 2. Wandertag

Besuch der hlg. Messe in *Padua*; dann durchs Tor und wieder der Brenta entlang, nach *Cittadella* (ca. 29 km nördl. von Padua).

31. Reisetag 25. 9. – 3. Wandertag

Cittadella – Bassano; eine kleine Std. hinter Bassano wieder im Gebirge; die

Bild Seite 139: *»Abstecher auf die Seiser-Alm – Dorf Seis – eine Std. bis Kastelruth.« Kastelruth (hinten) und Seis vom Burgstall des Schlern gesehen. Im Vordergrund die Santnerspitze.*

Brenta rauscht; nach dem Mittagessen in die Höhle von Oliero (Fluss und Ort gleichen Namens); abends Ankunft in *Primolano* (ca. 60 km s. ö. von Trient).

32. Reisetag 26. 9. – 4. Wandertag

Früher Aufbruch in *Primolano*; um 6.30 Uhr schon in Tezze (ca. 11 km östl. von Trient); hier Messe und Frühstück (meist als Suppe); geplante Tagesreisen nun jeweils 10 bis 11 Std.; durch das Val Sugana – Borgo an der Brenta (auf halben Weg zwischen Primolano und Pergine); hier Mittag; Levico (10 km vor Pergine); Einkehr im »Tiroler Adler« in *Pergine*.

33. Reisetag 27. 9. – 5. Wandertag

Von *Pergine* aus einen Felsenpfad hinauf in ein Hochtal mit Dörfern und Seen; Piné (Baselga de Piné etwa 15 km nördlich von Pergine) ist ein Gnadenort; – in Pedol (Zw. Pine und Sovero) Mittag; bei Sovero (ca. 15 km s.w. von Capriana) auf eine Anhöhe; von da Ausblick in das Tal mit dem Bach Almaso; am Ende des Tales, gegenüber auf einer Höhe das weltberühmte Dörfchen Capriana; noch 2 Std.; Milchsuppe und ein Heulager; Heu meist feucht und keine Decke; kein Schlaf.

34. Reisetag 28. 9. – 6. Wandertag

Noch vor Tag aus dem Heu und an das Feuer; hlg. Messe; Milchsuppe im Wirtshaus von Capriana; Besuch der 26-jhrg. Domenika Lazari (stigmatisiert seit 7 Jahren); Aufbruch; nach 2 Std. Wandern auf eine Anhöhe, dann großartiger Blick auf das Etschtal mit Tramin und Kaltern und die Gegend von Bozen und Meran in weiter Ferne; ein Mitwanderer verabschiedete sich, ein weiterer will bald scheiden; in Auer Mittag; vor Abend Einkehr im Wirtshaus gegenüber der Pfarrkirche in *Bozen* (gut).

35. Reisetag 29. 9. – 7. Wandertag

5.30 Uhr Aufbruch in *Bozen*; den Kuntersweg der Eisack hinauf; Abstecher auf die Seiser-Alm – Dorf Seis – eine Std. bis Kastelruth; hier Mittag – in St. Ulrich gegen 3 Uhr; 3 Std. das Tal hinab; Ankunft um 19 Uhr bei Vollmond in *Leyen*; fast 11 Std. gewandert.

36. Reisetag 30. 9. – 8. Wandertag

»Nein, bald bin ich des Wanderns müde …«; das 6. Mal hintereinander eine 10 Std.-Wanderung und morgen soll sie wieder gleich lang werden!
Mit Tagesanbruch Aufbruch in *Leyen*; 1 Std. bis Klausen und somit wieder auf der Landstraße; in 3 Std. bis Brixen; Besuch der Haupt- und Pfarrkirche; Franzensfeste – Mittewald – Mauls – *Sterzing*.

37. Reisetag 1. 10. – 9. Wandertag

Kolping wünscht sich schon in München zu sein; Marsch von Padua bis Innsbruck in 7 Tagen und einigen Stunden oder in 76 Std.; »wer es uns nachtun will, mags versuchen … « Aufbruch in *Sterzing* bei Sternenhimmel; – Brenner – in 3 Std. zum Posthaus an der Wasserscheide (die Dachrinnen eines Nebenhauses leiten ihre Wasser in 2 verschiedene Meere!); eine gute Std. nach Gries; in Stafflach zweigt Nottebaum ab; er geht durch das Tuxertal nach dem Ziller; mit Schüller wieder allein; längs der Sill in Richtung Innsbruck; in Matrei Mittag; Ankunft in *Innsbruck* um 16.30; Unterkunft wieder im Gh. Stern, Zi Nr. 37 (dasselbe wie hinzu).

38. Reisetag 2. 10.

Vollkommene Ruhe! Jedoch dann doch zum Schloss Ambras (1 Std. entfernt); Schüller zur Martinswand, er kommt erst um 21.30 Uhr zurück, hatte sich auch verstiegen.

39. Reisetag 3. 10. – 10. Wandertag

Hlg. Messe in *Innsbruck*; in *Fügen* Müller und die 2 Studenten getroffen; im selben Wirtshaus genächtigt.

40. Reisetag 4. 10.

In *Fügen* bei Müller; die anderen Studenten sind nach Salzburg abgereist; »Des Laufens satt und das Geld nah zu Ende.«

41. Reisetag 5. 10. – 11. Wandertag

Ebenso wie am Anfang: Wandern allein; Müller ist noch im Zillertal und

Kolping will ihm in München eine Stätte bereiten; vormittags Aufbruch verschoben, da Regen; mittags dann schließlich *Fügen* verlassen; Jenbach – 2 Gehstunden langer Achensee; gutes Wirtshaus im Dorf *Achental*.

42. Reisetag 6. 10. – 12. Wandertag

In guter Früh von *Achental* aufgebrochen; Regen! Das 1. Mal auf der Reise pudelnass! Trockene Kleidung im Tornister; Einkehr in *Glashütte*; die Wirtschaft ist der rauhen Gegend angemessen.

43. Reisetag 7. 10. – 13. Wandertag

Im Morgengrauen von der *Glashütte* aufgebrochen; Wildbad Kreuth – Tegernsee – *Sauerlach*; 12 Std. Wanderung; Eingeholt, was gestern der Regen verhinderte.

44. Reisetag 8. 10. – 14. Wandertag der Rückwanderung

Sauerlach – München; gegen Mittag Reise gut beendet. Deo gratias!

Zusammenfassung:

17 Wandertage in Richtung Venedig
4 Tage in Innsbruck und Umgebung
1 Tag in Fügen/Zillertal (Bergtour)
1 Tag in Riva am Gardasee (nach Arco)
1 Tag in Verona
4 Tage in Venedig und Umgebung
14 Wandertage in Richtung München
1 Tag in Innsbruck (zum Schloss Ambras)
1 Tag in Fügen bei Müller

Das Reisetagebuch ist erschienen in den Adolf-Kolping-Schriften, Band 1, herausgegeben von H. J. Kracht, 1975, 2. Auflage von 1981; Kolping-Verlag GmbH Köln. In dem 344-seitigen Werk entfallen 98 Buchseiten auf die Beschreibung der Fußreise München-Venedig.

Es ist derzeit leider vergriffen, kann aber in Bibliotheken eingesehen werden.

Tagebucheintrag über den 12. Reise- und 7. Wandertag (Zell am Ziller-Pfitschertal, Querung des Alpenhauptkammes)

Auf der Pfitsch, 6. Sept(ember) (1841)

Jetzt will ich Euch, meine Lieben, auch mal eine Reise erzählen, die zwar nur einen Tag in sich faßt, aber mehr Stoff zum Schreiben darbietet als sonst wohl acht Tage, wenn man auf Mühe, Schweiß, Hunger, Durst, Gefahr, Hoffnung und Furcht Rücksicht nimmt. Diesen Morgen brachen wir um $5^1/_2$ Uhr, nachdem wir Kaffee getrunken und unsere mäßige Zeche bezahlt hatten, von Zell auf. Der Wirt, der sich überall als zuvorkommend bewiesen, begleitete uns eine Strecke, Müller mit seinem Zeichengeräte zog vollends mit auf ein drei Stunden entferntes Tal zu. Der Himmel versprach uns schön Wetter, wir waren munter und fröhlich gestimmt. Die Umgebung wurde wilder, die Berge gewaltiger, durch die niedern Wolkenschichten ragten die Schneekuppen hoch gen Himmel. Doch ist dies noch nicht frischer Schnee, der bei wenig Sonnenschein schon schmilzt. Bis Mayrhofen (2 Stunden) wollte Müller mitgehen, dort aber zeigte sich schon ein nettes Tal in der Ferne, und er ging noch was mit. Hierher versteigt sich schon selten ein Fremder, die Kinder laufen fort und die großen Leute schauen verwundert die sonderbaren Leute an, die da so mutig den Bergen zuwandern. Bald gelangten wir an einen Scheideweg, da ging ein Weg durch das Tuxertal nach Sterzing, ein anderer über das Pfitscher Joch dorthin. Für den ersten Weg war ich, für den zweiten Schüller. Ich hatte den angenehmeren, sichern wenn auch um einige Meilen weitern Weg im Auge, Schüller rechnete drauf, billiger zu reisen und schneller am Ziele zu sein. Sein Plan drang durch, wir wollten unser Heil versuchen. Noch eine kleine Strecke begleitete uns Müller, bis wo eine Brücke über den bei 150 Fuß tiefen Ziller führt, von einem Felsen zum andern, schon ein schauerlicher Anblick, wenn man vom Tal hinaufkommt. Jetzt schlossen sich die Felsen eng zusammen, wild brauste das Bergwasser einher. Unser Abschied war kurz, aber nicht ohne Wehmut.

Wir zogen weiter, nur unserer Laune überlassen, er saß in einem fremden Lande unter fremden Menschen, ganz allein, rings um sich nur die großartige Natur. Doch geschieden mußte es sein, wir zogen weiter. Unser Pfad führte uns längst dem Flusse hinauf, der in einer Tiefe von mehreren hundert Fuß von Fels zu Fels stürzte und sein brausendes Getose zwischen den Felswänden empor zum Himmel schickt. Die Schlucht war kaum hundert Schritte breit, wo der Pfad hinaufführte, und unter uns der tosende Fluß und über uns noch steile, hohe Felswände, die sich immer weiter und weiter aufwärts zogen, bis wir endlich sie in einer Schneekuppe auslaufen sahen. Unser Pfad war übrigens fest und sicher, wenn auch oft riesige Felsen darüber her hingen und Waldbäche Stücke vom Wege fortgerissen hatten, notdürftig war er wieder zusammengeflickt. Was das Beste dabei war, die Schlucht war kühl und hinderte das Ausbrechen des Schweißes in etwa, welcher bei derartigem Steigen die meiste Unbequemlichkeit verursacht. Diese wildromantische Schlucht dauerte eine gute Stunde, dann dehnte sich die Aussicht ein wenig aus, bald ein kahles, wildes Tal, worin nichts zu sehen war als hin und wieder ein Alpenhäuschen, eine Kuh, die an den Felsen hinkletterte, dann ein Alpenhirt, der langsam seine Wege schlendert. Auch begegneten noch dem Wanderer Leute, welche den Käs' von der Alm (Alp) in das Tal bringen, robuste, oft schmutzige Gestalten, dürftig gekleidet, aber mit einer überaus gesunden, blühenden Gesichtsfarbe. Vor dem erwähnten Passe begegnete uns auch eine ganze Herde schwarzer Schafe.

Gegen 11 Uhr vormittags gelangten wir an ein Dörfchen, Dornauberg, wo eine kleine Kirche, ein Häuschen für den Geistlichen, ein Wirtshaus und einige Hütten den Weiler ausmachten. In dem Wirtshause aßen wir Milch, dann besuchten wir den ehrwürdigen Pater,

Auf der Pfitsch; der Langsee am Pfitscher Joch.

der Liguorianer ist und uns wirklich in dieser öden, einsamen Gegend wie ein Engel vom Himmel erschien. Er bewirtete uns mit Bier und Brot, das Beste was er hatte. Über seine Pfarre will ich jetzt nur sagen, daß sie sich auf drei bis vier Meilen in die Runde erstreckte und mit Gefahr und Mühe in Fülle verbunden ist. Was sonst noch dazugehört, kommt ein anderes Mal. Von dort wurde unser Weg immer einsamer, das Tal rauher, steiniger, die Berge rings um uns waren mit Schnee bedeckt, Bergwasser brausten von allen Seiten einher. Nicht ohne ein beengendes Gefühl schritten wir einer Bergkette zu, wo wir weder einen Übergang noch sonst einen Paß entdecken konnten. Indes fand sich wieder ein Weg, der noch immer leidlich aussah; wir gelangten in ein anderes Tal, das durch seinen wilden Charakter das frühere noch überbot. Nur selten trafen wir Menschen, und begegnete uns einer, so fragte er uns: Wohin? Antworteten wir: über das Pfitscher Joch, so schüttelten sie bedenklich den Kopf. Was das zu bedeuten hatte, wurde uns erst später klar. Eine Strecke gingen wir mit Alpenhirten, die mit der Kraxe (Kiepe) auf dem Rücken wieder ihren Bergen zurückwanderten; diese zeigten uns den Weg, und wir mußten nun einen Pfad zwischen Steinblöcken, Gestrüpp und umgefallenen Baumstämmen suchen. Es ging zu beträchtlicher Höhe hinan, und der Pfad wurde immer gefährlicher. Nebenher in der Tiefe brauste ein Wildbach, von den Höhen stürzten die Quellen, schauerliche Stille sonst, keine lebende Seele mehr um uns, nur die Natur in ihrer ganzen Einsamkeit. Für den Durst hatten wir Wasser, wie es aus dem Felsen quoll oder von der Höhe herniederströmte, aber für den Hunger, der sich wohl hier geltend machte, war nichts aufzutreiben, auch hatten wir unvorsichtigerweise nichts mitgenommen.

Endlich gelangten wir wieder an eine Alpenhütte, ich wollte den Weg

Bild Seite 143: »Von den Höhen stürzen noch immer die Bergwasser (...)«

ausfragen und trat an die Türe. Drinnen saßen schmutzige, rußige Gestalten um ein Feuer und schienen sich ein Essen zu bereiten, aber alles sah so elend, schmutzig und widerlich aus, daß mir nicht möglich war, hier hineinzugehen. Wie zerstiebt der erträumte Reiz einer Alpenwirtschaft, wenn man sie in der Nähe besieht! Als wir nun des Weges wieder versichert waren, schritten wir getrost weiter. Es war nachmittags 3½ Uhr, und von morgens 8 Uhr waren wir stets gestiegen, und doch waren wir noch lange nicht auf der Höhe. Der Körper war müde und matt, aber der Geist raffte seine ganze Kraft zusammen, hier den Sieg davonzutragen. Die Schneekuppen traten uns immer näher, wir stiegen immer mehr zu ihnen hinan. Endlich ging die Sonne hinter den Bergen unter und wir wußten eigentlich nicht, wann, wie und wo wir einmal ans Ziel kommen würden. Kaum eine Viertelstunde weit lag der Schnee seit Zeit Noahs, mannshoch, festgefroren wie Kristall. Da in dieser schauerlichen, öden Gegend, wo jede Vegetation fast zu Ende geht, die Fichte kümmerlich am Boden hinkriecht und ungekanntes Moos den Boden bedeckt, da fanden wir noch Alpenhirten, aber verwilderte Gestalten, die in jedem andern Lande als Tirol dem Wanderer Schrecken verursachen würden. Das Vieh weidete bis zu der Schneeregion hinan, langhaarige Ziegen sprangen über die Felsen. Hütten lagen am Flusse, die kaum den Namen verdienten. Die Sprache der Hirten war kaum verständlich, nur die Richtung des Weges und wir begnügten uns.

Jetzt galt's eine letzte Kraftanstrengung, noch eine Stunde und wir waren oben. Wir fanden frischen Schnee und kühlten damit unsere durstigen Lippen. Die Höhen wurden schroff, kahl, Wolken hingen um dieselben, die Luft sah winterlich aus, ein eisiger Wind kam uns entgegen. Noch ging's immer höher, der Schnee lag dichter, schwer war der Pfad zu erkennen, endlich verlor er sich unter dem Schnee. Der Anblick der Berge auf dieser Höhe ist das Schauerlichste, was ich in meinem Leben gesehen. Der Berg bildet Kessel, die Ränder sind schroff und kahl, wild und zerstreut liegen die Felsblöcke umher, unter denen das Schneewasser zusammenfließt. Von den Höhen stürzen noch immer die Bergwasser, welche eine prachtvolle Ansicht gewähren, aber man ist müde und matt, der Mut hängt an einem Zwirnfaden, alles ist schauerlich geworden. Der Schnee liegt nun so dicht, daß man ungefähr die Richtung einhalten muß und über die Felsblöcke springen, oft auch der Gefahr aussetzt, 2-3-4 Fuß tief einzusinken.

Nach unsäglicher Mühe gelangten wir auf die Höhe, die wohl eine der höchsten Linien von Tirol ist, wo der ewige Schnee liegt und welche nur kühne Wanderer besteigen. Oben war es noch hell, unten im Tale lagerte sich schon der Abend. Aber welche Wonne, als wir von dem Gipfel des Berges unten im Tal wieder menschliche Wohnungen und eine Kirche erblickten! Mit Jauchzen hätten wir sie begrüßen mögen. War nun das Hinabsteigen nichts weniger als gefahrlos und hatten wir mindestens noch drei Stunden nötig eh wir zu dem Dorfe gelangten, so belebte doch die Hoffnung unsere Schritte, und wir stiegen hinab. Waren wir oben fast vor Kälte erstarrt, so tauten wir allmählich nun wieder auf. Ohren und Hände brannten uns außerordentlich.

Mit einbrechender Nacht waren wir unten, nun suchten wir einen Weg nach dem Dorfe, das wir erreichten, als wir kaum noch den Pfad sehen und die Häuser unterscheiden konnten. An der Kirche lag ein stattliches Haus, wir glaubten, das Wirtshaus. Dort klopften wir. Eine kreischende Stimme fragte was wir wollten, ohne uns indessen die Türe zu öffnen. Wir wollten nur das Wirtshaus wissen. Ja, das liege da drunten. Endlich öffnete der Geistliche (es war der Pfarrhof) das Fenster und bezeichnete uns das Wirtshaus genauer. Wir gingen weiter. Endlich gelangten wir dorthin. Es war eine Bauernkneipe par excellence. Der Wein war gut, Milchsuppe und hartes Brot das einzige Labsal. Indessen waren wir auch so abgemüdet, daß wir fast nichts mehr genießen konnten. Wir forderten ein Bett. Der Wirt bot uns erst entweder das Heu oder ein Bett an. Er schritt mit einer Laterne voran, wir folgten, unser Gepäck unter dem Arme. Endlich gelangten wir auf den Heuschober, dort hatte er einiges Bettzeug hingebreitet, und wir mußten uns die sonderbare Lagerstatt gefallen lassen. Neben uns war ein Stück Wand ausgefallen, ein Quell brauste nebenher. Kalt war es zum Zittern. Wir krochen ins Heu, und nun gute Nacht.

Impressum

Titelabbildung: Speckkarspitze (rechts) und Kleiner/Großer Bettelwurf in der Gleiersch-Halltal-Kette des Karwendels. Im Talnebel verbergen sich Hallerangerhaus und Hallerangeralm, das Überschalljoch und die Isarquelle. (Foto: Bernd Ritschel)

Umschlagrückseite: Kleiner See nahe des Überschalljochs im Karwendel. (Foto: Bernd Ritschel)

Die Texte für die Kapitel »Wo Land und Wasser ineinander übergehen« und »Der schönste Salon der Welt« stammen von Ernst Graf.

Bildnachweis: Antes&Antes: Seiten 10/11, 46 links, 47, 70, 72/73, 78/79, 83, 141; Elisabeth und Manfred Birkle: Seiten 104 links, 123; Hans Fendl: Seiten 60, 61; Max F. Heldwein: Seite 89; Horst Höfler: Seiten 12, 13, 23, 25, 33, 36 rechts, 42, 43, 44, 46 rechts, 48 unten, 49 unten, 82, 84 unten, 98, 112, 114, 116, 118/119, 120, 131, 133, 135, 139, 143; Eugen E. Hüsler: Seiten 92 links, 94 rechts; Monika Kositzki: Seite 105 rechts; Eckehard Radehose: Seiten 16, 48/49, 84 oben rechts, 90/91, 93; Bernd Ritschel: Seiten 50, 56, 59, 62/63, 76, 84 oben links, 85, 86, 88; Erik Vos: Seiten 24, 54/55, 94 links; Gerlinde M. Witt: Seiten 136/137; alle übrigen: Ludwig Graßler.

Bilderklärungen:
Seiten 8/9: Ausblick von der Benediktenwand über die mit Wolken verhangenen Jachen- und Isartal hinweg auf das Karwendel.
Seiten 10/11: Am Kleinen Ahornboden mit Blick auf die Östliche Karwendelspitze.
Seite 12: Oberhalb der Falièrhütte; Blick auf die Marmolada-Südwand. Ganz links der Wandbereich der »Via classica«.
Seite 13: Auf der Via ferrata Berti (Schiara); links unten die Gusèla del Vescova, im Hintergrund die Palagruppe. Sehr berggeübte »Traumpfad-Geher« könnten die Überschreitung des Schiara-Hauptgipfels (Via ferrata Zacchi, Via ferrata Berti, Via ferrata del Marmòl) in ihre Tour mit einbeziehen.
Seite 16: Traumland Dolomiten; die wilden Kletterberge der Bosconerogruppe vom Monte Pelmo aus.
Seite 28: Wolfratshausen. Jenseits der Loisach die barocke St.-Andreas-Kirche.
Seite 34: »Hauptdarsteller« am alljährlichen Leonharditag in Bad Tölz.
Seite 44: Der Gipfelaufbau der Birkkarspitze mit den Steigspuren des Normalanstiegs. Etwas rechts der Bildmitte der Schlauch-karsattel, über den man aus dem Karwen-deltal ins Hinterautal wechselt.
Seite 56: Am Rauenkopf in den Tuxer Voralpen. Im Hintergrund der Zillertaler Hauptkamm.
Seite 68: Ausblick von der Straße Stein-Pfitscher Joch auf das rote Beil (Bildmitte). Im linken Taleinschnitt geht's zum (unsicht-baren) Gliderschartl.
Seite 74: Die vergletscherte Nordflanke der Marmolada.
Seite 98: Gondeln auf dem Canale Grande in Venedig.
Seite 120: Ausblick vom Mahnkopf auf Unbenannten Gipfel, Kaltwasserkarspitze und Birkkarspitze (Karwendel).

Umschlaggestaltung: Ruth Kammermeier, München
Lektorat: Horst Höfler
Layout & Satz: Gramma GmbH, München

Höhenprofil, geologische Karten, Kartenskizzen im Tourenbegleiter: Anton und Ludwig Graßler, Eckehard Radehose

Routenverlauf- und Fernwander-Wegenetzkarte: Umweltkartografie und Geoinformationstechnik Christian Rolle, Holzkirchen

Gedruckt auf chlorfrei gebleichtem Papier

Die Deutsche Bibliothek – CIP-Einheitsaufnahme

Ein Titeldatensatz für diese Publikation ist bei der Deutschen Bibliothek erhältlich

Gesamtverzeichnis gratis:
Bruckmann Verlag GmbH,
Postfach 80 02 40,
D-81602 München

Internet:
www.bruckmann.de

www.bergsteiger.de – Touren, Bergwetter, Aktuelles, alpine Links

Printed in Italy by Printer Trento s.r.l.
ISBN 3-7654-3757-3